技術シリーズ

インテリアデザイン

内堀繁生
高橋鷹志 編集
藤城幹夫

朝倉書店

執筆者

㈱三輪環境計画 代表取締役 武蔵野美術大学教授	三輪 正弘 (みわ まさひろ)
東京大学教授 (工学部建築学科)	高橋 鷹志 (たかはし たかし)
㈱ミサワホーム総合研究所 技術開発部室長	安藤 直人 (あんどう なおと)
千葉工業大学講師 (工業デザイン学科)	上野 義雪 (うえの よしゆき)
㈶日本色彩研究所 常務理事	児玉 晃 (こだま あきら)
㈱ハロデザイン研究所 所長	中島 龍興 (なかじま たつおき)
㈱乃村工藝社 取締役アートディレクター	魚成 祥一郎 (うお なり しょういちろう)
ムラカタ省デザイン室代表 インテリアセンタースクール助教授	村形 省 (むら かた しょう)
㈱アティアス 代表取締役	岩下 繁昭 (いわした しげあき)
大妻女子大学教授 ㈱内堀デザイン研究所代表	内堀 繁生 (うちぼり しげお)
鹿島建設㈱ 建築設計本部課長	福井 直俊 (ふくい なおとし)
鹿島建設㈱ 建築設計本部課長	芝木 達 (しばき さとる)
鹿島建設㈱ 横浜支店 建築設計部副参事	坂野 美保子 (さかの みほこ)
中村デザイン事務所代表 職業訓練大学校講師	中村 圭介 (なかむら けいすけ)
東京都立工芸高等学校教諭	藤城 幹夫 (ふじしろ みきお)
日本インテリアファブリックス協会 事務局長	細井 一夫 (ほそい かずお)

(執筆順)

序

　わが国の住宅がヨーロッパ共同体からうさぎ小屋との指摘を受けてから早くも十数年が経ちました．経済大国に向かって突き進んでいたわれわれは複雑な気持で聞いたことを思い出します．どうにも反論の仕様がなかったのです．

　ここで指摘されたことは住宅の粗末さ，つまり住宅の狭さや，環境の質の低さを意味していたのです．以来わが国の官民双方の努力は主として，住宅の広さの獲得と質的向上に向けられてきたといってよいでしょう．

　1989年5月，総務庁と建設省から相次いで住宅に関する統計調査の結果が発表されました．総務庁の1988年住宅統計調査によると，わが国の住宅ストックは初めて4000万戸を突破したことが示されています．1戸当りの延べ面積は平均で85.61 m^2 となり，設備面では水洗便所の保有率は65.8％，浴室の保有率は91％に達しています．住宅の規模や設備の水準はだいぶ改善されてきたようです．

　しかし建設省が1988年12月1日現在，東京，大阪，名古屋圏に在住する10万所帯を調査した結果では，「住まいにもっとゆとりと快適さを」という要望が根強く存在するという結論が出されています．これは国民の多くが，住まいに依然として広さや，住空間の環境の質的向上を求めているということを示しています．

　経済規模の拡大により生活にゆとりが出て住宅規模が満たされると，人々はより個性的でかつ快適な生活ができる住まいを求める結果，インテリアへの関心が高まってきます．ある民族や国民の文化的水準の一つは，インテリアデザインへの関心の度合いに規定されるといってもよいでしょう．

　インテリアは，文化に裏打ちされているものですから，材料や設備などのハードな面だけの改善を追求してみてもどうも片手落ちのような気がします．これからはインテリアのソフト面，すなわち住まい方，室礼など空間における人間の行動様式の分析や道具の使い方の面に，これまで以上の光を当ててみる必要があります．インテリアデザインの精神的・文化的側面やそこから生まれてくるわが国独自の様式の構築にも一層の注意がそそがれる必要があります．

　こうした観点に立って，本書はインテリアデザインの概念規定にはじまり，和室をとおしてみたインテリアの空間論，インテリアの内装システム・サブシ

ステムの考え方，インテリアエレメントの基礎知識などを初学者のためにまとめたものであります．この小冊子がインテリアコーディネーターやインテリアプランナーを目指す方々，あるいはインテリアデザインを学ぶ学生諸君のお役に立てるならば幸いです．

1989年9月30日

「インテリアデザイン」編集委員会

内 堀 繁 生

高 橋 鷹 志

藤 城 幹 夫

目　次

1. インテリアデザインの流れ……………………………〔三輪正弘〕… 1
   - 1.1 インテリアデザインの成り立ち……………………………… 1
   - 1.2 戦後日本のインテリアデザインの流れ……………………… 2
   - 1.3 うちがわからの理論，そして環境への関心………………… 4
   - 1.4 ポストモダンと日本のインテリアデザイン………………… 5
   - 1.5 現代のインテリアデザイン…………………………………… 7

2. わが国のインテリア……………………………………〔高橋鷹志〕… 9
   - 2.1 部屋の境界の表・裏…………………………………………… 9
   - 2.2 縄張りの多角形………………………………………………… 10
   - 2.3 床面の座標軸…………………………………………………… 11
   - 2.4 線のモジュール………………………………………………… 12
   - 2.5 平面のモジュール……………………………………………… 13
   - 2.6 空間のモジュール……………………………………………… 14

3. インテリアと居住性能（木質住宅）…………………〔安藤直人〕… 15
   - 3.1 住宅の性能……………………………………………………… 15
   - 3.2 居住性…………………………………………………………… 16
   - 3.3 木質構造の種類………………………………………………… 16
   - 3.4 躯体・下地・仕上げ…………………………………………… 19
   - 3.5 インテリアに要求される性能………………………………… 19

4. インテリアと人間工学…………………………………〔上野義雪〕… 20
   - 4.1 人間工学とは…………………………………………………… 20
   - 4.2 家具への応用…………………………………………………… 22

5. インテリアの色彩計画…………………………………〔児玉　晃〕… 24
   - 5.1 インテリアの色彩とは何か…………………………………… 24
   - 5.2 インテリア配色の用語について……………………………… 25

　　　　　　　　　　　　　目　　　次

　　5.3　色彩計画のためのカラーシステム………………………………26
　　5.4　カラーコーディネーションの考え方……………………………29

6. **インテリアと照明計画**……………………………………〔中島龍興〕…31
　　6.1　照明の目的………………………………………………………31
　　6.2　光と視覚作用……………………………………………………31
　　6.3　光源の知識………………………………………………………33
　　6.4　照明器具…………………………………………………………33
　　6.5　照明方法…………………………………………………………36
　　6.6　照明効果…………………………………………………………36
　　6.7　照明計画…………………………………………………………40

7. **ディスプレイ計画**…………………………………………〔魚成祥一郎〕…41
　　7.1　ディスプレイの成り立ち………………………………………41
　　7.2　ディスプレイの今日的視点……………………………………41
　　7.3　ディスプレイの基本要素とその情報性………………………42
　　7.4　ディスプレイの構想計画………………………………………42
　　7.5　ディスプレイの表現計画………………………………………43
　　7.6　ディスプレイの制作計画………………………………………44
　　7.7　ウィンドー・ディスプレイ……………………………………45
　　7.8　ショップ・ディスプレイ………………………………………46
　　7.9　百貨店・量販店のディスプレイ………………………………46
　　7.10　ブース・ディスプレイ…………………………………………47
　　7.11　ショールーム・PR館のディスプレイ………………………47
　　7.12　エキジビション・ディスプレイ………………………………48
　　7.13　博物館のディスプレイ…………………………………………48
　　7.14　都市環境の中のディスプレイ…………………………………49

8. **表現技法**……………………………………………………〔村形　省〕…51
　　8.1　モデル，パース，ボードによる表現技法……………………51
　　8.2　図面による表現技法……………………………………………57

9. **内装システムとインテリアの工業化**……………………〔岩下繁昭〕…59
　　9.1　インテリアの工業化の背景……………………………………59
　　9.2　インテリアの構成材……………………………………………59
　　9.3　コンポーネント/ユニット/システム…………………………60

9.4　内装システム……………………………………………………… 62

10. インテリアのサブシステム ……………………………〔岩下繁昭〕… 65
　　10.1　インテリアのサブシステム……………………………………… 65
　　10.2　計画的なサブシステム化………………………………………… 65
　　10.3　自然発生的なサブシステム……………………………………… 65
　　10.4　開口部サブシステム……………………………………………… 66
　　10.5　間仕切りサブシステム…………………………………………… 66
　　10.6　床サブシステム…………………………………………………… 67
　　10.7　天井サブシステム………………………………………………… 69
　　10.8　収納サブシステム………………………………………………… 69
　　10.9　キッチンサブシステム…………………………………………… 69
　　10.10 浴室サブシステム………………………………………………… 71

11. インテリアの仕上げ ………………………………………〔内堀繁生〕… 72
　　11.1　インテリアの内装………………………………………………… 72
　　11.2　内装合板張り仕上げ……………………………………………… 73
　　11.3　インテリアの床と床下地………………………………………… 75
　　11.4　木製床仕上げ……………………………………………………… 75
　　11.5　合成樹脂系床仕上げ……………………………………………… 79
　　11.6　陶磁器の性質と用途……………………………………………… 82
　　11.7　内装用タイル……………………………………………………… 83
　　11.8　床用タイル………………………………………………………… 88
　　11.9　階段タイル………………………………………………………… 89
　　11.10 タイルの目地処理………………………………………………… 89
　　11.11 壁紙の概要………………………………………………………… 89
　　11.12 壁紙の種類………………………………………………………… 90
　　11.13 壁紙の下地と施工法……………………………………………… 93
　　11.14 壁紙上張りの施工………………………………………………… 96
　　11.15 防火壁装の施工…………………………………………………… 98

12. インテリアのコストコントロール ……………………〔福井直俊〕…100
　　12.1　予算に見合う設計 ………………………………………………100
　　12.2　コスト把握の実際 ………………………………………………101

13. インテリアの関係法規 ……………………………………〔芝木　達〕…103

目次

- 13.1 建築物の法規制とその種類 …………103
- 13.2 関連法規 …………104
- 13.3 建築基準法・用途地域 …………105
- 13.4 外壁の開口部のきまり …………105
- 13.5 建築物の内壁のきまり …………108
- 13.6 壁, 天井の内装のきまり …………110
- 13.7 居室の天井高, 階段のきまりなど …………113
- 13.8 用語の定義 …………114

14. インテリアのメンテナンス 〔坂野美保子〕…117
- 14.1 床・幅木 …………117
- 14.2 壁 …………119
- 14.3 天井 …………121

15. インテリアと家具 〔内堀繁生〕…122
- 15.1 インテリアと家具 …………122
- 15.2 インテリアと家具配置 …………124

16. 家具の種類と発達 〔中村圭介〕…129
- 16.1 権威の座 …………129
- 16.2 暮らしの座 …………131
- 16.3 机・卓子 …………135
- 16.4 収納具 …………139
- 16.5 現代の家具の種類 …………143

17. 家具用材 〔藤城幹夫〕…149
- 17.1 樹木と木材 …………149
- 17.2 木材の構造 …………150
- 17.3 木理・紋理・肌目 …………152
- 17.4 色 …………153
- 17.5 木材の欠点 …………154
- 17.6 木材の基本的性質 …………154
- 17.7 木質材料 …………159
- 17.8 合板 …………160
- 17.9 パーティクルボード, ファイバーボード …………161

18. 家具の構造 〔藤城幹夫〕…163
- 18.1 椅子・ベッドの構造 …163
- 18.2 テーブル・デスクの構造 …168
- 18.3 収納家具の構造 …170

19. インテリア・テキスタイル 〔細井一夫〕…173
- 19.2 カーテンのデザイン …173
- 19.2 カーテンスタイル …174
- 19.3 カーテンの種類 …174
- 19.4 カーテンの性能 …177
- 19.5 カーテンの縫製 …180
- 19.6 芯地 …181
- 19.7 フック・カーテンレール・付属品 …181
- 19.8 カーテンの採寸と積算 …185
- 19.9 カーテンのメンテナンス …186

索　引 …189

1. インテリアデザインの流れ

1.1 インテリアデザインの成り立ち

(1) インテリアとは

インテリアは通常建築物の内部をさしていることばであって,厳密には内部空間,すなわちインテリア・スペース(interior space)としてとらえられるべきである.したがってインテリアデザインがかかわる内部空間は,抽象的な位相モデルではなく,実際にその中で人々が活動する生活空間に他ならない.展示室や舞台のデザインとはここで区別される.

しかも,現代人の行動が多面多彩な流動性を帯びているなかで,その空間意識にも大きな変化が現れてきている.そのひとつの例は乗物の室内である.初めの目的は,乗物の機能としての移動性・運搬性であったが,やがてこれに乗って運ばれる人々の側から,快適な居住性という欲求がおこってきた.これは,住宅などのプライベート・インテリアに本来必要とされてきたことなのである.

このような考え方を進めていくと,住み手,使い手,すなわちユーザーの住み心地とか使い勝手などを快くするためのデザインという面が浮かび上がってくる.これが現代のインテリアデザインの最も妥当な目的ということになるだろう.

内部空間を意味するインテリア・スペースという言葉の原意をさぐってみると,次のことが明らかになる.inter-ior の ior は形容詞の比較級語尾変化だから,中・間・内,を意味する語幹 inter からそれは「より内側の空間」ということになる.より内側の空間に対しては当然「より外側の空間」が対置される.エクステリア・スペースである.よりうちとよりそととの関係は,もともとの空間の概念が連続した一つの実体として認識されていたことを意味する.したがってインテリアデザインには,よりうちがわから,よりそとへ向かって考えていき,つくっていく

という姿勢があることが理解されるだろう.

(2) インテリア・デコレーションの分離

ヨーロッパでは石造が主流となって建築がつくられ,のちにれんが造に,やがてコンクリート造に移行していく.このような構築の方法からはインテリアの分離が生じ,内部だけの世界をつくることが企てられて当然である.なぜなら,建築の軀体や外装の耐用年限が室内のライフサイクルに比べはるかに長いからである.

外部に対して明確な内部をもつようになった西洋建築の構成の仕方にそって,インテリア・デコレーションが建築体そのものに付随しながらも次第に剝離し,やがて建築とは独立した制作行為となっていくのは,およそ後期バロック(1600～1700)からロココ(1730～1770)にかけての時代と考えてよかろう.なぜなら,フランスの宮廷や貴族の邸宅の造営に際して,新しい職業人としてデコラトゥール(décorateur)の名称が使われるようになってきているからである.そのことはまた,建築の本体をそのままにして,内部だけの改装が,時代の好みに合わせてひんぱんに行われるようになったことを意味している.

(3) 日本の室内意匠

日本では建物と室内が剝離し内外が分離することがなかったので,当然のこととはいえ室内装飾という領域が独立しなかった.しいてあげるなら,茶室や待合の内部は外部と隔絶した特別の意匠が与えられ,内部空間の新しい意味づけがされたところといえるかもしれない.しかしそれは壁の内部における装飾という手法ではなく,むしろ抽象的な構成であり,西欧の空間構成が近代になってからはじめて獲得したコンポジション,レイアウト,アレンジメントなどを包括した空間デザインの方法に近似していたというべきであろう.ドイツの建築家ブルーノ・タウト(1933～1936滞日)が桂離宮のなかに見たも

写真1.1 曲木の椅子（1860）
（D：ミカエル・トーネット）

写真1.2 ワリシー・チェア（1925）
（D：マルセル・ブロイヤー）

のは，西欧の苦心惨憺して探し求めてきたものが，350年前の日本にすでに実現していたことに対するカルチュアショックではなかったか．

（4） 様式の発展が繰り返されたヨーロッパ

ルネッサンス期までは一体化して考えられていた建築の構成が，明らかに室内の表面の装飾のために別個の目的をもつようになったロココ様式は，建築から分離独立することによって，フランスからドイツ，オーストリアに浸透し，18世紀初頭のイギリスに渡っては繊細華麗なクイーン・アン様式から重厚穏健なジョージアン様式を生んでいく．18世紀中頃から，文学や歴史の古典研究の影響もあって，ネオクラシックの節度ある様式が室内意匠の中心となったフランスでは，ナポレオンの帝政時代になって古代ローマ帝国を模した装飾がリバイバルし，厳格を基調としたアンピール様式が生まれる．アンピールの芝居がかった単調さがあきられ衰退してしまった19世紀の半ばから，過去の様式の小きざみなリバイバルがはじまり，やがて様式の折衷と混合そして停滞におちいってしまう．

（5） 世紀末の分離派運動

装飾が装飾だけの表現となって建築との矛盾をさらけ出したこの世紀末，ついにウィーンにおける分離派（ゼツェッシオーン）の運動がおこる．これが近代建築運動のさきがけとなって20世紀モダニズムの幕が切っておとされたのだった．

モダニズムは，それを支える工業化社会の規範によって，装飾を排して使用目的のための機能を抽出し，これを形態表現の原理に据えようとした．かくてインテリア・デコレーションはその装飾の饒舌さそのものによって凋落し，それに代わって，より計画性と理論性をもったインテリアデザインが，生活を内包する空間の構成手法として登場してきたのだが，それはいまだに建築のモダニズムからの自立をはたすにはいたっていない．

1.2 戦後日本のインテリアデザインの流れ

（1） 1950年代

戦後からようやく立ち直ろうとする回復期で，生活の関心のすべては「食べること」に向けられていた．住まいについていえば，初めて設定された住宅金融公庫の融資上限規模がたった40㎡（12坪）だったことを考えれば，インテリアスペースのデザインに取り組むゆとりはほとんどなかったのである．

にもかかわらずこの時期には，優れた家具デザインが光っている．渡辺 力の直材とひもの椅子，柳宗理の合板ストゥールなどがそれだった．情報も生産技術も貧弱だったこの時代にむしろ「質」のよいデザインが生まれたことはひとつの驚きである．1957年にニューヨーク近代美術館から31点のモダンチェアが日本にやってきた．トーネットの曲木椅子を頭にリートフェルト，ブロイヤー，ミース，コルビュジェ，ハンス・ウェグナー，エーロ・サーリネン，アルネ・ヤコブセン，そしてアメリカの生んだデザイナー，チャールズ・イームズ，とそれまで雑誌でしか見ることのできなかった実物にさわることができたのである．日本近代美術館におけるこの

1. インテリアデザインの流れ

写真 1.3 伝統的な開放性をもつ現代住宅
（ナショナル：Professional Lighting, 1988/89 より）

写真 1.4 民家の構成手法による現代住宅
（住宅建築，1988.1, p.38/Photo：畑 亮夫）

展覧会を見ないでは，デザインのことは語れない，といった興奮をかき立てたのであった．

（2） 1960 年代の都市化のなかで

1960 年代は都市化が高度成長の波に乗り，商業空間のなかに初めてスペースとしてのインテリアデザインが現れた．食べる'50 年代に次ぐ，着る'60 年代を象徴するブティックを中心に，倉俣史朗や伊藤隆道らが優れて前衛的な仕事をした．

安保反対闘争にはじまった'60 年は，激動の'60 年代の幕開けにふさわしいものだったが，同じ年のやはり 5 月，デザイン界にとって忘れることのできないイベントが東京で行われた．WODECO '60，すなわち「東京世界デザイン会議」である．アメリカからヨーロッパから，建築家，デザイナー，そしてアーティストにジャーナリスト，と多彩な顔ぶれが一堂に会し，都市と，住居と，生活の道具をデザインすることによって戦後の人間生活を充実させようという会議の目標は実に明快であった．このとき初めて，服飾の世界以外に，デザインという言葉が認知されたのである．

インテリアデザイナーたちがこの前年の 1959 年に剣持 勇，豊口克平，渡辺 力らの提唱によって「日本室内設計家協会」を創設した．現在の「社団法人日本インテリアデザイナー協会」の前身である．

（3） 1970 年代の転機

活力に満ちた'60 年代がさらに発展するかに見えた 1970 年，大阪 EXPO が開かれた．情報時代の先取りがマルチスクリーンに華ばなしく映し出されたが，このイベントが終わると，高度成長の停滞がオイルショックによって増幅され，いっきょに建築も

写真 1.5 吹抜きのある居間の構成
（木造の山荘別荘，p.19/Photo：村井 修）

デザインも，おそらくはモダニズムのかげりの時代にはいっていく．

しかも産業廃棄物による環境汚染により各地に公害が現れたとき，そのショックによって「サバイバルの思想」が生まれた．汚染による悪化というネガティブな現象によって「環境」の重要さを知らされるという背景のなかで，芸術家は孤立した作品を目指すのでなく，周辺の状況を関係領域とする「環境芸術」を求めていった．それはやがて尖鋭な芸術性の枠組みをはずして，より広い「環境デザイン」の地盤を築きはじめるのだった．

1. インテリアデザインの流れ

写真 1.6 木質だけで作られた住宅
(木造の山荘別荘, p.19/Photo：畑 亮夫)

大まかな生活の流れからみると，食の'50 年代，衣の'60 年代の次にやってきた'70 年代は，住宅産業化の 10 年であった．1968 年の「中央公論」の誌上に，当時通産省の官僚だった内田玄亨が，自動車産業に次ぐビッグインダストリーこそ住宅産業でなければならない，として「住宅産業論」のキャンペーンを張ったのである．

しかし金融界やディベロッパーさらにはプレハブメーカーの思い入れほどには，生活者の側が燃えてこなかった．彼らの関心はモータリゼーションによるモビリティーや海外旅行といったバイパスの方へ走っていってしまったのである．

しかし，海外を見た若者たち，特に女性達は貴重なカルチャーショックを受けとめてきた．日本人の住まいがうさぎ小屋よりはまだましだとしても，エコノミックアニマルといわれる日本人の生活の中味が，味気なく乾き切っていたことに気付いたのである．インテリアの時代への準備はこのように運ばれてきた．

(4) インテリア時代の 1980 年代

住宅産業化の'70 年代の後半，それに引っ張られるようにインテリア産業化が進められた．通産省の指導は，それまでバラバラなエレメント生産と小売販売への多段階流通を，総合的なシステムに向けて活性化させようとするものであった．このような気運のなかで，トータル・インテリアというとらえ方が生まれ，やがて流通過程において販売と技術をつなぐ人材としてインテリアコーディネーターの資格制度を導き出すことになった．

1.3 うちがわからの論理，そして環境への関心

(1) 反省の時期

前節でたどったように，戦後 40 年の日本人が生活の外側だけではなく内側から見るようになったこの重大な転換を，別の見方からすると高度成長と都市計画によって象徴される男性文化と，緩成長下の省エネルギーのなかでインテリアに内面化する女性文化の対比という構造が鮮明に浮かび上ってくる．経済も攻めの時代のオフェンスから守りの時代のディフェンスへと転じたのである．

そういうわけで，高度成長期をがむしゃらに突っ走っていたときの「つけ」がさまざまな局面に浮かび上る今日この頃であるが，これを好機に転ずることも不可能ではない．不可能ではないどころかこのあたりで日本文化の内面の充足をはかり，くたびれた足腰を休め，かなりのところまで歪んでしまっている人間ひとりひとりの感覚系のバランスを取り戻すにはまたとない好機ではないだろうか．とにかく生活文化というものは，高成長にはなじまない．どんな改革を望んだところで，住生活というものは保守的なものだからである．

それにもまして，行政が保守的であることを考えないわけにはいかない．たとえばひとつの住区の計画を考えてみよう．都市計画の展開はどちらかというとマクロからミクロへの一方向に動き続ける．たとえばある居住地域の開発をもくろむ場合，交通体系の線で切り囲むゾーニングをもとに，地区計画→住区計画→住棟計画→住戸計画と進む．上から下への行政機構とも合っているため，そのプロセスは一方的に進行する．その地区は 1 ヘクタール当り 1000 人といった人口密度をマクロ判断で決めてしまった結果，住戸ユニットの規模が圧縮される．畳数はなるほど 6 帖だが，実面積は 5 帖そこそこしかないという悪名高い「団地サイズ」が住宅公団の手で行われたのも，このような力学のなせるわざであろう．住棟→住戸→室内と進むだけでなく，生活行動→インテリア→住戸と動いていく，下から上，内側から外側へという住み手の論理が必要だったのである．

(2) 環境への覚醒

環境への関心が高度成長期の公害というデメリットによって触発されたことは皮肉である．しかしそ

写真 1.7 マッキントッシュの椅子のある食堂
（モダンリビング，No.51, p.206）

写真 1.8 吹抜きとアルコーブのある居間
（木造の山荘別荘, p.113/Photo：畑 亮夫）

れがローマクラブの活動によって世界的というよりむしろ地球的規模でサバイバルへの警告を発したことは人類にとって幸せなことであった．1968年のクラブ創設当時オリベッティ社の副社長だったアウレリオ・ペッチェイがその仕掛人だといわれているが，日本の企業人にこれだけスケールの大きな先見をもつ人物がいないのは残念至極ではないか．1972年，ローマクラブ第1レポートとして提出された「成長の限界」は，世界各国の識者に，それこそ衝撃波となって伝えられた．宇宙船地球号の乗組員としての自覚を，人間ひとりひとりがもち得る契機が与えられたのである．

それは近代の文明そのものがつくり出した自らの汚染だったから，それに対するラディカルな活動もサバイバルという根元的な保守の原理に立ち戻らざるを得なかった．

デザインの目標も，このときすでに目で見て"かっこいい"ものだけをつくることよりも，人間の生存から生活のアメニティにわたる多段階のレベルのなかで，人間を感性の側からサポートするための空間や道具をつくる仕事に進路を変え始めたというべきであろう．

インテリアデザインの基本的役割は，ここから始まるべきであって，これを別言すれば「うちがわからの環境デザイン」といってよいかもしれない．

1.4 ポストモダンと日本のインテリアデザイン

（1） ポストモダンの行方

イタリアのデザイナー，エットーレ・ソットサスが仕掛人となって引っぱった「メンフィス」派の数年間の活動は，日本のインテリアデザインに直接の影響を与えたものとして顕著である．モダニズムを支えていた機能主義への忠誠心や，工業主義のゆきついたフレキシブルでユニバーサルな構成空間への跪拝をあざけるような彼らの造形も，しかし結局は1960年代初頭のアメリカで始ったポップアートとヨーロッパ1920～30年代のアールデコとの間にかけたタイトロープの上の身振りでしかなかったのではないか．

ただはっきりしたことは，今までよしとされたモダニズムが，万人の共通のテーマとして普遍的に存在したのではなく，近代様式というひとつの様式であったと見てもよい，というこのきわめつきの価値転換の視座を与えてくれたものとして，メンフィスの存在理由（レゾンデトル）は達成されたのであ

写真 1.9　照明スタディー
（プロインテリア 5，"照明のガイド"，p.13）

る．

　ポストモダンをひとつの様式として見ようとすると，その偶然性や不確実性をひき出して，趣味が悪いよとか，一過性ファッションだよ，と軽くあしらうのはいとも簡単である．しかし，そのあとにちょっとした疵が気持のなかに残るのだ．いいがたい一種の不安とかなり深刻な自信喪失感となって．
　いままであまりにもイージーにモダニズムに凭れかかり過ぎていた報いが，デザイナーをゆさぶるのだ．チャールズ・ジェンクスも言っているように，大衆は専門家だけが仲間うちの暗号めいた言葉でしゃべり合っている間に，まったくモダニズムから離れてしまった．モダンデザインは大衆から見捨てられたというところだろうか．ここらあたりの実感については，トム・ウルフの書いた「バウハウスからマイホームまで」（1981 刊）に辛辣に描かれている．

（2）　装飾の復権と遊びへの傾斜

　英国の美術史家ハーバート・リードは，装飾について次のような見解を述べている．先史時代の人間たちにとって，空白は未知の世界と同じようにひとびとに恐怖を与え続けた．その恐怖を打ち消すために，装飾という行為によって空白を埋めていったのである，と．しからば現代人にとって装飾とは何か．目的らしきものをことさらに設定し，それに向かって（なんとか）一途に熱中しようとする現代人は，おそらく本能的に，日常の不安から逃れるために，流行という名の装飾に捕われて行く．

　ウィーンの分離派運動を指導したオットー・ワークナーは，建築がその合目的のための装飾を捨て去るべきことを後輩たちに訓えた．だがしかし，カールプラッツ広場の駅舎やシュタインホーフ教会を見るとき，彼がいかに装飾と分かちがたいものとして建築をとらえていたかがよく理解できる．フランスやベルギーに発したアール・ヌーボーが，ドイツへ，そしてウィーンにわたりプラハまで行きついているその造形を特に「ユーゲント・シュティール」と呼んでいる．ワークナーは最も良質なユーゲント・シュティールの造形を世紀末に制作しているのである．
　装飾が抑えられた日本の建築でも，室内のいくつかの場所ではそれが許されていた．そこは欄間であり，床脇の違い棚や書院の出窓であり，障子の組子であった．装飾は，枠組材によって区切られた部分に集中的に施された．優れた職人は，ほどよい限定のなかでこそ，装飾がその効果を発揮することを，よくわきまえていたのである．

（3）　振る舞いとしつらい

　日本では今までインテリアデザイナーが育つ基盤が乏しかった．石やれんがでつくられた西洋建築の構法と違って，空間をはじめに限定してしまう壁がなく，外部と水平に連続する開放性が，室内の意匠を扱う専門家を必要としなかったからだ，といわれてきた．しかしはたしてそうだろうか．
　筆者は，小堀遠州のような人が日本における本当のインテリアデザイナーではなかったかと考える．というのは，インテリアデザインは，壁面や調度のデザイン以前に，そこにおける人びとの振る舞いが予見されている必要があるからである．幕府の公儀作事奉行を永く勤めた遠州は，桂離宮や二条城造営の指図をするだけでなく，そこで行われるさまざまな催事を計画し，その日の宴によばれる人びとの席次や，季節に合わせての道具選びや膳部の用意の指揮をとるほどに茶道に熟し，あまたの通人との交遊が広かったといわれる．
　私宅あるいは公共インテリアにおけるソフトウェアであるライフスタイルが，ハードウェアである住宅や室内そのものの「生みの親」であることを確認しておきたい．
　日本の文化の独自性が最もよく醸成された江戸時

代の中後期には「振る舞い」という行動の型もしくはマナーが，めいめいの生きざまに沿ってきっちりと演じられ，またそのひとつひとつに見合った「しつらい」が巧みに整えられていった．江戸人は格好をつける見栄っぱりの演技者でありながら，さっぱりと片づいた秩序の美学をこよなく愛する気質を多く備えていたようである．

しつらいは，場づくりのセッティングであり，人びとの対座や集まりに，要するに「褻(け)」と称した日常のときも「はれ」といわれる祝葬催事にもそれなりにアレンジしてはとり片づける「舗設(ほせつ)」の手法によって「しつらい」を見事に果たしてきた．このような手法に熟達していた彼ら生活者は，少なくとも平常から心得をもったインテリアデザイナーであった，というべきであろう．

現代の生活で薄められているのが，このソフトウェアとしての「振る舞い」である．茶を点(た)てて楽しむことをコミュニケーションのマナーに仕立て上げた振る舞いの側がなかったら，茶室のしつらいは決して生まれてこなかったであろう．現代のインテリアデザインにとって最も重要なことは，おそらく，ものとしてのインテリアづくりよりも，ライフスタイルの形成とその動機づけとなる生活の掘り下げではないだろうか．

1.5 現代のインテリアデザイン

(1) あらためて定義すると

インテリアデザインとは，空間をうちがわからとらえ，形と大きさを設定し，そこで生活活動が快適に行われるように道具や環境を整えることである．

そのためにはあらかじめその室内で予想される人間の行動の仕方を知って，それらをデザインの条件として整理しておく作業が必要である．住宅に例をとるなら，日本の現況ほど量と質の両面がからみ合って変化しているところはなく，特にインテリアは，座式から立式，たたみ座からいす座に向かい，活動的で効率のよい生活のためと称してあまたの設備機器や道具がひしめきあって，ただでさえ狭い生活空間を占有しようとする．

だが，室空間のデザインを決めるのにそのように大騒ぎする必要はない．人間の身体の大きさや生理的な構造，つまり寝起きや飲食，そのためにつくら

写真1.10 コーザノストラ北野店（D：スタジオ80）
（商店建築，1987.8, p.145）

れてきた諸道具も，よく観察してみると古来本質的な差がないことがわかる．そのことの実証を果たしたという意味で，人間工学の役割は大きかった．

しかし問題は，今のデザインが感覚系の能力のなかで，視覚をあまりにも偏重してきたことにある．たしかに人間の眼はきわめて優れた機構をもっているために外界に対する知覚の中心とされてきたが，そのためにほかの感覚器官，たとえば，触覚，嗅覚，聴覚などがかなり未開発・未訓練のまま放置されてきた．

インテリアデザインを進める場合には，人間の五感に対して，平衡のとれた扱いをしていかねばならない．特に触覚の重要性は大きい．室内気候に対する皮膚感覚の鋭敏さは，室内の居住性への要求レベルを効果的なところへ集約させる判断をするだろうし，優れた嗅覚は空気の汚染をいち早くかぎつけ，快適な香りを室内に導入する計画をはじめるかもしれない．

このような環境への鋭い対処が必要となってきたインテリアデザインを，あらためて定義してみるならば，次のようになろう．「空間を内側からとらえ，そこを生活空間として最適なものにするためのしつ

らいを果たし，そのための最適環境をデザインする仕事である.」

（2） インテリアデザイナーの職域

さてこのような空間のなかの生活の場づくりというインテリアデザイナーの仕事は，およそ次のような職域をもつと考えてよい．

そのひとつは，空間の設計を中心に据えて，室内のすべての部分を統合する指揮者としての仕事である．空間の大きさと，かたちについての基本的なこと，室内気候，採光・照明など，そこで生活する人間に必要な物理的・心理的両面からの総合的な判断をしていく立場である．この場合のインテリアデザイナーは，建築家の仕事を内側から進めることにもなるので，室内建築家〔注〕（インテリアアーキテクト）といったほうがよいかもしれない．

第二は，室内に使われる道具や構成をデザインするそれぞれの専門デザイナー，すなわちインテリアエレメントデザイナーであり，現在ではその多くが工場や工房で生産されているため，インテリアプロダクトデザイナーといってもよいだろう．

第三は，西欧の伝統から生まれたインテリアデコレーターである．近代建築の合理性や生産性，もっとつっこんでいえば，科学性に裏付けられた無装飾性に影響されて，永い主流の役割りから押しやられ，建築家に対して完全にマイナーの立場におかれてきた．けれども，ポストモダニズム以後の機能主義への点検のなかで，人間にとってのより根元的な装飾をあらためて提示する立場として，この職域が再びよみがえろうとしている．

〔注〕 室内建築家（インテリアアーキテクト）の役割を期待して，新しい資格制度が生まれた．インテリアプランナーがそれである．

2. わが国のインテリア

わが国のインテリアデザインの源流の一つは，室町時代に木割という設計方法によって定型化された書院造にある．現在，建物の用途・構造体の違いを問わず，広くつくり続けられている床の間や棚がついた畳敷の部屋を見るにつけても，たとえ形骸化しているにせよ，伝統的なしつらいの息の永さを感じる．伊豆諸島への定期航路船室の「和室」にすらミニチュアの床と棚があるのに驚かされたし，日本各地で住宅金融公庫の補助を受けて建設された住宅の最近の図面集を開いても，その百数十例の家々には少なくとも一つの「和室」が鎮座していた．鉄筋コンクリート造の集合住宅でもその状況は同じであろう．

座敷あるいは和室ということばからすぐさま想起するのは，縁側を介して 2 室以上の畳敷の部屋が続いており，壁といえば床の間・違棚や押入れの背位なもので，襖や障子を取りはずすと一部屋として使え，しかも固定的な家具が一つも置いていないがらんと空いた場所である．このような室内の特性は，日本建築の「開放性」・「融通性」，あるいは「軸組造」・「柱の建築」などと西洋建築との対比において言い古されたことかもしれない．しかし，最近の床仕上げ材料の一つとしての畳と多少の座敷飾りがあるだけで，これを「和室」と呼んでいることに抵抗を覚える．

しかし，室内の構成材としてこれらのしつらいが残っていることと，住宅の意匠に外国様式の一部を借りて消費者に媚びている，一部のプレハブ住宅にある現象とを同じ俎上で論じてはならない．わが国の住まい方の慣習や空間感覚のあり方の観点から見なおす必要がある．表層の化粧や飾り方だけを追いかけていくと，わが国のインテリアデザインは迷路をさまようことになりかねない．室町時代から培われてきた座敷を中心とした日本家屋における空間感覚・空間心理は，無意識のうちに原型として人々のうちに保存されているのではないだろうか．

座敷の空間構成と人々の生活行動を通しての適応状況の両面から，再びわが国のインテリアの特性を考えてみるのも無駄ではあるまい．

2.1 部屋の境界の表・裏

ある空間を仕切り壁 W によって A・B 二室に分けるとする．当然 W には A・B それぞれに向いている W_a・W_b の二つの面ができる．W がどのような材料・構法でつくられるにせよ一つの実在としての W は W_a・W_b の二面性を持つことになる．見かけ上 W_a は A に，W_b は B に属しているので，たとえばそれぞれを自分の居室として占有している者 α・β は W_a・W_b を自己の壁と思い込み，額やポスターを取り付けたり，座に腰を下ろし壁を椅子の背代りにしてくつろいだりする．突然隣りの部屋で壁に何かを打ちつける音を聞いたとき，α は W が β のものでもあったことに気付く．先ほどまでもたれかかっていたちょうどその位置に，相手も同じ姿勢でいたかもしれないという妄想に取り付かれ，W_a が逆に W_b に見えてしまい，いままで自分のものとばかり思い込んでいた部屋 A が部屋 B によって侵食されたという感覚から生ずる居心地の悪さに苛立ちを覚える．「厚い壁」と一つのドアによって守られた西洋の伝統的な建築においては，W_a・W_b は A・B を主体的に占有している α・β の個人に帰属する．W は A・B を分けている「仕切り」の壁ではなく，住居全体の構成材の延長・部分であって，心理的にみれば α・β によって図として知覚される W_a・W_b の地にあたると解釈できる．W は二つの表を持つ，裏のない壁であり，近接して大地に穿たれた二つの洞窟の内壁にたとえられよう．

襖や欄間（小壁）によって仕切られた和室では，きわめて多義的な状況が発生する．「薄い壁」である襖

は物理的遮断性が弱いがために，社会的・心理的な慣習によってできあがった規範が重要な役割を果たしている．そして通常，二通りの関係が成り立つ．一つは，$\alpha \cdot \beta$ が対面している $W_a \cdot W_b$ をそれぞれ $W_b \cdot W_a$，つまり相手の表象と見なすことによって相互の主体性を認めるという状況であり，互いの気配を察することによって日常生活が成り立つのである．もう一つは，A・B あるいは $\alpha \cdot \beta$ に主従の関係がある場合で，主となる A の W_a はまったく α のものとしてつくられる．襖絵や中央の 2 枚の襖を内側に建て込むことによって A の格式が B より上であることを示すのである．W_b の簡素なデザインや外側に位置する中央の襖などによって，B は A に従属していることがわかり，β は W_b に A の存在を見る．第一の場合，襖としての W_a，W_b は相手の「面」としての表があり，第二の場合，A を中心とした表と裏の区別が生ずるのである．したがって和室は洋室のように，そこで見えているものはその部屋のものであるという単純な話ではなく，「見えている」ものを通して見えない対人関係や空間構成の規範のようなものを感じとり，自己の行動を律していくのである．

このような部屋と人々との関係を理解し，行動を制御していく仕組みを専門用語で「空間認知」と呼んでいる．日本家屋のなかでこれまで述べてきた空間認知が成立してきたのは，いわば一心同体としての家族関係があることを前提としている．ある個人がわがままな行動に走ればたちどころに "W" の意味は変容してしまう．

襖の上に空いている欄間や，仕切り面以外の3面の仕切り方も，W の「面」としての特性を補強する．

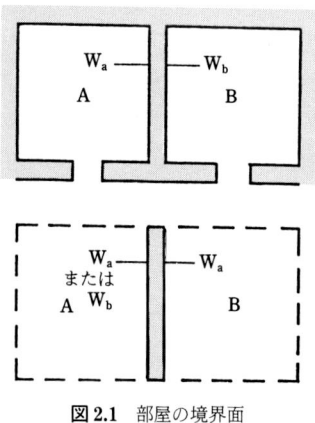

図 2.1 部屋の境界面

図 2.1 にこれまで述べた和室と洋室との概念の違いを模式的に示してある．ここで畳・床の間などのしつらいだけからその部屋を和室・座敷と呼ぶことの無意味さをいいたいのである．われわれの住宅における空間認知が室町時代から何ら変化なしに今日まできたことはあり得ないのだが，この問題を無視して形式だけの「和風」をつくったとしても，じゅうたんが敷かれ，三点セットが置かれてしまうのが落ちであろう．

2.2 縄張りの多角形

住居での生活は，独房の囚人のように常に 1 個所に閉じ込められているのでもなく，魚のように家の中をいつも回遊しているのでもない．寝場所以外に，停溜するいくつかの場所を皆が持っている．囲炉裏端の主婦の場である嬶座あるいは鍋座にその例を見る．これらの日常生活あるいは茶会や接客などの行事における人々の占める場所は一般に「座」と呼び習わされてきた．公共的あるいは商業的な施設にあっても，ある場所はそこを訪れる人々によって共用されてはいるものの，「カウンターのあそこの所に故人はいつも座っていた」といわれるように，群衆や集合の中での個の位置を決めておきたいという欲求は人間の本性的なものであるようだ．特に「弱い仕切り」で分節され，固定的な座具を持つことのなかったわれわれの住居にあっては，個人の座を決めておくことが，日常生活の秩序を維持していくために欠くことはできなかった．これまでは家長や年寄の座を基準として，嫁・子供の居場所が定まっていくという構図があった．

これらの個人の座は，食事・仕事・接客・祭事などの行動種別に応じて住居内の複数の生活拠点として固定されるのが通例である．図 2.2 はある家族の家長 (A) と年寄 (女・B) の座を住宅平面図に仮想上記したもので，$A_1 \cdot B_1$ は食事やくつろぎの座，$A_2 \cdot B_2$ は仕事と仏壇の座，$A_3 \cdot B_3$ は接客時の座に対応している．各点は日常の停留時間や生活内容からいって重要度は均一ではない．しかし住宅内部に家族全員から認知されている複数の座が存在し，それらの点を結んだかくれた多角形がつくられる．

この目には見えない生活の拠点によって「張られた」多角形の領域は，各人の心理的・社会的縄張り

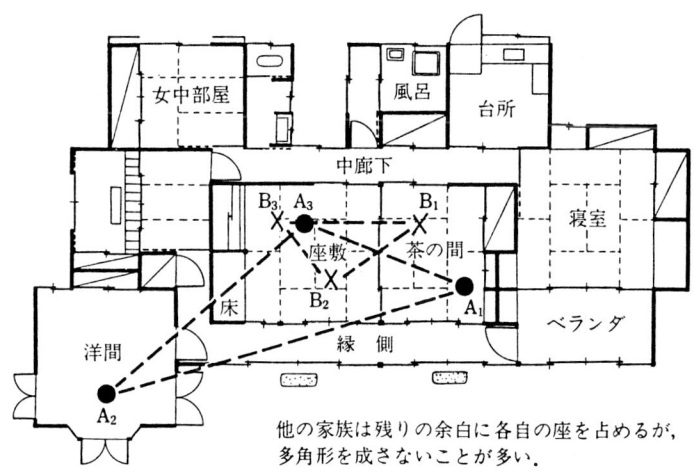

図 2.2 縄張りの多角形
(平面図は，住宅史研究会編，"日本住宅史図集"，p.66，理工図書，1976 より)

である．ただこの縄張りは，ある種の動物の縄張りのように個体を中心とした空間的に広がっている明確な境界を持った，その内側へ他の個体の侵入を拒む行動を起こさせるような領域とは性質を異にする．この多角形(場合によっては線分のこともある)の中心，内部に主はいないし，また各頂点のすべてに，同時に「居る」ことはできないからである．つまり，A_1 に主人がいるとき，家人が縁側を通ったとしても当人は自分の縄張りが犯されたと感じることはない．それにもかかわらず縄張りの三角形が覆っている場所とそれ以外の場所との区別は家族の無意識的な空間認識のうちに根ざしている．したがってこの「張られた多角形」は主が不在であっても家人に知覚されており，特に頂点の座は強い影響力を持ち，他人はそこを座ることはおろか，跨ぐことすら憚られる場所としてある．

図にみるとおり，この多角形は相互に重なり合うのが一般的で，場所によっては頂点を共有することもあり得る．この重複は時間的に行動をずらすことによって調整が可能であり，動物の縄張りのように常に相互の攻撃行動につながるとは限らない．しかし多角形の重複が多い場所にはおのずとその家族なりの行動上の規則・コードがつくられる．

縄張り多角形の頂点の数や広がりは住宅の部屋数の広さによって当然のことながら影響され，規模が縮小されれば，頂点の数や広がりは減少する．逆に多角形の重複が増し行動的規則・コードが多くなるか，あっても機能しないこともあろう．また家族どうしが異常接近することによって，多角形の縄張りが動物のそれに変質してしまう．

また，ドアと鍵による監獄的縄張りを可能にする洋室が和室群に混在することによって，多角形群による生活構造は直接的に影響を受けやすい．最近，子供室の与え方に関する議論が盛んであるが，多角形的縄張りによる日本的住まい方の変化という文脈のなかで考えるべき問題のように思われる．そこで西洋的な住まい方における縄張りの構造に目を転じてみよう．図 2.3(次ページ)に示すように，食堂や居間のそれぞれの場所で個人の座は決まっていて，各々の場所で家族が円環状に集団の縄張りをつくりだす(このような集まり方をソシオペタルということがある)．客はこの円環状の一部に吸収される．自分の座は「私の椅子」として占有されるが，食堂の座と居間の座などから見えない多角形が形成されることはない．各人の座とそれによる円環領域の内部以外は，家族全体に共有される中立的な場所と考えられる．また 2.1 で述べた部屋の成立過程からして，心理的な領域をかたちづくる線分が壁を貫通して他の部屋に通ることはない．日本の住宅ではつくりが西洋式であっても，多角形の縄張りを張ろうとしているのではないか．

2.3 床面の座標軸

固定的な座具のない日本家屋では，個人の座や座どうしで張られる多角形の位置は座面に存在する

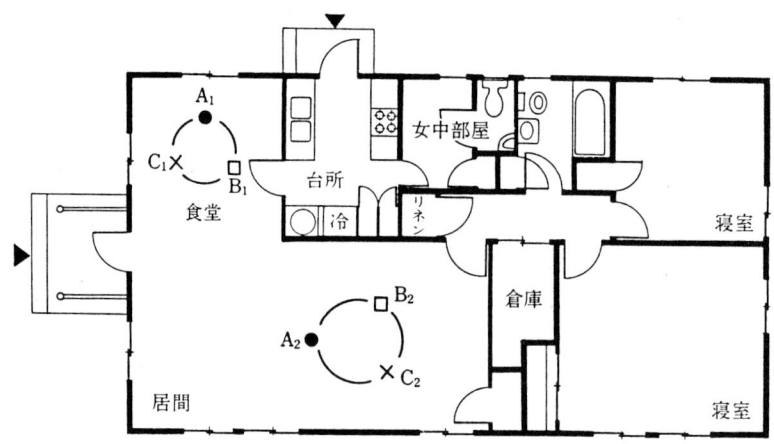

図 2.3 家族の集合の環
(平面図は，西山夘三，"日本のすまいⅡ"，p.210，デペンデント・ハウス，勁草書房，1976 より)

種々の「座標軸」としての境界線によって明示される．西洋建築の床面は大地の延長としてデザインされ，人間や家具の置かれる場として均一な材料やパターンの繰り返しで構成されたり，部屋の中央と周辺との差異を際立たせる意匠を持つこともある．しかし和室のように床面の領域を区分する畳の縁，畳寄，敷居などの線的要素はほとんど現れない．これらの材料の縁あるいは部屋の境界としての線は，茶の作法にみられるような行動を規制する座標軸として働く．同時に縄張りの多角形の頂点としての座の位置を表したり，敷居によって多角形の一辺の存在を気付かせもする．

もっぱら靴を介して体の支持をする西洋の床に対して，畳と敷居の日本の床は平座位という生活姿勢と相まって体全体，時には顔までを接触させるために，建築材料のなかでは衣服や寝具にもっとも近い存在である．畳表のテクスチャーはその肌触り，香りなど独得の味を持っている．視覚的にもその表面は直射光・反射光の下でその表情を変え，その見え方は畝で区画された水田の風景にたとえられる．畳の上にじゅうたんを敷くのは田圃の上にビニルシートを被せるに等しい行為であろう．

固定した間仕切り壁の存在を欠いていた日本建築では，床面のデザインにそれが畳であれ板敷であれ，ことのほか力を注いでいたのであり，縁の処理や微妙なレベル差など今でも学ぶべき点が多い．

2.4 線のモジュール

「日本の建築には線が多くて邪魔になる」，「木の格子が日本建築を象徴していると思い，デザインのモチーフとして必ず使っている」など外国の建築家のことばであるが，線の構成こそ日本の建築，特に床の座標軸をはじめとして室内意匠の基本であることは否定できない．地球上の生態系は植物・動物・地形などはすべて，小さいものから大きいものへとスケールの段階的な入れ子構造を持っており，建築も例外ではない．多様なスケールの体系のなかでも日本建築の線の寸法体系（モジュール）はきわめてユニークな存在である．

和室に座って周囲を眺めると，そこには畳表の藺草（イグサ）の太さ（0.1mm強）から始まって，障子の桟，畳の目や縁，柱，柱間……という一連の線の寸法体系が観察される．それぞれ立体的な大きさをもっているが，人が知覚するのは幅や厚みであったり，部材の間隔，長さという線的な要素とその線的要素の数といったものである．西洋の室内にある具象・抽象を問わず種々の模様によるものとはまったく異なった視覚世界が広がっている．よく「猛獣はなぜ数が少ないか」，「大木はなぜ数が少ないか」というまったくあたりまえと思われている生態的原則に対する素朴な疑問が発せられるが，和室の視覚世界にもこの原則が生きており，「大きい（太い）材料・部材ほど数が少ない」のである．全体として物理的に膨大な数の線が出現し，それをある西洋人は「う

るさい」と感じ，ある日本人は「すっきりしている」と感じる．

冒頭に述べたように，こうした寸法体系は柱間と柱の寸法とから各部材の大きさを比例的に決定していくという木割の設計技術に負うところが多い．木割の先駆的な技術書である「三代巻」に記された，「屋ノ数ハ六分数三二一六五四目中ト打砕ク」，すなわち，「住宅の設計に際して，まず6分を目と称し今日のモデュールを決め，それからプロポーションを考えて三二一六五四目中と吟味する事を意味している」（内藤　昌）という寸法決定原理に注目すべきである．6分は畳の目の幅より若干大きい寸法であるが，その倍数の値を1分ずつ変化させて適正値を見いだそうという方法のうちに，線の設計原理と意匠における線の価値を知るのである．

因みに6分の大きさを識別する距離と視角の関係を見よう．和室の室内の視距離幅を1間から3間程度とすると6分のサイズは視角にして，10′〜40′の値をとり，明視距離（20 cm）でヘアーラインの線および9ポイント程度の活字を読むのに相当する．

いいかえれば6分の寸法は，一般的な住宅の室内では図として明瞭に識別できる大きさなのである．

2.5　平面のモジュール

和室を人々の生活の場としてみると，個人や集合が身を置く広さや，適当な天井高をもった空間を必要とする．このスケールは，木割における柱間の寸法とそこから割り出される内法高，小壁寸法が空間の基本モジュールとして決められると考えてよい．

「起きて半畳，寝て一畳」にあるとおり，畳の寸法は身体の大きさや姿勢との対応から，一定の大きさを持つようになったと考えられる．周知のとおり，柱間寸法や畳割の方法の違いによって現在でも畳の大きさにはいくつかの種類があるけれども，身を置くという点からはほぼ一定の大きさとみなすことができる．1：2のプロポーションの畳の2等分が先の言いまわしでは，床座の生活に必要な広さのモジュールとして機能するわけであるが，その3等分もまた人体の大きさと照合しているところに畳のモジュールがいかに優れているかがわかる．このことは江戸時代になって庶民の生活姿勢として一般化した正座を抜きには語れない．

人体計測の結果によれば，日本人の平均値であぐらをかいたとき1人当り65 cmであるが，正座した場合50 cmの幅に身体は収まる（この値は衣服を考慮していない）．したがって正座の場合1畳に3人座ることができる．さらに極限まで詰めると肩幅が約40 cmなので，1畳の長手・短手方向にそれぞれ4人・2人が座ることも可能である．ただしこの場合両側に壁があると上体の動きが制限されるので苦しくなる．片面が壁がなく畳が続いていれば，腰は畳の縁の内側で収っていても肩の部分ははみだしてよいので，茶室のような静的な動作をこなすことができる．このような極限状況では畳の大きさの違いがきいてくるが，京間畳の6.3尺と田舎畳の5.8尺とでは15 cmの差があって，3人・4人のときのゆとりに影響する．

このように畳は，1枚分が身長と1/2・1/3・1/4の大きさが正座したときの身体の幅と関係づけられるきわめて多様性のある平面モジュールであることがわかる（図2.4）．

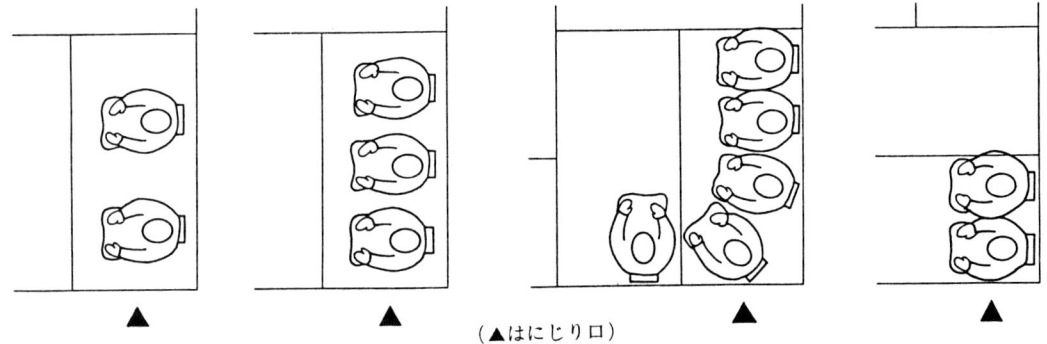

（▲はにじり口）

図2.4　茶室の畳と座

2.6 空間のモジュール

眼の床面からの高さは，正座と事務用椅子に腰をかけたときとでは約 24 cm の差ができる．また単純に椅子の座面と床面との差で和・洋の生活基準面の違いを表すならば 20〜60 cm 程度の寸法になる．いずれにせよ床座と椅子座では，基準となる眼の位置に差が生じ，後者の場合天井が低いと圧迫感を受けやすい．さらに素足と靴履では 3 cm 程度の違いができ，立位の際の天井面の影響の多少に関係してくる．現に西洋の住宅に限らず，完全に椅子式の生活をしている中国の住宅の天井高は日本のものよりも高い．また部屋の平面と高さのプロポーションにしてもきわめて偏平な日本の室内に対し，西洋のそれはより立方体に近い．平面形が正方形から徐々に長方形に変化していく場合，天井高は少なくとも短辺の長さより大きく，平面のプロポーションによって決定されてきた．長辺方向に縦長断面の空間が展開していることが多い．

わが国の，特に集合住宅は経済的あるいは近隣への影響などの理由から，天井高は極限にまで切り詰められている．しかし書院造の原形では天井高はずっと高かった．木割の基準方程式の一つである，天井高（尺）＝0.3×畳数（小壁高）＋6.9（内法高＋内法長押＋天井長押）によれば，現行の居室の最低目標 2.4 m の天井高では 3 畳の広さの寸法になってしまう．この基準による初期の書院造では天井面の意匠はごく単純であり，眼の位置の低さや畳面より暗いこともあって，空間を覆っているという感覚を与えるにとどまっていた．時代が下るにつれ天井を部屋のデザインに参加させようとする傾向が現れ，京都の角屋・扇の間のように 2.4 m 程度のものもつくられ，天井一面に扇の図柄が描かれた．

椅子の生活で相対的に天井面が低くなってきた上に，種々の設備器具などで「荒らされ」た天井を部屋の顔面の一つとして再生することはできないだろうか．

外国のインテリアの表層だけを写し取り，片方で盲腸や尾骶骨のような和室を抱え込んでいる現代住宅のデザインを再生させるためには，これまで述べてきたわが国の室内計画の「空間論」的認識を欠くことはできないと考える．

3. インテリアと居住性能（木質住宅）

インテリアは住みごこちを決定する重要なポイントである．インテリアはとかくデザイン性が強調されがちであるが，ここでは居住空間の性能の観点から見てゆきたい．

3.1 住宅の性能

「住」は衣・食と並び称され，生活に欠かすことのできない側面であることはいうまでもない．わが国の住宅投資水準は，高度経済成長下で高いレベルで維持されながら現在にいたっている．そして，住宅数が世帯数を上回ることによって，「量から質の時代」に入ったともいわれているが，住宅に対する不満や欲求は強く，大都市圏を中心として不満は募るばかりといえよう．

経済審議会長期展望委員会が取りまとめた報告，「2000年の日本——国際化，高齢化，成熟化に備えて」によれば，よりよい定住化社会の実現のために次の3点が重要課題として指摘されている．
（1）モビリティの高い地域社会の形成
（2）地域経済の自立的発展
（3）豊かな居住環境の形成

そして，居住空間に関しては，
（1）都市化
（2）高齢化
（3）欲求水準の向上
が進行することを予測している．このような時代を迎えるに当たって，インテリアデザインの領域に対する期待も大きく，住宅供給サイドの努力が一層望まれることになろう．

ところで，住宅の良し悪しはその床面積や設備機器の新旧などによっても評価が違ってくるが，ここでは住宅の構造躯体の性能について話を始めることにする．さて，住宅の性能を明らかにすることを主眼としたものに，建設大臣工業化住宅性能認定制度がある[1]．この制度は木質系のみならず，コンクリート系，鉄骨系の工業化住宅について，住宅購入者の住宅の選定に指標を与え，住宅購入者の利益の増進を図ることをその目的として1973年に制定されたものである．

図3.1 木質住宅（木質パネル構法）の例
（ミサワホーム：センチュリーアゲイン）

表3.1 工業化住宅の性能チェック項目[1]

性　能　項　目		
1. 安全性	イ．	構造耐力性能
	ロ．	屋根などの類焼防止性能
	ハ．	内装の防火性能
	ニ．	長屋などの各戸の界壁の延焼防止性能
	ホ．	窓などからの転落防止性能
2. 居住性	イ．	居住性の開放性能
	ロ．	居住室の通風性能
	ハ．	居住室の屋根などの断熱性能
	ニ．	省エネルギー性能
	ホ．	防露性能
	ヘ．	居住室の外壁などの遮音性能
	ト．	寝室の間仕切壁などの遮音性能
	チ．	長屋などの居室の界壁の遮音性能
	リ．	長屋などの衝撃音の遮断性能
	ヌ．	換気設備の静ひつ性能
3. 耐久性	イ．	構造耐力上主要な部分の材料の防さび，防腐および防蟻性能
	ロ．	防水および排水性能

そして，1960年代より登場した木質プレハブ構法の性能向上を促しつつ現在にいたった点では，この制度が果たした役割は大きかったといえよう．そこで行われている住宅性能のチェック項目は，表3.1に示すように，安全性，居住性，耐久性にわたっており，それらの性能判定基準は，工業化住宅性能認定技術的基準（昭和49年建設省告示第120号，改正昭和55年建設省告示948号）で与えられている．さらに，構造耐力性能について付言すれば，各部位ごとにその安全性を確認することが義務づけられており，その判定基準および判定方法については，財団法人日本建築センターの「低層建築物の構造耐力の性能判定に関する内部規定」に示されているので参照されたい．

住宅の性能という観点からみてインテリアデザインの目的は，単に床・壁・天井の仕上げ材の色や形の選択にとどまるものではなく，表3.2に示す住宅の安全性，居住性，耐久性と深くかかわるもので，意匠性と性能とをバランスさせることが重要であるといえよう．

3.2 居住性

床，壁，天井で仕切られる室内空間に目を向けてみると，住宅の住みごこちに関連する因子はたいへんに複雑である．居住性に影響を及ぼす様々な因子は図3.2[2)]のように整理することができるが，これを見ると，たとえ小住宅といえどもハードとソフトの両面にわたって多くの要素について十分な配慮が必要であることが理解されよう．表3.2に示された居住性の各性能項目は，図3.2中の環境工学からの側面として捉えることができるが，住み手から見れば，居住性はさらに広く総合的に判断されるものである．このように考えてくると，デザインすることは大変にむずかしく思われてくるが，要は住み手である人間に対する配慮を十分に行うことを忘れてはいけないということである．

3.3 木質構造の種類

現在の日本では，住み手の生活様式の変化，たとえば，車社会，家庭電気製品のはん濫，洋風化などがかなりの速さで進んでおり，木質住宅を取り巻く環境は変化している．そうした流れの中でわが国の

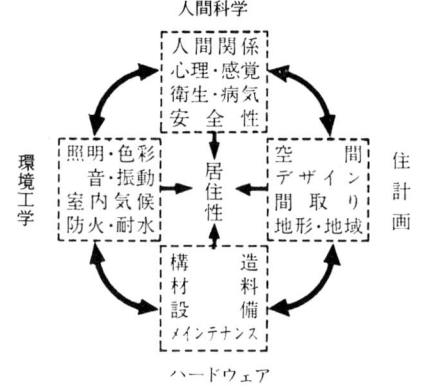

図3.2 居住性に関与する諸因子[2)]

表 3.2 木質構造の分類

	構法名称	主な用途	構造方式	構造部材加工方式	現場施工度
在来構法	和風伝統構法	神社，寺院 数寄屋，茶屋，住宅	軸組式 同上	プレカット 同上	多い 多い
	軸組構法 {和風/洋風/和洋折衷}	住宅・事務所・学校など	軸組(＋壁)式	同上	多い
	木骨組積造 木骨土蔵造	倉庫など	軸組＋壁	同上	多い
	枠組壁工法 （ツーバイフォー工法）	住宅	壁(＋軸組)式 壁式	無加工 プレハブ	多い 比較的少ない
プレハブ構法	軸組式	住宅	軸組式	同上	比較的少ない
	パネル式	住宅	壁式	同上	少ない
	モデュラー式	住宅	壁式	同上	非常に少ない
	校倉造	住宅	壁式	同上	多い
	集成材構造	住宅・体育館・教育	ラーメン，アーチ式	同上	比較的少ない

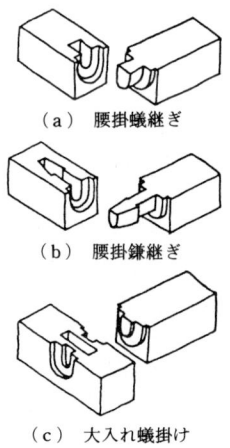

(a) 腰掛蟻継ぎ

(b) 腰掛鎌継ぎ

(c) 大入れ蟻掛け

図3.3 機械プレカット部材の例

木質住宅にも多様な構法が登場してきた。住宅に限らず，構造体を木材あるいは木質材料で構成したものを木質構造と呼ぶが，木質構造に含まれるものは表3.2[3]の通りである。なお表中のプレカットとは下小屋で墨付けと継手・仕口の加工をあらかじめ行うものを指し，機械によって自動的に加工を行う機械プレカット部材（図3.3参照）より意味が広いので留意されたい。表3.2について見ると，在来構法（図3.4）の中でも構法上は和風伝統構法と軸組構法に分類されていることに気がつかれるであろう。前者は柱，梁，差鴨居などの軸組によって構造体が構成されるもので，構造材は同時に造作材でもあることが多い。しかし後者の軸組構法は軸組に筋かいあるいは面材を貼り付けた耐力壁の考え方が導入されているものを指し，施行令の第40〜50条によって規定されているものである。最近では生活習慣の洋風化に伴い構造的にも大壁造が増えてきている。

次に，枠組壁工法（図3.5）あるいは木質パネル構法もすでに住宅用の構法としてわが国に定着している。これらの内装仕上げを見ると大壁造であり，下

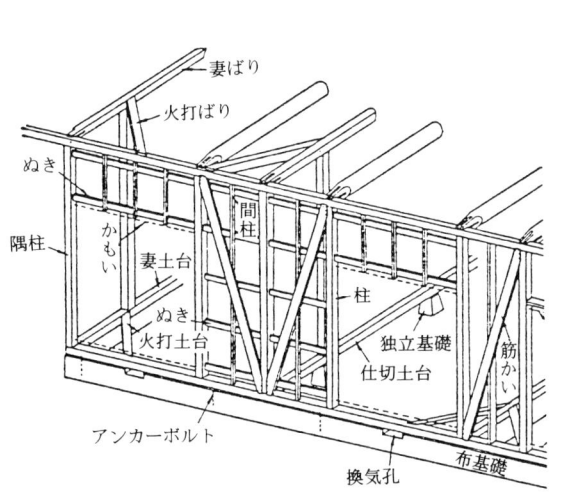

図3.4 在来工法

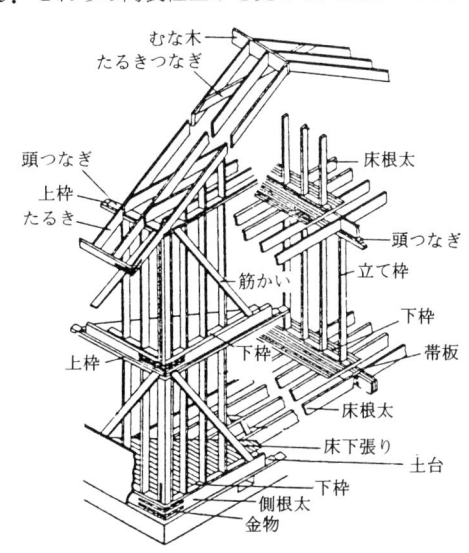

図3.5 枠組壁工法

表3.3 内装仕上げの工法 [→印は工法変遷を示す] （建築雑誌 1980.4. 渡辺敬三による）

内壁	一般塗装	ドロマイトプラスター塗り→石膏プラスター塗り→混合石膏プラスター塗り→（モルタル薄塗り塗装仕上げ）
	壁紙の張り下地	モルタル塗り→打放し→石膏ボードじか張り→セメントフィラーによる薄塗り工法
間仕切り	軸組間仕切り	木造軸組合板張りあるいは硬質繊維板張り→木造軸組石膏ボード張り→軽量鉄骨軸組石膏ボード張り→軽量鉄骨軸組テーパー付石膏ボード張り→軽量鉄骨軸組けい酸カルシウム板張りなど
	一体構造	空胴コンクリートブロック積→ALCパネル→耐火・遮音パーティション
天井	塗り天井	ドロマイトプラスター塗り→石膏プラスター塗り→混合石膏プラスター塗り→打放し・着色セメント吹付け→打放し・既調合材料吹付け
	ボード張り	木造下地・吸音テックス張り→木造下地・石膏ボード捨て張り・吸音テックス張り→軽量鉄骨下地・石膏ボード捨て張り・吸音テックス張り→軽量鉄骨下地・石膏ボード捨て張り・ロックウール吸音板張り→軽量鉄骨下地・ロックウールボード→システム天井
床	張り床	モルタル塗り・アスファルトタイルまたはリノリウム→モルタル塗り・ビニル床タイルまたはビニル床シート（平滑面）→コンクリートじか仕上げ・ビニル床タイルまたはビニル床シートあるいはニードルパンチ→石膏系セフルレベリング床材塗り・ビニル床タイルまたはビニル床シート（クッション性のよいものでデザインされたもの）
	塗り床	色モルタル仕上げ→モルタル塗り・酢酸ビニル系塗り床→モルタル塗り・エポキシ系塗り床→コンクリートじか仕上げ・ウレタン系塗り床
	テラゾー	テラゾー現場塗り→テラゾーブロック張り→テラゾータイル張り
	床構造	二重床構造→一体床構造（じか天井・じか床仕上げ）→浮き床・置き床（床衝撃音防止のための）

地に石膏ボードや無機系の面材を施し，クロス張りが行われるケースが多い．ところで，鉄筋コンクリート造や鉄骨造の内装下地に木材が利用される場合についても，これらの枠組壁工法や木質パネル構法などの骨組と面材の接合方法などは十分に参考となるように思われる．

ここで最近の木質構造と地震について考えてみると，一般的に屋根仕上げ材が軽くなり，さらに耐力壁について十分な配慮がなされているものについては地震の被害が最小限に食い止められ，耐震性が向上していることが地震被害の調査結果から明らかになってきている．しかしながら構造的な被害は最小限に抑えられても内外装材の被害例は少なからず散見されている．モルタル・タイルの剥落や下地ボードの波打ちなどが現象として現れてくるが，胴縁の取り付け方やボードを留め付ける釘の太さ，本数などにも十分に配慮しなければならない点が理解されよう．インテリアの施工を確実に行うことは単にデザイン上の効果や仕上げの出来・不出来ばかりでなく，建物全体の耐震性をも向上させる効果が期待できるものであるのでこの点も見逃せない．面材を多用する新しい木質構造では結局，良い内装仕上げは建物全体の強度的性能をも高めることになるというわけである．

表 3.4 建築物の床および床仕上げ材料に要求される性能項目[4]

大分類	性能項目	おもに影響を及ぼす事項	特に注意を要する建物・室種別	大分類	性能項目	おもに影響を及ぼす事項	特に注意を要する建物・室種別
A 居住者の心理・生理面からみた性能	弾力性	運動のしやすさ，疲労，けが	体育館，武道場	B 存続するという面からみた性能	力学的安定性 変形追従性 耐局部変形性 変形回復性	変形・破壊 キレツ発生 くぼみ発生 くぼみ残留，ふくれの発生	
	かたさ（やわらかさ）	歩行感，疲労，転倒時のけが	オフィスビル，幼稚園，病院，老人ホーム		耐衝撃性 耐摩耗性	衝撃破壊，変形 損耗，凹凸の発生	人または車両の通行の多い床
	すべり	歩行感，疲労，転倒，けが	体育館，傾斜床，階段，病院，厨房作業場，裸足で生活する室		耐水性	力学的特性の低下，変形	水を使用する頻度の高い床
	表面温	触感，冷え			防水性	下地，下階への水の浸透	〃
	断熱性	温冷感	居室		耐熱性	力学的特性の低下，変形	
	あらさ	触感	裸足で生活する室，盲人誘導床		耐引火性 耐火性 耐候性	火災発生危険度 火災進行 変退色，力学的特性の低下	
	平滑性	歩行感，転倒，美観					
	水平性	平衡感，美観					
	耐汚染性	美観			耐薬品性	変退色，損耗，力学的特性の低下	工場，実験室，温泉
	色・光沢・模様	美観（雰囲気）			下地との付着性	はく離，破壊	
	質感	美観（雰囲気）			耐膨張・収縮性	不陸，凹凸の発生，破壊	
	耐傷性	美観			耐虫害・菌害性	耐力の低下	
	臭気・ガス不発散性	不快感，健康，物品保全	博物館，資料館，図書館	C 施工面からみた性能	変形性 接着性 加工性 修理のしやすさ 重量 形状・寸法安定性	施工のしやすさ 〃 〃 〃 〃 〃	
	吸音性	喧噪感	劇場，音楽堂				
	遮音性	〃	学校，集合住宅				
	発音性	〃，運動意欲（運動欲）	劇場，音楽堂，集会場，体育館，学校，図書館，集合住宅				
	不帯静電性	不快感，安全性	病院手術室				
	不帯ほこり性	不潔感，衛生	病院，工場				
	清掃性	清掃労力					
	耐結露性	歩行感，運動のしやすさ，転倒，けが	体育館，倉庫，病院				
	耐微生物性	美観，健康，衛生	病院，工場，厨房				
	有害ガス・煙不発生性（火災時）	人命，避難	人の多く集まる建物				
	耐吸水・吸湿性	健康，衛生，快適感					
	耐変退色性	美観					
	耐焼けこげ性	美観	遊戯場				

3.4 軀体・下地・仕上げ

構造軀体の種類については先に述べているが，いずれの構法においてもその寸法精度が仕上げに与える影響は少なくない．そして，その軀体の不陸，ゆがみを取る役割が下地の施工にかかっているのである．一般に下地作りの工事は建築工事全体の流れの中では仕上げ工事の一環として行われるが，仕上げの出来ばえを左右する点，さらに仕上げが所定の期間その状態を保持するためにも，入念で確実な施工が要求されるわけである．さらに，下地は見えないから悪い材料を用いてよいという理屈はどこにもないのである．

内装仕上げは多種多様で，さらに建材の進歩によって省人，省施工の方法が提案されている．しかし，大切なのは軀体・下地・仕上げの組み合わせで空間の基本的な性能が決定され，さらにこれが，冷暖房などの設備選定にも大きな影響を及ぼすことを留意すべきである．

3.5 インテリアに要求される性能

住宅には様々な性能が要求されることはすでに示した通りであるが，インテリアの仕上げ材料に限ってもその要求される性能項目は多岐にわたるものである．その一例として，床および床仕上げ材料に要求される性能項目を表3.4[4]に示す．床の場合は他の部位と異なり，人間や物が直接触れているものであるので，その性能項目は居住性に影響を及ぼすものに限っても強度的なものをはじめとして，歩行感に関するもの，清掃性や美観に関するものまで幅広いことが理解されよう．材料の選定にあたってはインテリアの用途に応じて下地材料を含めて適宜材料を組み合わせることも必要となる．

インテリアデザインにおいて意匠性は大切なものには違いないが，さらに住宅の基本性能を向上させる上で，材料の性能や施工方法の知識あるいはインテリアの用途に応じて，いずれの性能が要求されているかを十分に判断する能力が，質の高いインテリア実現への鍵ともいえよう．

参考文献

1) たとえば，ビルディングレター，2, 61-64 (1983)
2) 高橋　徹：木材工業，40 (3), 107-112 (1985)
3) 木質構造研究会編："木質構造建築読本"，井上書院(1988)
4) 小野英哲：建築雑誌，99 (10), 42-44, (1984)

〈参考書〉

杉山英男・神山幸弘・今泉勝吉："新建築学大系39／木質構造の設計"，彰国社 (1983)
大野隆司・深尾精一・吉田倬郎・瀬川康秀："建築構法"，市ヶ谷出版 (1981)

4. インテリアと人間工学

　家具デザインの最も基礎となる資料は人体寸法である．人体寸法を設計に応用するには，寸法的なゆとりを加えたり減じたりすることが重要になる．
　身長がわかれば，人体の各部寸法や家具の高さ寸法を簡単に求めることができる．
　人体の構造から考えると，椅子に座る姿勢には，後述の 4.2「家具への応用」の項で述べるように骨盤に無理を生じるので，まったく疲れない椅子は存在しない．椅子はその機能から考えると，座面よりも背もたれの支持条件が重要になる．

4.1　人間工学とは

　道具・家具・インテリア・空間などを設計する場合，デザインに重点をおくか，使いやすさなどの機能を中心に考えるかによって，それらの大きさや形，使用材料などが違ってくる．デザインを中心にして機能を無視してつくられたものもあるが，通常はある程度まで機能を中心にしてデザイン的にまとめられるのが一般的である．
　人間工学とは，使いやすさや機能について科学的にとらえることであり，原始時代から考えられてはいた．すなわち，道具・家具・空間などの物とそれらを使う人間との関係を「人-物」系としてとらえていくことが人間工学で，「人」と設計の対象物となる「物」または「人」の間柄を調べる学問といってもよい．
　家具の場合，それを使う人の条件（成人・子供・老人・身障者・男女別・身長・体重別・動作能力など），使用する場所，使い方などを明らかにして設計したり選択をする必要がある．

(1)　家具と人体寸法とのかかわり
　家具はインテリア・エレメントの中でも生活行為に最も密接な関連をもち，人体と深いかかわりをも

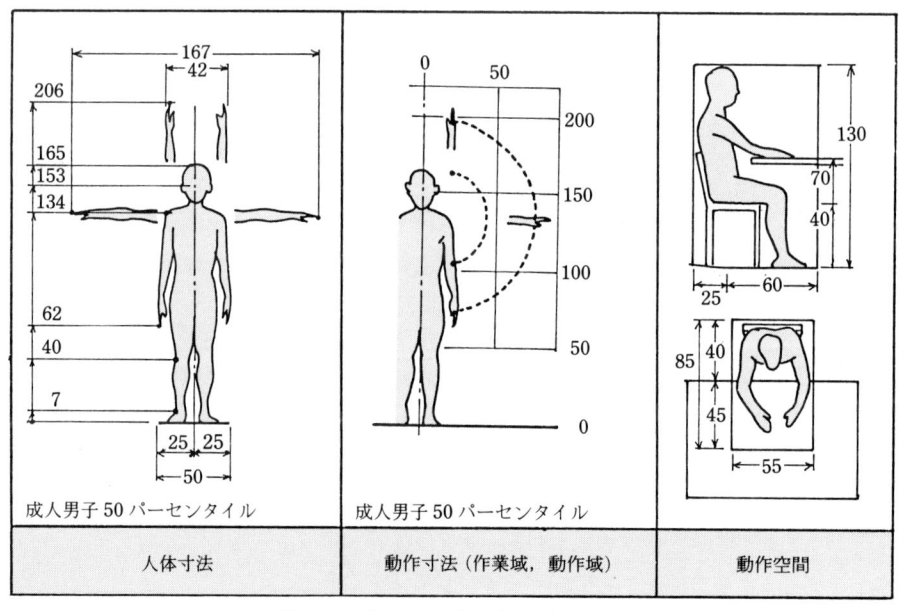

図 4.1　人体寸法と動作寸法（単位：cm）
（"デザイナーのための人体・動作寸法図集"，彰国社を参照）

つものである。たとえば、椅子やベッドは人体を直接支持するための道具であり、机やテーブルは作業をするときの手の支持台となる。

椅子や机・テーブルの寸法は、それを使用する人の人体寸法をよりどころにして決めなければならない。かりに人体寸法をよりどころにしないで設計をすれば、椅子や机・テーブルの高さが高すぎたり低すぎたりして、作業姿勢が悪くなり、作業能率が低下し、健康にも影響を与えることになる。

人体寸法は家具設計の最も基礎資料となるもので、設計する場合のほか、うまく使いこなしていくためにも、人体寸法とのかかわりを念頭において計画することが大切である。

(2) 人体寸法・動作寸法・動作空間

人体寸法は、ある姿勢をとったときの人体そのものの寸法である。これは、椅子やベッドなど人体と直接かかわりをもつ家具のディテールを設計する場合には役立つ(図4.1)が、調理台のシンクの深さや蛇口の取り付け位置などを決める場合には、人の手足や上体の動きを含んだ人体計測値が必要になる。これを動作寸法(作業域、動作域ともいう)といい、椅子に座って机やテーブルの下に足を入れたときの足のうごきを下肢領域という。手や足を伸ばしたときにどこまで伸びるかが動作寸法であり、人体寸法を動的にとらえたものと理解してよい。

動作寸法をさらに空間的にとらえたものを動作空間という。これは、生活行為に必要な人の動作スペースと考えてよい。たとえば、ダイニング・ルームでテーブルと椅子を使って食事をする場合には、テーブルと椅子の平面寸法を確保しても食事はできない。椅子の立ち座りや配膳のためのスペースなど動作スペースを見込む必要がある。

以上のように、人体寸法、動作寸法、動作空間は、家具やインテリアなど設計の対象によってその参考となる資料は違ってくるので注意する必要がある。

(3) 人体寸法

日本人の人体寸法は、年々体位が向上し、昭和60年度における高校3年生の全国平均身長は170.2 cmにもなっている。このままでいくと、さらに身長が伸びそうであるが、身長の伸びは一応落ちつくようである。ヨーロッパやアメリカでは、身長の伸びは横ばいになったようであり、日本も同じ傾向になりつつあるというのが人類学者の考え方である。

過去のデータを調べると、日本人の平均身長は10年間に約1 cm、1年に1 mm程度の伸びとなっている。詳細な測定値はないが、現在の日本人成人男子の平均身長は167 cm、女子は154 cm程度と考えてよい。設計の場合の平均身長として、この数値を用いてほぼ間違いはない。

人体計測値を設計に応用する場合に重要なことは、そのデータはどのような条件で計測したかを明らかにして応用すべきである。

たとえば、文部省が毎年4月に全国一斉に小中高校生の人体寸法を測っているが、この場合の身長の測り方は、身長計に後頭部と肩と尻をつけた姿勢で測る。この計測姿勢は、日常生活の中ではほとんどみられない姿勢であり、設計にはやや応用しにくい面がある。先の高校生の平均身長はこの姿勢で測ったものであり、リラックスした姿勢で測ると2〜3 cm低くなる。設計で必要とされるのは、この姿勢の数値になる。

(4) 人体寸法の応用

実際に人体寸法を家具設計に応用する場合、平均身長を参考にすると、半数の人が使えないことになる。家具を設計する場合、同じ寸法であっても、高さ、幅、奥行寸法は、それぞれのもつ意味づけが違うことに注意をしなければならない。たとえば、椅子では座面の高さや奥行寸法は身長の低めの人に合わせ、幅寸法は高めの人に合わせる。また、机やテーブルでは、高さは低めの人に、幅や奥行寸法、下肢領域は高めの人に合わせて設計するとよい。

人体寸法から家具の寸法を割り出す場合には、身

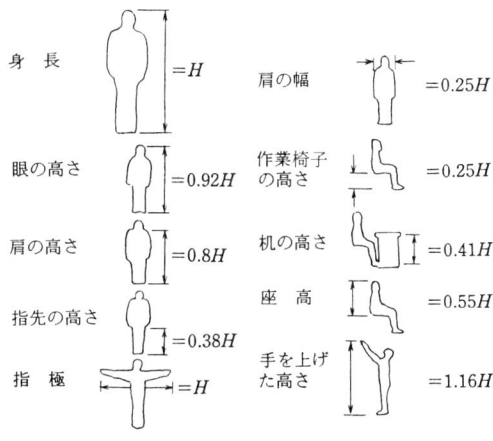

図4.2 人体寸法の略算値
("建築・室内・人間工学"、鹿島出版会を参照)

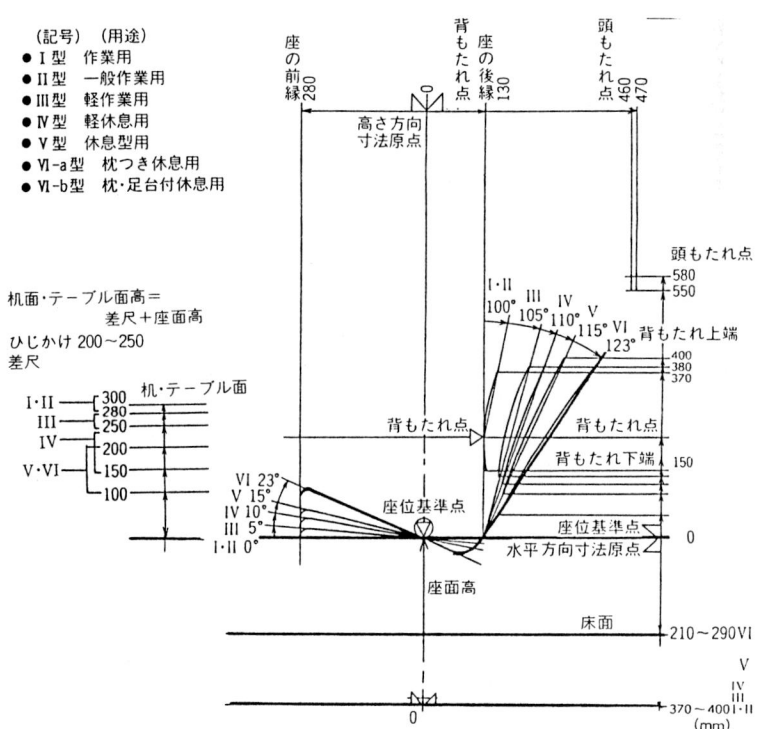

図4.3 椅子の支持面のプロタイプ
("インテリアデザイン2",鹿島出版会を参照)

長を目安にするとよい（図4.2）．身長は手や足の長さなど，身体の部位寸法と比例関係をもつので，身長がわかれば，家具の高さ寸法などを求めることができる．

4.2 家具への応用

椅子は，人体を支持する家具であり，人間と最も密接な関係をもつものである．椅子を使用目的で分類すると，作業用から休息用まで六つのプロタイプに分けられる（図4.3）．

椅子の座り心地を左右する因子に，座面の高さ・傾斜角度・奥行・幅・形状，背もたれの高さ・幅・傾斜角度・形状，クッション性などがある．中でも重要な項目は座面の条件と考えられがちであるが，むしろ背もたれの支持条件になる．

人体の構造から考えると，椅子に座る姿勢はきわめて不自然で無理のある姿勢といえる．椅子に座ると骨盤が前方に回転するので，四脚動物の姿勢に戻ってしまう．すなわち，椅子に座ると足は楽になるが，腰に最も負担がかかり，これを楽な姿勢に戻す

ために背もたれが必要になる．最近腰痛をもつ人が多くなったが，その原因のひとつに不適当な椅子の使用が考えられる．

日本で椅子に人間工学が応用されてからほぼ20年になる．

当初の背もたれの役割は人間の背をおさえることであったが，最近の研究では，腰をおさえる「腰おさえ」に変わってきた．すなわち，背もたれの支持点を座面からの高さ20～25cmから20cmへと低めにすることによって，骨盤の回転を防ごうというものである．

最近では，コンピュータ作業に適した椅子として，座面が前方に傾斜する前傾椅子の有効性が確かめられている．

また，椅子に対する考え方で大きく変わった点は座面の高さの意味である．座面の高さとは，座面の前縁やいちばん盛り上がった高さを指していたが，実際に人間が座ったときのクッションの沈みを含んだお尻の位置（座骨結節）の高さにすべきであることがわかった．

座面や背もたれのクッションも，柔らかいものが

よいとされていたが，むしろ硬めのものが疲れにくい．

　本来，椅子に座る姿勢には無理があるので，いかに疲れにくい椅子に近づけて考えるかが，椅子を設計する場合のポイントとなる．

5. インテリアの色彩計画

5.1 インテリアの色彩とは何か

インテリアの色彩のあり方には，大きく分けて二つの方向があるように思われる．一つは，生活行動の背景に徹して，刺激の少ない無難という居心地よさを志向する，いわば視環境調整といった消極的方向，もう一つは，生活者の趣味趣向を強く反映させ，色彩に何らかの表現の役をもたせようとする積極的方向である．

前者は，わが国の伝統的な住宅建築にその規範を見ることができる．そのインテリアの構成材料はほとんどが自然材そのもので，その組み合わせのシステムは完成しており，だれが作っても同じという普遍的な調和に到達している．

この，木肌や草，土，砂，石などの自然材の色は，特に日本人の肌色と調和し，陰影の多い十分とはいえない採光の中でほのかに浮かび上がる謹厳な人物像を想像すると，それが本当の日本人のインテリアではないかと思うのである．これに対して現代の日本の文化住宅のインテリアはどんどん高明度化し，何もかも真白というものさえある．照明も蛍光ランプの全般照明で隅ずみまで明るく，とうてい忍者など忍び隠れることはできない．このインテリアの高明度化は，日本人の肌色にとっては不利であることを筆者は警告したい．

インテリアはその色調や家具調度の良さを見せることのほかに，最も重要なことは，主役であるその家の住人を美しく見せるものでなければならない．色の白い若い女性ならともかく，色の浅黒い日本人の肌色は，白いインテリアの中でどんなに醜く黒ずんで見えることか．自分には見えないのでこのことに気づいている人は少ないようである．このあたりがインテリアの色彩を考える原点ではなかろうか．

現在のわが国住宅インテリアの色彩の基調は，欧米のような装飾過多のものと違って，やはり自然材の色の延長上にある．先年実施された(社)インテリア産業協会の調査研究報告書[1]で，現在使用されている内装材の色彩調査結果が報告されているが，図5.1のようにみごとにブラウン系，クリーム系，ベージュ系，そしてホワイト系に集中していることが示されている．収集したサンプルは，各メーカーで代表的に売れている色柄としたので予期した結果とはいえるが，やはりわが国特有の自然色志向を再認識させられた思いである．そして報告書の考察では，「好みの多様化，インテリアのファッション化といっても，現在のところ，主要商品の色だけを見ている限り，かなり限られた色空間に日本のインテリアカラーはおさまっているようである．」と結ばれている．

後者の積極的な色使いの方向は，内装基調色でそのような色彩演出をしている例はインテリア雑誌などでたまに見ることはあるが，身近にはあまり例を知らない．そのようなこともあって，以前金沢市の

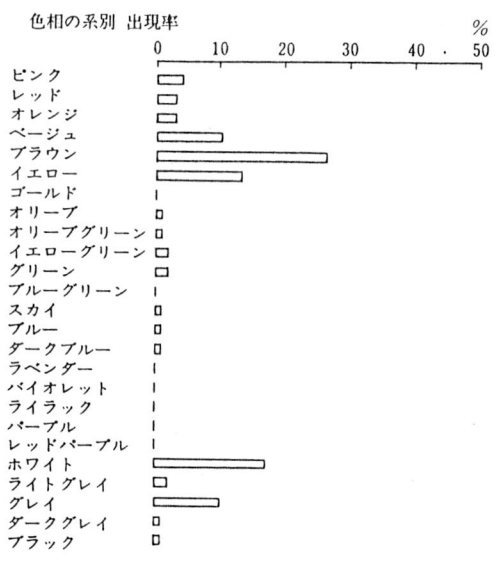

図5.1 内装材の色彩分布

兼六園内の建物の中で見た「群青の間」の色彩は、その幻妖さでいまだに記憶に新しい．何に由来するものかは知らないが，部屋の主人である女性がその色彩を命じたとのことで，その女性の趣味趣向（もっと深淵な理由があるかもしれない）が強く反映された積極的色使いの例であろう．

欧米のインテリアは，わが国の場合と反対にこのような積極的な色使いが普通のようである．少ない見聞の中から具体例をあげてみると，「ワイマールのゲーテの家は，玄関ホールはイエローグリーン系，書斎はグリーン系，寝室と音楽室はブルーグリーン系というようにゲーテはグリーン系が好きなようだ．それとピンクのキッチン，ペールイエローのダイニングルームなど，インテリアのカラーデザインの源流を見るようだ．」とは，1981年の国際色彩学会のとき，ワイマールに同行した近藤恒夫教授（当時大阪芸大）の調査報告[2]の一文である．

パリ郊外のヴェルサイユ宮殿では，壁装は夏色と冬色があって，季節ごとに取り替えるのだそうである．わが国でも，カーテンぐらいは季節によって色柄を替えなさいと指導されているが，一般家庭ではたしてどれだけ行われているか，わが家をふり返ってみると心もとない次第である．

開口部だらけの日本の住宅建築では，外の景色の四季の移り変わりが，欧米住宅の壁紙の貼り替えの役目を果たして余りあるわけである．しかし，このようなわが国の優れた特質も，過密化による開口部の少ない住宅建築を余儀なくされ，失われつつあることは淋しい．

しかし，まったくの無窓建築になったとしても，決して欧米における空白恐怖症ともいうべき装飾過多に陥ることはないと考える．余白というものに限りない空間の広がりを感じとることのできる日本人の特性があり，これがわが国のインテリアデザインと欧米のそれとを一線で画すからである．

5.2 インテリア配色の用語について

インテリアに限らず，環境色彩一般においても，色彩構成要素の面積の大小や，要素としての存在感の強弱などに関連して，基調色や配合色，強調色といった用語が使われているが，あまり定義の明確でないものや表現しきれない部分もあるので，筆者なりに考えたものを次のように提案してみる．

① **基調色**：ベースカラー（base color）　天井，壁，床など，インテリアの容れものとして大面積をしめる色．家具などの背景色的存在．

② **主調色**：ドミナントカラー（dominant color）色めがねをかけて外界を見た場合のように，全体に色の共通性をもたらし統一感を与える色．色相がドミナントとなる場合や白，灰色，黒などがドミナントとなる場合がある．

また，主要な壁面などに使用して全体の雰囲気を決定づけるような色のことを主調色，支配色と考えてドミナントカラーという場合もある．

③ **配合色**：アソートカラー（assort color）　主となる色に従属的に組み合わせる色．カーテンやテーブルクロス，ラグなど，主となる色に次ぐ役割を担う色と考える．

④ **主張色**：アサートカラー（assert color）　存在を最も強く主張する色という意味で新しく提案した用語である．**主題色**：テーマカラーと似た意味をもつが，アソートカラーとの語調の近似性からこの用語を取りあげた．家具類，特に，ヤング向きの原色調のものにあてはまるだろう．

⑤ **強調色**：アクセントカラー（accent color）基調色や主調色の中に小面積で存在し，全体の調子に変化を効かせる色．クッション，ペンダント，あるいは絵画，オーナメント類などがこれにあてはまる．やはり目立つ色でなければならない．

⑥ **補助色**：アクセスカラー（access color）いわゆるアクセサリーとしての色で，配合色や主張色に従属的に配されるひかえめな色である．アクセントカラーとしてあげた物をひかえめな色にして協調性をはかればアクセスカラーとなる．これも新しく提案した用語であるが，正しくはアクセサリーカラーとすべきであろうか．

以上であるが，大別すると，[①，②]のベースカラーとドミナントカラー，[③，④]のアソートカラーとアサートカラー，[⑤，⑥]のアクセントカラーとアクセスカラーの3段階になり，それぞれの中で対立的意味合いをもっていることに注目して使用する必要がある．また，上から順にインテリア構成要素としての面積が小さくなっていることにも留意されたい．

5.3 色彩計画のためのカラーシステム

配色一般において,ピンクと白とか,赤と黒とかいうように,個々の色として扱うのではなく,それらの色の位置づけや関係づけを明らかにして,色選びや配色づくりをすることが色彩計画の最も重要なことである.そのような,色の位置づけや関係を整えたものがカラーシステムである.

カラーシステムには,マンセルカラーシステムとオストワルトカラーシステムに代表されるように,表色用(前者)と色彩調和用(後者)とがあり,色彩計画の段階では後者が優先され,色彩施工の段階では前者の役目となる.日本色彩研究所では,永年にわたる研究と実践活動を経て,マンセルカラーシステム(JIS標準色票の表色系でもある)に基盤をおき,その上に独自の色彩調和論に基づくカラーシステムをネットワークさせた日本色研配色体系(practical color co-ordinate system:PCCSと略す)を開発した.このシステムによるツールとして,後述する「デザイン色票(クロマトン707)」[3)]があるが,これは,前段の色彩計画から後段の色彩施行の色伝達まで一貫して活用できる実用色票集(カラーチャートシステム)である.

ここで,インテリアの色彩計画を行うためのカラーシステムの具備条件をあげてみると,

(1) 単にスケールとしての等歩度性を重視したものではなく,インテリアにおける色彩の使用頻度に応じた密度を考慮したものであること.色名帳のような個別の色の集合体は,いくら色数が多くても計画的な色選定には向かない.

(2) 色彩調和のいろいろな法則があてはめやすく,しかもシステマチックに簡便に色選定ができること.配色のような組み合わせの問題では,組み合わせの要素は少ない方がよい.すなわち三属性より二属性のカラーシステムが望まれるのである.

(3) インテリアの色彩表現が的確に手早くできること.インテリア配色の目的は,もともと雰囲気作りにあるが,その雰囲気を表現する二つの要素として色相とトーンがある.色相のもつさまざまな表現内容や,トーンがもつ分かりやすい雰囲気表現の要点を明確に示すことが必要である,といったことが考えられる.

PCCSはそれらの要求をことごとく満たすものとして広いデザイン領域で活用されているが,その骨子である色相とトーンの考え方を以下に解説する.

(1) PCCSの色相環について

通常の色相環は各色相を代表する純色を等歩度に環状に並べたものであるが,PCCSでは図5.2に示したように,主となる10種の色相名と,それらに従属する補助的色相名との主従の関係が明らかに分かるような色相配列となっている.

すなわち主となる色相は,赤,オレンジ(黄赤),黄,黄緑,緑,青緑,青,バイオレット(青紫),紫,赤紫の10種であり,この中で使用頻度の高い色相である赤,オレンジ,黄,緑,青については,それぞれの中心色相の両側に,赤み,黄み,緑み,青み,紫みの色相の片寄りをもつ偏差色相を配している.

色相環には暖色,寒色の領域が示されているが,この領域が均等に暖・寒なのではなく,最も暖かい感じが強いのは色相番号3~4の付近,最も寒い感じが強いのは15~16の付近で,そこを中心にして暖寒の感じは減衰するのである.そのことを応用して,たとえば赤の範囲の1,2,3について考えると,暖色である赤の中でも3がより暖かい赤,1が赤の中で比べると寒い冷たい赤ということになる.このようにして図5.3のように赤,黄,緑,青の配色を作ったとすれば,図の(a)は,(b)の中心色相の配色と比較して全体が冷たい感じが強調された配色となり,(c)は反対に暖かい感じが強調された

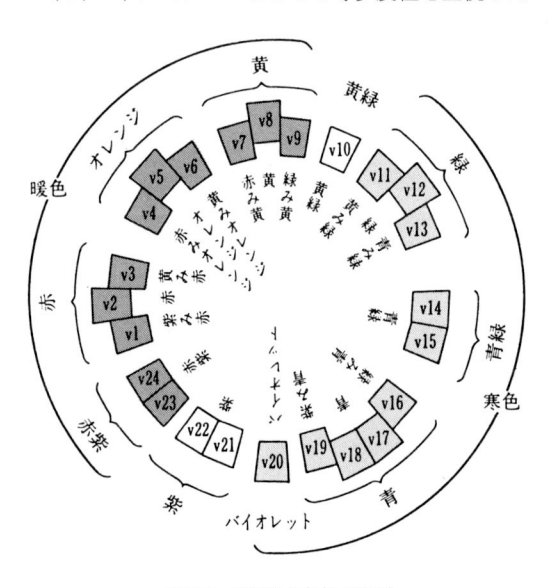

図5.2 PCCSの色相の配列

配色となるのである．インテリアの基調色や主調色のような低彩度色ではこのような微妙な使い分けは効果はないが，配合色や主張色，アクセントカラーなどの高彩度色を使う場合は活用できる配色のノウハウである．

また，サークルの中心を通して向い合う色相は互いに心理補色であり，さらに，24，8，16は印刷インキやカラー写真などの減法混色の3原色の色相であり，それらの補色の12，20，4は光の3原色の色相に近似するように配列されている．全体で24色相となり，昔から色彩調和用カラーシステムに踏襲されている6，12，24，48などの色相分割数が採用されている．

それぞれの色相に対応するマンセル色相記号を表5.1に，代表的な色相その他の表現感情の主なものを表5.2に示した．この表現感情は用途を限って調査したものではないので，インテリア配色に応用する場合はそれなりに解釈しなおしていただきたい．

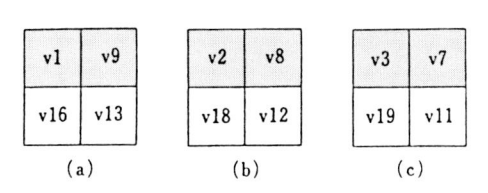

v1	v9
v16	v13

(a)

v2	v8
v18	v12

(b)

v3	v7
v19	v11

(c)

図5.3 偏差色相による暖寒の配色表現

（2） トーンの分類方法

インテリア配色ではトーンの選び方が雰囲気づくりを大きく左右することは先に述べた．トーン（色の調子）とは，色の三属性の中の明度・彩度面上の位置に関するもので，日常的な色彩伝達の形容詞で表現されている．しかし色彩の形容詞としてはきわめてあいまいな点が多く，たとえば「うすい」と「あかるい」の区別，「くらい」と「こい」の区別など人によってまちまちである．そのためPCCSでは，図5.4のようなトーンの方向づけを約束ごととして定め，ついで図5.5のようにそれぞれの位置の概略を定め，呼び方を決めた．

ところで，色相環の純色は，トーンの図では「さえた」（vivid：v）の位置にくるが，中では黄が最も明るく，それを頂点として色相環左まわりにはオレンジ，赤，赤紫，紫，青紫と順次明度が低くなり，右まわりでは，黄緑，緑，青緑，青とやはり順次明度が低くなる．したがって，図5.4，5.5の形は「さえた」の位置（高低）が色相によって異なり，それにつれて他のトーンの位置も相対的に上下するのである．これは，後で述べるコンプレックスハーモニーに関連する配色上の留意点として記憶にとどめておいていただきたい．

トーンの呼び方そのものがイメージの表現なので

表 5.1 PCCS色相環の記号，色名，マンセル色相記号

PCCS記号	色相記号	系統色名	英　　名	該当マンセル色相	PCCS記号	色相記号	系統色名	英　　名	該当マンセル色相
v1	1・pR	むらさきみのあか	パープリッシュレッド	1.0R	v13	13・bG	あおみのみどり	ブルーイッシュグリーン	9.0G
v2	2・R	あか	レッド	4.0R	v14	14・BG	あおみどり	ブルーグリーン	5.0BG
v3	3・yR	きみのあか	イエローイッシュレッド	7.0R	v15	15・BG	あおみどり	ブルーグリーン	10.0BG
v4	4・rO	あかみのだいだい	レディッシュオレンジ	10.0R	v16	16・gB	みどりみのあお	グリーニッシュブルー	5.0B
v5	5・O	だいだい	オレンジ	4.0YR	v17	17・B	あお	ブルー	10.0B
v6	6・yO	きみのだいだい	イエローイッシュオレンジ	8.0YR	v18	18・B	あお	ブルー	3.0PB
v7	7・rY	あかみのき	レディッシュイエロー	2.0Y	v19	19・pB	むらさきみのあお	パープリッシュブルー	6.0PB
v8	8・Y	き	イエロー	5.0Y	v20	20・V	あおむらさき	バイオレット	9.0PB
v9	9・gY	みどりみのき	グリーニッシュイエロー	9.0Y	v21	21・P	むらさき	パープル	2.0P
v10	10・YG	きみどり	イエローグリーン	4.0GY	v22	22・P	むらさき	パープル	6.0P
v11	11・yG	きみのみどり	イエローイッシュグリーン	9.0GY	v23	23・RP	あかむらさき	レッドパープル	1.0RP
v12	12・G	みどり	グリーン	4.0G	v24	24・RP	あかむらさき	レッドパープル	6.0RP

表 5.2 代表的な色相その他の表現感情の象徴語
(1976年〜1980年国土建設学院生徒，児玉)

色名	象徴
赤	情熱，熱い，燃え立つ，派手，劇的，愛情，可愛い，幼ない，興奮，危険，残酷，恐怖，怒り
オレンジ	暖かい，明るい，すっぱい，強烈，おいしい，可愛い，若い，甘い，うきうき，幸せ，豊か，温和，家庭的
黄	明るい，暖かい，すっぱい，危険，注意，快活，陽気，さわやか，さっぱり，軽薄，透明，若々しい
緑	落ちつき，新鮮，さわやか，自然な，涼しい，深い，素直，安全，平和，満足，消極，静か，地味
青	さわやか，すがすがしい，寒い，広い，深い，澄んだ，さびしい，悲しい，みずみずしい，静か，若さ，清らか
紫	高貴，神秘，優雅，大人の，あやしい，くどい，文化，洗練，不安，複雑，不吉，卑猥，陰気
白	清潔，清純，純粋，寒い，冷たい，さわやか，シンプル，正しい，むなしい，しらけた，無心，軽い
灰	暗い，重くるしい，冷たい，ぼやけた，憂うつ，むなしい，陰けん，渋い，不安，悲恋，孤独，鈍い，汚れた
黒	暗い，重い，落ちついた，怖い，悪，神聖，恐怖，強い，死，絶望，不気味，汚れ，罪，無限
ピンク	可愛い，派手，はなやか，暖かい，いやらしい，軽薄，子供っぽい，やさしい，ロマンチック，哀われ，色っぽい
ブラウン	落ちつき，重くるしい，暖かい，地味，大人っぽい，まろやか，古風，クラシック，安定，しゃれた，不潔

特に対応する感情効果はあげないが，「つよい」（ストロング）というのは強烈という意味とは反対で，「さえた」のけばけばしさをおさえぎみにした，草木染めのような落ちついた強めの色調という意味であることを付記しておく。

一般に，インテリアの基調色は「うすい」，「あかるいグレイみ」，「しろ」，「あかるいグレイ」などの領域が使われ，配合色や補助色は「あさい」，「にぶい」，「くらい」などの領域，主張色や強調色は「さえた」，「あかるい」，「こい」，「つよい」などの領域となろうか。純白や黒は，英国の建築用色票では，純色として扱われるように，無彩色ではあるがきわ立って強い表現効果を持つ色であり，主張色や強調色として使える色といえよう。

ここで「**デザイン色票**」（**クロマトン707**）についてふれておく。

この色票は，日本色彩研究所が昭和56年（1981）に刊行した色彩計画のための汎用色票で，副題にあるように総色数707色であり，カラーチャート編，カラーカード編，解説書がある。カラーチャート編は色相・明度面に，ニュートラル，低彩度，中彩度，高彩度の別に配列した7枚のカラーチャート，カラーカード編は全色を$13×4.5\,cm^2$の大型カードにして8冊に綴じたものである。解説書も単なる色票の解説だけではなく，色彩計画の手法や必要データ，色名などを網羅し，色彩計画の総合的見地からの優れた手引書となっている。特に環境色彩計画にとって必要な，土，石，木材，肌色などの自然材料の色

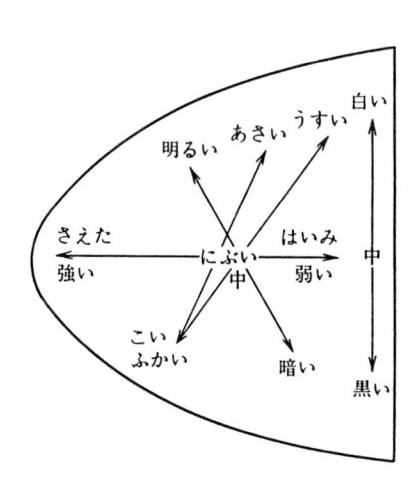

図5.4 PCCSのトーンの方向づけ

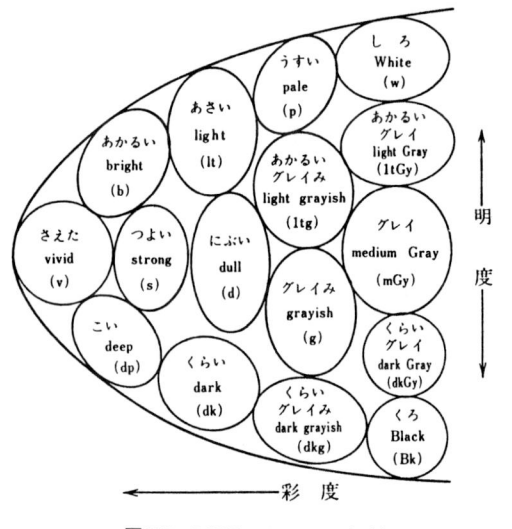

図5.5 PCCSのトーンの呼び方

が収録されている.

また，前述の(社)インテリア産業協会の報告書では，「デザイン色票」をインテリアの色彩計画用に編集しなおした「インテリアカラーコード」の原案(700色)が提案されている．

5.4 カラーコーディネーションの考え方

これまで述べたPCCSの色相とトーンの二属性により，インテリアカラーコーディネーションの基本について述べてみたい．

PCCSの配色法は，そのカラーシステム上の色相とトーンの関係をどのように選ぶかという方法を示している．まず，色相環上で近い関係か遠い関係かといった色相位置の距離，すなわち色相差による配色の種類分けをしている．表5.3に4種の配色型とそれぞれの特徴，種類分けの目安となる色相差を示した．同様にトーンの組み合わせについても，同一トーン，類似トーン，対照トーンの3段階ぐらいを考えればよい．

（1） 等(同一)色相配色

等色相面（白，グレイ，黒などのニュートラルも含む），いわば同じ家族の中で組み合わせを考える場合で，トーンの位置，トーンの関係でいろいろな雰囲気表現を行うことになる．この型はインテリア配色に最も多く使われ成功している．ただし，既製のインテリアの構成要素は材料間の色の共通性がまだないため，色相を等しく揃えることがむずかしい現状にある．また，コーディネートとは「同等にする」という本来の意味から，インテリア配色の見せ場である部位や物に強めの同色を配して統一をはかる方法が使われている．

一般に天井，壁などの基調色はニュートラル系，オフホワイト系，オフニュートラル系，グレイッシュ系などの低彩度・高明度域のものが使用され，天井，壁，床の順に暗くするという固定的な考え方があるが，現在では床もライトグレイッシュトーンなどの高明度調のものが使われ，明るいやわらかい雰囲気のインテリアがつくり出されている．

（2） 類似色相配色

隣り合う色相の組み合わせで，赤とオレンジ（黄赤）のように同じ色相を共有することで仲良しの調和感を生む配色である．やはりインテリア配色に多く使われる型である．というより，色相を揃えたくても材料別に揃わないので，自然にこの型になってしまうというのが本音のようである．

類似色相以下の色相差のある配色では，純色のもつ明度の高低に従ってそれぞれのトーンを選ぶ場合と，反対に，純色のもつ明度との高低の関係を逆にしたトーンの選び方をする場合の二とおりがある．前者は，たとえば，あさいオレンジと暗い赤のように，純色のオレンジが同様の赤より明るいことに着目して，オレンジの色相からは明るい方のあさいオレンジを選び，赤の色相からは低明度の暗い赤を選び，純色の明度の高低に準ずるようにした場合である．このようにすると，ふだん見なれているということで自然な配色感覚となるのである．これに対してオレンジの色相から濃いオレンジ，赤の色相からピンク（明るい赤）などを選ぶと，明暗の関係が逆になり，見なれない不自然な感じとなるのである．前者をナチュラルハーモニー，後者の例をコンプレックスハーモニーといい，このような法則を「ゴッ

表 5.3 基本配色の型

配 色 の 型	特　徴	色相差
1. 等(同一)色相配色	同じ家族の色の組み合わせ シンプル，上品．トーンをコントラストにして変化をつける．材質や柄，形の変化もよい	0
2. 類 似 色 相 配 色	隣り合う家族の色の組み合わせ 親しみやすい，自然な．トーンをコントラストにして変化をつける．材質，柄，形も同様	1〜3
3. 中 差 色 相 配 色	はす向かいの関係にある家族の色の組み合わせ 東洋的，調和がむずかしい．トーンを揃える，トーンを対照になど	4〜7
4. 対 照 色 相 配 色	向かい合う家族の色の組み合わせ 派手，活動的，色の美しさを引き立てる．トーンや材質，柄で統一	8〜12

ドラブの自然律」という．コンプレックスハーモニーは，ファッションカラーなどでは興味をもたれているが，インテリア基調色では成功しにくい．

（3） 中差色相配色

色相環上で見れば斜め向かいの関係にあり，同一や類似のように共通性もなく，後述の補色配色のような求引力もない，互いにそっぽを向いているような関係である．それを無理やり組み合わせたような配色ということで，一般的には不調和な配色とされている．しかしどういうわけか，東洋にこの型の配色が多くあり，欧米人から見れば特にその様相が強く感じられるらしい．そういえば，東洋の街の盛り場の屋外広告に彩られた何となく猥雑な熱気に満ちた雰囲気が，この中差色相配色の典型的な場合であることに合点がゆく．

インテリア配色では，木材の壁と緑系のカーペットの組み合わせなどがこの型に入る．また漆器などの朱色と金色もこの型である．しかし一般的にはこの型の配色はインテリアの大面積には不向きであると考える．

（4） 対照色相配色

色相環で向かい合う関係の配色で，中心を通って真向かいの関係が補色配色となる．この型の配色は，高彩度の色で組み合わせると，派手な，強烈な，楽しい，おもしろいなど，人間の色覚の機能をフルに活用する快感とでもいうべき調和配色である．

インテリア配色では，木材系の壁に青系（藍や紺）のカーペットなどがこの型となる．一般的には主張色や強調色として部分的に使うのが上手な生かし方である．欧米に見られるような基調色や主調色の間での対照色相配色は，わが国ではなかなかなじみにくいようである．

以上，ここではインテリアの色彩計画とはいっても，ほんの基礎的な事項にとどまった．特に配色の考え方では，インテリア配色に多い多色配色の手法にまで言及できなかった．それらを含めて，具体的な応用例は別の項にゆずりたい．

参考文献

1) (社)インテリア産業協会：インテリア・カラーコード作成に関する基礎研究報告（1985）
2) 近藤恒夫：ライプチヒとワイマールの色，日本色彩学会誌，6, No.2（1982）
3) (財)日本色彩研究所編：デザイン色票（クロマトン707）（1981）

6. インテリアと照明計画

わが国の住宅照明は先進国として例のないほど蛍光灯が多用されている．しかも1灯の器具が天井中央に取り付けただけのパターンが目立つ．この手法による照明効果は部屋を無表情に明るく照らす以外特筆すべき言葉がみつからない．

本来，照明の意味は単に物理的明るさの獲得以外に精神の明かりがある．つまり照明によって心が動く，そのような光の演出が必要なのである．たとえばインテリアが美しく輝くとか，人びとの表情が豊かに見えるといった感動が，大なり小なり空間の性質に合わせて表現できなければならない．そこで，より優れた照明の実現のために，この章では照明の基本的な役割，光源および器具の知識，そして，計画のすすめ方までを紹介する．

6.1 照明の目的

人は何故に光を必要とするか．それは明らかに物を見るためである．光が人々の生活に役立つ仕事をするとき，それを照明というが，その目的は次の三つのカテゴリーに集約されよう．
① 安全のための明かり
② 明視のための明かり
③ 雰囲気のための明かり

このなかで明視のための明かりとは，読書やワープロ作業など眼を使う仕事に対しての照明であり，作業の内容に応じた照度の確保以外にグレアレス（まぶしさのない光）で，光にちらつきのないことなどが眼の疲労を少なくするために求められる．

このような照明は，照明計算などによってあらかじめ設計の段階での効果予測が可能である．一方，明視照明に対して雰囲気のための明かりは，まったく別のアプローチを必要とし，照明の効果演出について様々な視体験がないと，論理的設計手段のみで解決を図ることはむずかしい．

6.2 光と視覚作用

照明効果をより高めるために光の本質を知り，眼の働きをいかに応用するかは大切なことである．では光とは何であるか？ 光とは電磁波の一部であり，380 nm から 780 nm（1 nm＝10^{-9}m）の波長域を特に可視光線と呼び，人間の眼を刺激して物を見せる．可視光線と隣接して波長の長い方を赤外線といい，短かい方が紫外線である．いずれも人間の眼では見えないが，赤外線は温熱作用が，また紫外線は退色や日焼け作用など人体や物に対して大きな影響をもつ．太陽光線をプリズムで分解すると，波長の長い順から赤，橙，黄，緑，緑青，青，紫に大別される7色の虹（分光色）を観測することができる．これが可視光線の成分であり，分光分布は光源の種類によって異なる．たとえば日中の太陽光は赤から紫までだいたい等しいのに対して白熱電球は赤系が多く，一般白色蛍光ランプは黄緑のスペクトルにめぐまれている．人間の眼は各波長が同じエネルギー量であれば，明るいところで 555 nm（黄緑）の光を最も明るく見ることができ，それをピークに 380 nm，および 780 nm へ近づくにつれて明るさの感度が低下する性質がある．

視覚作用を説明する場合，ウェーバー・フェヒナーの法則と明暗順応を無視することはできない．前者は刺激と知覚に一定の関係があり，照度（lx；ルクス）と明るさ感覚についてもおよそ適用できる法則である．たとえば 100 lx が 200 lx になれば明るくなったと感じるが，同じ 100 lx アップでも 1000 lx が 1100 lx になった場合はその変化に気付かないことがある．このように人は明るくなったと感じるには現状の 1.5～2 倍の照度刺激を必要とするのである．また明暗順応とは，明るいところから急激に暗い空間に入ったとき，眼は一時的に盲目状態になる

表 6.1 光源のおもな種類と特性（注：ランプ特性はメーカーによって若干異なる）

	ランプ	電力[W]	全光束[lm]	寿命[H]	備考
白熱ランプ	白色塗装電球	60	810	1000	・5%節電形あり． ・E 26（口金の型で，エジソンベースの直径26 mm）
		100	1520		
	装飾用電球	25	140(160)	1500	・E 26 の他にE 12，E 17 あり． ・（ ）の光束はクリアランプタイプ．
		40	260(300)		
	クリプトンミニ電球	60	840	2000	・クリア，フロストタイプがある． ・E 17
		100	1550		
	ハロゲン電球	75	1120	1500	・E 11 ・熱線（赤外線）を80 %以上カットできるダイクロイックミラー付きランプもある．
		100	1600		
	ローボルテージハロゲン電球	20	320	2000	・12 Vタイプで点灯には（電子）ダウントランスが必要．
		50	900		
	反射型投光電球	60	600	1500	・ビーム角60°で60 Wは最大光度300 cd，100 Wが750 cd
		100	1200		
	PAR 形電球	100	1100	2000	・ビーム角15°で100 Wは最大光度7000 cd
		150	1700		
蛍光ランプ	直管形	20	1230	7500	・ランプ光束はグロースタート式一般白色ランプである． ・演色改善形の三波長域発光形白色もあり，それは Ra 84 で一般白色より光束が若干多い．
		40	3100	10000	
	環形	32	2050	5000	
		40	2800		
	電球形	13	550	6000	・口金は E 26 である． ・光束は三波長域発光形電球色であり，Ra83〜84
		17	750		
	コンパクト形	18	1070	6000	・ランプの大きさは白色塗装電球に近い． ・この他に 13 W，28 W，36 W，55 W などがあるが，36 Wで直管形 40 W の約 1/3 の長さである．
		27	1550		
HIDランプ	水銀ランプ	80	3200	12000	・蛍光形の色温度は 3300〜4100 K で Ra 53
		100	4200		
	高圧ナトリウムランプ	85	8100	9000	・一般形
		85	5300	9000	・演色改善形（Ra 60，2120 K）
	コンパクト形メタルハライドランプ	70	5000	6000	・3000 K，Ra 80
		150	11250	6000	・4300 K，Ra 85

が，時間がたつにつれて暗さに眼が慣れ空間の様子が徐々にわかってくる．このことを暗順応といい，逆に暗さから急激な明るさに慣れることを明順応という．完全に暗さに慣れるまでには30分ほどの時間を要するが，明順応は1分以内ですむ．なお暗順応はトンネルの緩和照明や美術館，オフィスビルなどで昼間，明るい戸外から室内へ入るとき暗く感じさせないような照度設定に応用されている．

6.3 光源の知識

人工光源は大別すると白熱ランプと蛍光ランプ，HIDランプがあり，これを3大光源という（表6.1）．白熱ランプは，太陽やろうそくと同じく高温物体から発光する原理を利用したもので，これを温度放射という．白熱ランプといってもその種類は豊富であり，中でも代表的なランプがナス型の白色塗装電球である．この電球は光の量を表す光束（lm；ルーメン）が，それほど多くはないがあたかも夕日を連想させる暖かさと，親しみやすい光が家庭照明には欠かせない存在となっている．さらに演色性といって物体色の見え方が良く，平均演色評価数（Ra；アールエー）が最高値の100である．

白熱ランプには投光用電球の種類も多く，それらは主に照らしたい対象を効果的に浮きたたせる照明表現を目的にしている．最近ではハロゲン電球といって普通電球の数百分の1という容積をもつ小型ランプが高精度のアルミニウム電解研磨反射鏡との組み合わせで質の高いスポットライトを実現している．

わが国の住宅照明は，およそ7割が蛍光灯によるといわれている．蛍光ランプは，ルミネセンスといって雷光やホタルの光のように温度放射とは異なる発光原理をもつが，点灯には主に電流の増大を制御する安定器を必要とする．蛍光ランプは，一般に白熱ランプと比較して寿命が長く，1ワットあたりの光束が多いため経済的なことで評価されている．また従来はランプ容積が大きいという欠点があったが，年々ランプ特性を高めながらコンパクト化されており，扱いやすくなっている．

蛍光ランプのバリエーションは，白熱ランプほど豊かではないが，ランプ管壁に塗布される蛍光体によって様々な色温度（光色のことでK；ケルビンの単位が使われる）に恵まれる．普通，オフィスや工場などで使われているランプは白色光で明るいが，演色性はRa 64～69であまり良くない．しかしここ数年で演色性がRa 84に改善され，見た目の明るさ感を高めた三波長域発光形蛍光ランプと称するものが普及しつつある．蛍光ランプは，一般照明用として白色の他に昼光色，昼白色，温白色，電球色がある．また演出用としてパステル調のピンクやグリーン，ブルーなどの色光をもったランプもある．

公園やスポーツ競技場，工場，オフィスのエントランスロビーのような大規模空間にはHIDランプによる照明が適している．HIDランプは高圧水銀ランプ，メタルハライドランプ，高圧ナトリウムランプを総称していうが高ワットタイプが多く，ランプ効率の高いことが特徴である．最近では150 W以下の光源で高演色型が多く開発されつつあり，百貨店の一般売場や事務室などへと空間用途を広げている．

6.4 照明器具

JIS Z 8113の照明用語（日本規格協会）によると，光源の配光（後述），および光色を変換する機能をもち，それらの光源を固定したり保護するため，および電源に接続するために必要なすべてのものをもつ器具を照明器具といい，それは光学制御部分と電気的部分，機械的部分から構成される（図6.1），器具を選ぶ場合，デザイン以外に安全性，耐久性，光の効果，機能性，そして価格を考慮する必要がある．したがって器具選定は，カタログの情報だけでなく，光の効果や素材の厚み，仕上げ状況などを正確に把握するため，できるだけ実物を見ておくことが大切である．

（1） 取り付け位置による分類

照明器具は取り付け位置により，天井付け，壁付け，置き型に分類される（写真6.1）．

天井付け器具にはさらに直付けと埋め込み，吊り下げ型がある．普通，直付け器具は天井に直接木ねじで取り付けるか，アウトレットボックスにビス止めして付ける．器具は通称シーリングライトといわれるものが多く，おもに部屋全体の照度確保を目的として用いられている．埋め込み器具は器具の大半を天井裏にかくし，小さな穴から光を出すようにな

図6.1 照明器具を構成する各部分

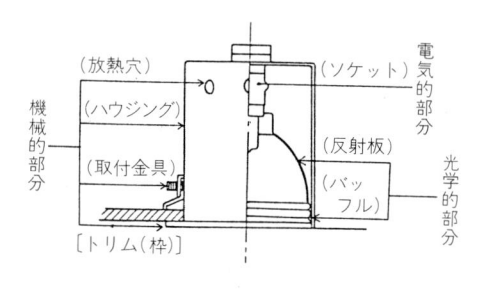

（上）ダウンライトの場合
（左）ペンダントの場合

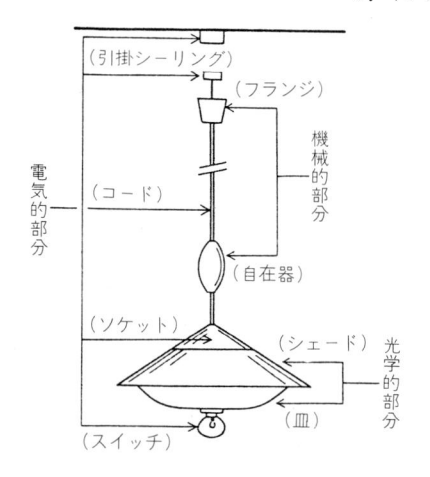

表6.2 ダウンライトの種類とおもな空間用途

ダウンライト	用途
ブラックバッフル／シングルコーン／ダブルコーン	・一般天井高の全般照明（ただし，PAR形ランプ用器具は高天井向き，HIDランプ用器具は大規模空間で高照度を求める場合に適）
フレネルレンズ付／乳白カバー付	・玄関ホール，ガレージの全般照明 ・廊下照明（低天井向き）
ユニバーサル／アジャスタブル	・観葉植物の照明 ・店舗の重点陳列照明 ・絵画，彫刻の照明 ・器具によってふれる角度が異なる．一般に0°～45°．
ウォールウォッシャ	・壁面照明 ・本棚の照明 ・絵画，タペストリーの照明
ピンスポット	・生花，彫像などの照明 ・食卓カウンターの照明

っている．なかでも小型ランプ用を特にダウンライトといっているが，その種類は豊富である（表6.2）．

埋め込み器具を選ぶ場合は，埋め込み寸法や器具高，それに配置の注意が必要で，天井裏の配管や断熱材などに支障のないように取り付けなければならない．

吊り下げは天井からコードやチェーン，パイプで吊り下げて使用するもので一般にペンダントといわれ，多灯用で装飾性の高い器具に限ってシャンデリアと呼ぶ．住宅の場合，吊り下げ器具の大半は，脱着自在で電源の接続を兼ねた引掛けシーリングから吊り下げられる．なお5 kgを超える重量器具は天井補強かアンカーボルトで支持しなければならない．吊り下げ器具は最も目にふれやすいため，器具選定にはデザインや光の表情にウェートがおかれる．

壁付け器具は足下灯といわれる一部の埋め込み型を除くと，壁に直接取り付けられるものがほとんどで，これを一般にブラケットといっている．器具は部屋の光るアクセサリーとして用いられるものと，最近ではアッパーブラケットと称して天井面を明るく照明し，その反射光を利用して，おちついた雰囲気を得るものとがある．

置き型器具は，フロアスタンドと卓上スタンドがある．これらはコンセントさえあればどこでも自由に取り付けられる利点があるが，コードの長さが普通1.5～3 mぐらいあるため，コード処理が悪いと見た目もよくなく，足をひっかけて器具転倒による破損も考えられる．スタンド器具は主に雰囲気づくりとしての用途と，読書などの明視照明として使われるが，最近明視スタンド用として明るさアップと光のちらつき感をなくした高周波インバーター（電子安定器内臓）蛍光灯が開発され注目されている．

（2）配光分類

ランプを中心として，光の強さを意味する光度（cd；カンデラ）分布を方向の関数として表した曲線を配光曲線という．照明器具は，表6.3のようにランプを中心に，縦方向（A—A'）を軸として左右対称と非対称の配光があるが，多くの場合，左右対称

6. インテリアと照明計画

写真 6.1
おもな照明器具の種類
(資料提供：ヤマギワ(株))

(a) シャンデリア
ローボルテージハロゲンランプ
真鍮金色メッキ　ストラス
クリスタルビーズ

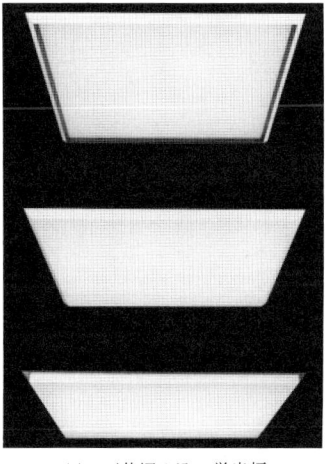

(b) 天井埋め込み蛍光灯
蛍光ランプの機能的な光をやわらかく拡散させ，従来にはない豊かな「光面」イメージを創造するベーシックライト．

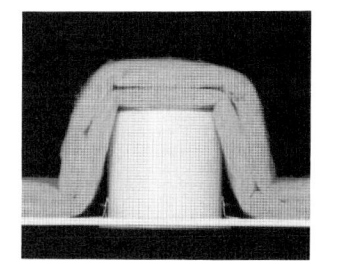

(c) 断熱施工用ダウンライト
加熱に対する安全設計により，断熱材で覆って施工することができる．

(d) スポットライト(配線ダクト用)
高光質の光源をすべて取り揃えるとともに，電子トランスや調光器の採用，可変配光など新機構も備えている．

(e) ブラケット
クリプトンミニランプ
銅金色メッキ　ガラス

(f) 卓上スタンド
コンパクト蛍光ランプ
銅，アルミ塗装仕上げ
プラスチック
高周波インバータタイプ

(g) ユニットシステム器具
バトンとローボルテージハロゲンランプの灯具が自由に組み合わせられる，ユニット機能をもった照明器具．

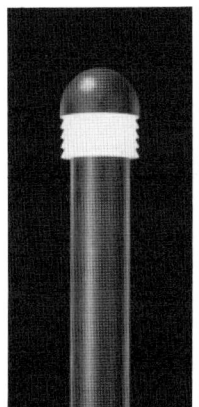

(h) 庭園灯 (普通ランプ/埋込み型)
アルミアクリルエポキシ塗装仕上げ　ガラス

鉛直面配光である．器具の鉛直面配光は，世界的に慣用されている直接形から間接形までの5タイプに分けられる．

（3） 特殊器具

市販されている照明器具は熱的，電気的，機械的安全性について十分な検査が行われパスしたものである．

照明器具の設計，製造のうえで厳守する法規に電気用品取締法があり，基準として内線規程，電気設備技術基準などがある．様々な器具の中で可搬式庭園灯や電気スタンド（安定器内蔵，自在型），家庭用吊り下げ蛍光灯などは，使用条件からきびしい安全チェックが要求され，電気用品取締法で定める▽マークと型式認可番号が製品に表示される．また器具は，使用環境によって条件づけられることがある．たとえば風雨の直接的影響のある屋外では防雨型，軒下などの間接的な影響では防滴型，浴室では防湿型器具を選ばなければならない．

6.5 照明方式

照明方式には，全般照明と局部照明，全般局部照明がある．全般照明は，部屋のどの位置にいてもほぼ同じ明るさが得られることを目標とする．局部照明は，部屋の一部分を重点的に明るく照明することである．全般照明だけでは，目にとてもやさしい光であっても平板で退屈な雰囲気になりがちで，逆に局部照明のみではドラマチックである分，明暗コントラストが強く，長時間在室の場合目の疲労を招くこともある．そのため多くの空間照明は全般局部併用が望まれる（写真6.2）．

6.6 照明効果

照明の量に関する良し悪しは，JISの照度基準によって測定が可能だが，照明の質の定量的評価は大

表 6.3 配光分類による照明器具

	直接形			半直接形	全般拡散形	半間接形	間接形
配光	(1)	(2) 0°	(3) 0° 直射グレアゾーン				
光束比 上方/下方	0/100		10/90	10/90 → 40/60	40/60 → 60/40	60/40 → 90/10	90/10 → 100/0
照明器具							
特徴	・照明率 高 ・(1)の配光はスポット効果が高い．(2)は平均的照度が得られやすいが斜線内に光があるためまぶしさを生じることもある．(3)まぶしくなく平均的な照度が得られやすい． ・天井が暗くなりがち． ・できる影が濃い． ・OAルームでは特にグレアレス配光器具が必要．			・照明率 中 ・室全体が明るく生じる影もうすい． ・器具の背影となる壁面や天井面が暗い仕上げだとコントラストによって器具がまぶしく感じることもある．			・照明率 低 ・天井面の反射率（一般的には光沢のない方が良い）が高いほど照明率も高まる． ・経済性よりも雰囲気を重視．

写真6.2　照明方式/全般・局部(補助)併用照明例(資料提供：ヤマギワ(株))

表6.4　おもな空間における照度基準抜すい(JIS Z 9110-1979)

照度(lx)	住宅居間	大型店(デパート，量販店)	事務所	
3000		○飾窓の重点		
2000		○店内重点陳列		
1500	○手芸	○案内コーナー ○店内陳列	事務室(a) 営業室 設計室 玄関ホール(昼間)	○設　計 ○製　図 ○タイプ ○キーパンチ
1000	○裁縫	重点階の全般 ○コンサルタントコーナー		
750	○読書	一般階の全般		事務室(b) 役員室 会議室 ○受　付
500	○化粧	高層階の全般	応接室 食　堂 玄関ホール(夜間)	
300	○団らん ○娯楽			講　堂
200				
150			洗面所 廊　下	
100				休養室 玄関(車寄せ)
75	全　般			
30				

〔注〕 1. ○印は局部照明によってこの照度を得てもよい．この場合の全般照明の照度は，局部照明による照度の1/10以上であることが望ましい．
2. 事務室は，細かい視作業を伴う場合，および昼光の影響により窓外が明るく屋内が暗く感じる場合は(a)を選ぶことが望ましい．
3. 店舗の重点陳列に対する局部照明の照度は，全般照明の照度の3倍以上にすることが望ましい．

変困難である(表6.4)．照明の質で重要な問題にグレアがあり，その他に演色性，光色と照度の関係，陰影効果などがあげられる．

グレアとは前述のとおりまぶしさのことで，輝度(nt；ニト)の高い光源や窓が発生原因になりやすい．これには不快グレアと視覚低下グレアがあるが，別に光沢のある印刷物の紙面が光って読みにくい現象を光幕反射グレアという(OAルームなどでCRT表面に照明器具が映り込むのもグレアが原因)．グレアはいずれも生活空間からとり除かれるべき輝きである．しかし同じ輝きでも，眼の順応照度や発光体の見かけの大きさによって逆に心地よい輝きに見えることもあるため，輝度の高い状況がすべて不要であるとは限らない．

CIE(国際照明委員会)では各種の空間用途に応じた光源の色温度と演色性の区分を示している．たとえば家庭，ホテル，レストラン，店舗，学校，オフィス，病院では涼しくない光色で$80 \leq Ra < 90$の演色性をもつ光源で照明することを好ましいとして奨めている．また照度と光源の色温度の関係で空間の

表 6.5 各種照明器具による概略平均照度と局部照度例

	和風ペンダント	クリスタルシャンデリア	乳白ガラスカバー付直付	乳白アクリルカバー付直付
器具				
	ボール電球(白色) 60 W×3	装飾用電球 40 W×8	白色塗装電球 60 W×3	高演色形蛍光ランプ 20 W×6
8畳における主要部分の平均照度	50 lx	40 lx	40 lx	85 lx
	光源高 床面より 2 m	光源高 床面より 2 m	光源高 床面より 2.5 m	光源高 床面より 2.5 m

	スタンド	ペンダント	ハロゲンスポット	ダウンライト（ウォールウオッシャ）
器具				
	60 W×1	白色塗装電球 100 W×1	ハロゲン電球 100 V 100 W×1	反射形投光電球 150 W×1
照度分布	テーブル面 300 lx / 160 lx 50/30 cm 光源高 50 cm	テーブル面 530 lx / 90 lx 70 cm 光源高 70 cm	フラットタイプ壁面照度 0.4 0.2 0.0 0.2 0.4 0.0 0.2 0 264 380 264 0 0.4 180 1256 2767 1256 180 0.6 309 1692 3432 1692 309 0.8 219 893 1556 893 219 1.0 93 290 392 290 93 取付位置 壁面より 1 m 照射角度 30°	壁面照度 200 / 100 / 50 / 30 Lx 取付位置 壁面より 80 cm

（資料提供：ヤマギワ(株)）

6. インテリアと照明計画

表 6.6 ダウンライトによる概算平均照度例

ダウンライト(50灯) 15m×10m(天井高2.4m)の部屋		ブラックバッフル反射形投光 (スポットタイプ)電球　100 W	白色塗装電球 100 W (　)内はコンパクト形蛍光ランプ 27 W の場合 (均一でワイドな配光が広い器具間隔を可能)
	(反射率) 天井　70% 壁　　60% 床　　30%	210 lx	330 lx (280)
	(反射率) 天井　30% 壁　　15% 床　　 5%	180 lx	290 lx (240)

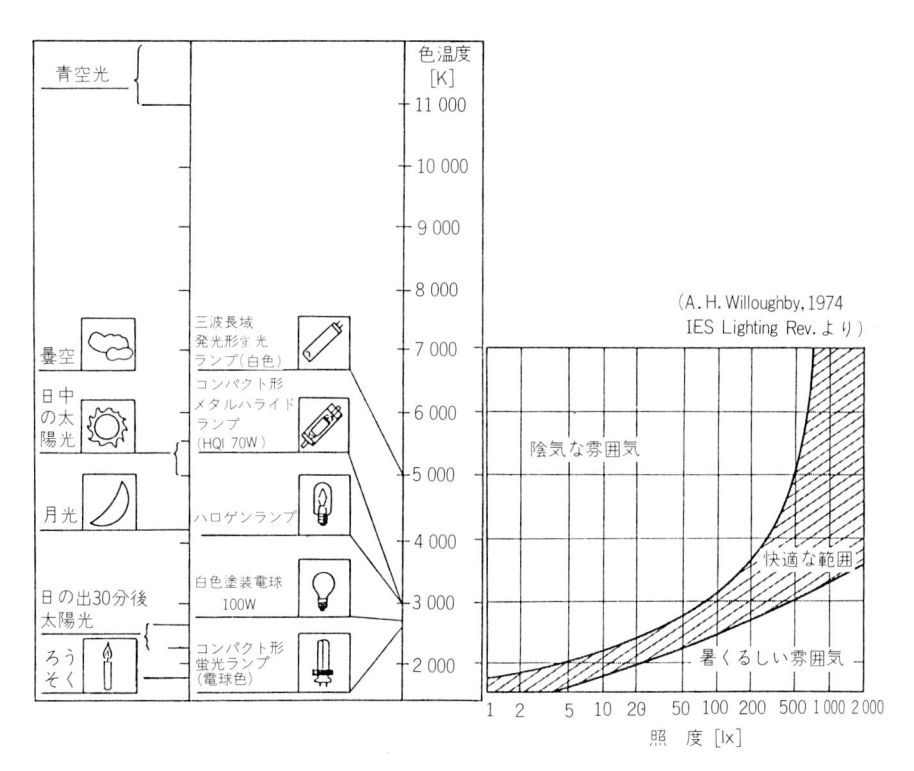

図 6.2 色温度と照度の関係による部屋の雰囲気

雰囲気を求めることができる（図6.2）．ただし，図6.2は日本人の視感覚を対象にしたデータではないので，私たちが使用する場合若干のずれがあると思われるが，照明の質を概略的に説明するには都合のよいデータといえよう．

6.7 照明計画

照明は電気工事を伴うため，照明計画は建築の基本計画の段階から参加できることが望まれる．図面をもらうといきなり器具のデザイン選びに終始し，その配灯とせいぜい照度計算書のみがついているだけの設計（？）が多いのが現状であり，これでは最も重要な照明効果の内容についてほとんど知ることができない．したがって照明計画は次のプロセスを踏んで行われることが奨められる．

① 施主の照明効果に対する要望をきく
② 照明予算の把握
③ 建築およびインテリアデザインの把握
④ 照明効果のイメージ（平面，展開図に光のイメージ図作成）
⑤ 照明方式の検討
⑥ 器具の選択および配灯計画（天井伏図と立面図に取り付け位置を明記）
⑦ 照明計算（表6.5，表6.6）
⑧ 照明方式および器種，回路分の決定
⑨ 施工管理（光の調整，効果確認）
⑩ 保守（表6.7）

おわりに優れた照明演出のためにどのようなことに留意すべきか？ 実は光源や照明器具の技術，そして照明計算の精度は遙かなる目的を達する補助手段にすぎないのである．だからといってそれを軽視するわけではないが，問題は，設計する人がいかに多くの美しい光と快適な照明空間を視体験し，そのような照明創造のため日常どれだけ光と遊び，学んでいるかが大切なのである．

表 6.7　照明器具の掃除法

清掃方法	器具の材質
中性洗剤→水洗い	金属に塗装仕上げ・ガラス
石けん湯（30〜40°C）→水洗い	プラスチック（水洗い後はカゲ乾し）
柔らかい布によるから拭き	金属にメッキ仕上げ，反射板，木，竹
ブラシによるほこり落とし	ガラス，布紙

（注）
1. 掃除の際は電源を切り，電気的部分に水がはいらぬようにする．
2. シンナー，ベンジンの使用はさける．
3. 透明ガラスや反射鏡はシリコーンクロスで拭くと油膜がつく．
4. メッキ仕上げの表面は堅い布で拭くとキズがつきやすい．

参考文献
照明学会編：“最新 やさしい明視論”，照明学会（1977）
照明学会編：“屋内照明のガイド”，電気書院（1980）
日本規格協会編：“JISハンドブック 電気”（1988）
“電気設備技術基準”，東京電機大学出版局（1983）
Publication CIE No. 29.2(1986), "Guide on Interior Lighting", 2nd ed.

7. ディスプレイ計画

7.1 ディスプレイの成り立ち

ディスプレイは，本来展示内容の伝達や訴求を主な目的とする手段とその現象をいう．語源はラテン語の displicare〈動詞〉，displeco〈名詞〉からきており，表に出す，あらわに見せる，見せびらかすなどの意味で，生活における食卓を飾ったり，床の間の飾りなどに始まり，店先に商品を飾ったり，街並での催物・祭り飾りなどにも広く使われている．

動物学では，古くから動物の求愛誇示や威嚇誇示などの行動用語として使われており，また軍事用語では作戦における部隊の配置状況や，兵器の散開状況などを示している．さらに近年では，さまざまな機器類の表示計器の配列や，電子分野ではコンピュータグラフィックスの画像表示などにも使われている．

デザインの分野では，わが国では戦前まで展示・装飾・陳列などとして狭義な表現技術として用いられていた．ディスプレイといわれるようになったのは戦後のことで，これを一般的には「展示」と訳され，文部省の美術教育科の指導要領では展示計画が環境造形と併列して位置づけられている．また日本建築学会の設計資料集成では「展示とは，ものとひととの間に伝達機能をなりたたせる手段で，見せるものと見せる場が不可欠である」と規定している．

7.2 ディスプレイの今日的視点

ディスプレイは，一般的に海外では陳列技術や陳列器具，また特定されたウインドーやステージなどの商品構成，シーズン性やイベントにフィットした飾りつけなど狭義に解されているが，わが国では高度成長期から今日の情報社会の中で広義な領域に発展させてとらえている．

ディスプレイの同義語にはショー(show)，エキジビット(exhibit)などがあるが，さらに博覧会・博物館・美術館などの文化施設，専門店・百貨店・ショッピングセンターなど商業施設，企業系のエキジビジョンやショールーム・PR館などのPR施設，その他レジャー施設，都市環境施設にいたるまで発展させ，

- プリント系メディア＝ポスター，チラシ，新聞，雑誌，書籍など
- 通信系メディア＝電話，ラジオ，TV，VTR，CATVなど

の高度な発展過程と対極にある，きわめて原初的な人間環境におけるメディア・環境コミュニケーションの機能としてとらえている今日性がある．

その意味からも，通産省ではディスプレイを従来の展示・装置としての製造業態から，近年総合的なサービス業態として位置づけているし，日本ディスプレイ業団体連合会では，これを「主題を空間に演出する総合技術」としてとらえている．

しかし，近代デザインの流れの中で，ルネッサンスを起点にデザインが職人時代から総合化の時代，産業革命以後の分業化からシステム化の時代をへて今日のコミュニケーション時代への移行の中で，ディスプレイ・デザインはこのシステム化を未消化のままコミュニケーションの時代を迎え，いまだ未成熟な状況にあるといえる．

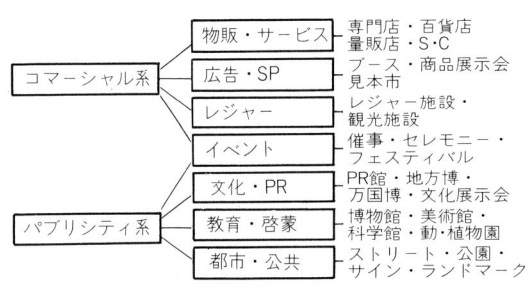

コマーシャル系	物販・サービス	専門店・百貨店 量販店・S・C
	広告・SP	ブース・商品展示会 見本市
	レジャー	レジャー施設・観光施設
	イベント	催事・セレモニー・フェスティバル
パブリシティ系	文化・PR	PR館・地方博・万国博・文化展示会
	教育・啓蒙	博物館・美術館・科学館・動・植物園
	都市・公共	ストリート・公園・サイン・ランドマーク

図7.1 ディスプレイの系統分類

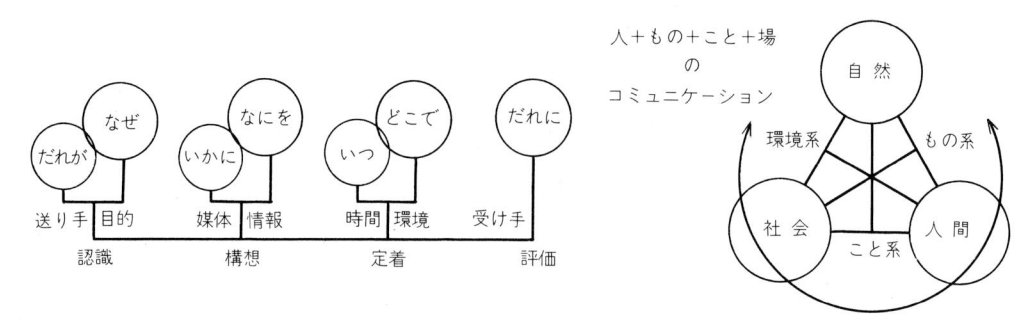

(a) ディスプレイの基本的要素

(b) ディスプレイと環境コミュニケーションの流れ

図7.2 ディスプレイの基本的要素と環境コミュニケーションの流れ

さらに，ディスプレイのもつ総合性は時代とともに発展・変貌する過程にあり，その定義もまだ一定したものとはなっていない（図7.1）．

7.3 ディスプレイの基本要素とその情報性

ディスプレイの機能を成立させるための基本要素には，
- 展示物＝ものまたはその情報性
- 展示スペース＝場所・場における様々な状況性
- 展示時＝時間・いわゆる時間帯域の不特定性
- 受け手＝人・個人か集団か，またその行動の流動性

などへの対応が不可欠な問題となってくる．

ディスプレイは，空間における展示装置をつくることが主目的ではなく，「ものやものにひそむ情報性」，あるいは「情報」そのものを空間を通して人々に伝達する，きわめてサブシスタンスな環境系コミュニケーションであり，高度に発展するコミュニケーションの新技術を導入しつつその表現手法も複雑多岐にわたっている．その表現による分類には，

もの言語による伝達： ファッション商品や工業製品，さらに美術品・考古学品そのものから，博覧会のテーマ・オブジェにいたる，物体に託されたシンボル性による伝達

記号言語による伝達： ビジュアル系の文字やイラスト・写真・図表，さらに照明・映像などによる変換伝達

行動言語による伝達： 笑いや拍手・ウィンクにはじまり，イベント，パフォーマンス，演奏，演技などによる相方向性のある伝達

環境言語による伝達： 自然のたたずまいそのものや，環境造形，環境音響，環境映像，環境照明などによる象徴的伝達

このほか，感覚表現による分類には，視覚伝達・聴覚伝達・触覚伝達・味覚伝達・臭覚伝達などがあげられる（図7.2(a)，(b)）．

7.4 ディスプレイの構想計画

ディスプレイは，ほかのマスメディアのように一方的にメッセージを送り出すものとは本質的に異なり，現実との接点で，人々の眼の前に提示し，直接ふれさせることによってフレッシュな実感とともに伝達するところに決定的な特徴がある．そこでディスプレイ計画にあたっては，まず，認識-構想-定着の図式が起こってくる．

ステップⅠ・認識性： 企業理念や企業トータルなC・Iの把握から，マーケティング（市場性・顧客性）と，マーチャンダイジング（商品性・情報性）を通した企業戦略，さらに競合動向の把握

ステップⅡ・構想性： 政治・経済・国際性などの動向から，時代性の軸（文化・宗教・生活感性・流行）と環境の軸（場の状況・交通・人口動態・各種法規）のフィルターを通して分析から発想・構造性

ここでは，イメージの創出，ゾーニング，動線計画，シナリオ化，空間構想，表現構想，数値分析をへてプレゼンテーションへと発展させていく．いずれにしてもこの段階は厖大な情報量をどうコントロールし，再編集し，新しい発想の創出をいかにするかの作業であり，この構想段階では発想法に，しばしばブレーンストーミング法やKJ法（カード法），ゴードン法（飛躍的組み合わせ）などの手法がよくもちいられる．

7. ディスプレイ計画

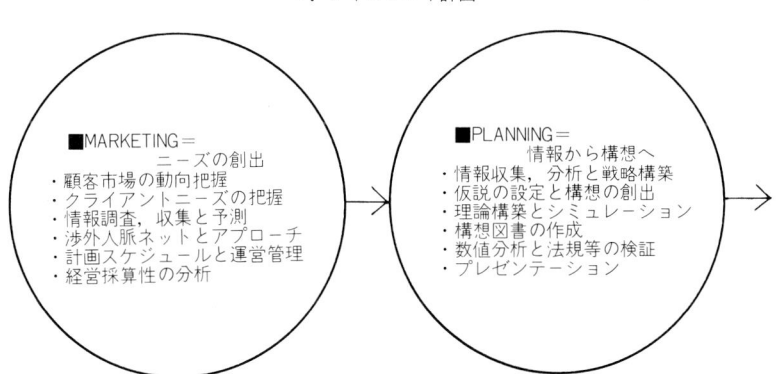

■MARKETING＝ニーズの創出
・顧客市場の動向把握
・クライアントニーズの把握
・情報調査，収集と予測
・渉外人脈ネットとアプローチ
・計画スケジュールと運営管理
・経営採算性の分析

■PLANNING＝情報から構想へ
・情報収集，分析と戦略構築
・仮説の設定と構想の創出
・理論構築とシミュレーション
・構想図書の作成
・数値分析と法規等の検証
・プレゼンテーション

図7.3　マーケティングから構想計画へのアプローチ

ステップⅢ・定着性： 構想段階の再検証から，人材計画・スケジュール計画をへて，ゾーニング・動線計画の定着，タイムプログラミング化，空間造形計画，各種表現計画へと次に示す具体的な定着作業が行われる（図7.3）．

7.5 ディスプレイの表現計画

① **ゾーニング計画**　空間内に，商品や情報をどう分解・関係づけながら新しい切り口で再配分し，顧客にどうプレゼンテーションしていくかの基本的な仕組み・編集作業として最重要課題といえる．そこではプロローグからエピローグにいたる重点度・ヒエラルキーと明快な起承転結のある構成が問題となる．商業系ではこれをVMDビジュアルマーチャンダイジングとしてとらえている．

② **動線計画**　ゾーニングとの同調性の中で，シークェンスの変化と回遊性の高い死角のない動線構成は不可欠．また百貨店のようなフリー動線をとるか，PR施設や博物館のようにシナリオに沿った強制的導線をとるかに大別される．幅員は顧客の集密度と商品・情報の提示関係から設定されるが，主にメイン動線・サブ動線・パス動線・避難動線で構成，消防法などの法規の規制も受ける．

③ **空間造形計画**　空間を見透しのきいたスケール感のある大空間としてとらえるか，造形性を配した見えがくれ空間としてとらえるか．また再分割化によるルームツールームの空間起伏の変化をどう生みだすか，さらに高低差によるリズム感なども必要になってくる．いずれにしても，商品や情報性の関係からヒューマン・ディスタンスな思想が大切である．

④ **表現計画**　もの中心の実体展示を原点として，実演展示を中心とするか，Q＆A方式をとるか，またジオラマ・パノラマなどのモデル展示やグラフィック・文字・図表・映像・ナレーションなどの，様々な表現手法をどう効果的に組み合わせるかの選択が問題となってくる．

⑤ **色彩・マテリアル計画**　生活空間とは基本的に異なるため，大胆な色彩設定や素材計画が情報性を高めるためにも必要であるが，商品や展示物とのハーモニーが大切な要素となる．いずれにしても創造的な体験空間として，つねに新しい素材へのトライアルやユニークな色相の組み合わせ，明暗の変化など，心理的にも生理的にも重要な要素となってくる．

⑥ **照明計画**　基本的には，光のプリンシプル（基本系），エフェクト（効果系），エキサイティング（刺激系）をどう効率よく計画するかにかかってくる．しかし展示内容による適正照度や配光変化による演出性，明暗の変化，また商品などの効率性を高める演色性や光源の種類・色温度・輝度などの配慮が必要となってくる．

⑦ **音響計画**　音響のプログラムにはナレーション系の音響（NR）と，音楽系を中心とした音響（BGM）と，情景性をもった効果系の音響（SE）に大別されるが，音をどう機能的に使うかということと，音源をどう配分するかが大切な要因である．特に商業施設やエキジビション施設は残響にデッドな空間が多く，音圧レベル，残響，伝送特性など騒音にならない配慮が必要である．

⑧ **映像計画**　今日，表現技術の進歩と多様化の中で，映像や音響・照明・動態展示などのトータルなコミュニケーションのプログラムとそのシステム

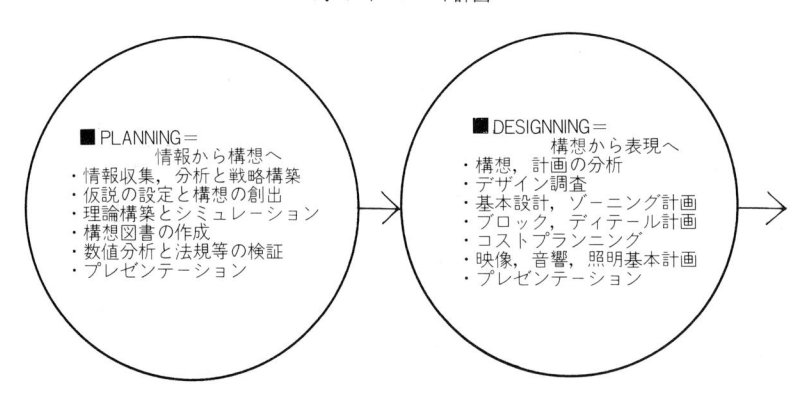

```
┌─────────────────────────┐      ┌─────────────────────────┐
│ ■PLANNING＝             │      │ ■DESIGNNING＝           │
│     情報から構想へ      │      │     構想から表現へ      │
│ ・情報収集，分析と戦略構築 │ →  │ ・構想，計画の分析      │ →
│ ・仮説の設定と構想の創出 │      │ ・デザイン調査          │
│ ・理論構築とシミュレーション │   │ ・基本設計，ゾーニング計画 │
│ ・構想図書の作成        │      │ ・ブロック，ディテール計画 │
│ ・数値分析と法規等の検証 │      │ ・コストプランニング    │
│ ・プレゼンテーション    │      │ ・映像，音響，照明基本計画 │
│                         │      │ ・プレゼンテーション    │
└─────────────────────────┘      └─────────────────────────┘
```

図7.4 プランニングからの表現計画へのアプローチ

化が，空間を総合的に演出する環境としてとらえられはじめている．その中で映像はすでに日常的なメディアとなっており，スライド・映画といったオールドメディアや，TV・ビデオテープ・ビデオディスク・ビデオテックス，さらにコンピュータグラフィックスなど光学系・電子系に大別される．また映像には，情報系映像と環境系映像の機能があり，その手法には，独立したスクリーンフレーム化と展示造形との同調性の方向があり，映像と展示技術の二つの領域を結びつける新しい分野としてのハード面とソフト面のトータルなプロデュース・システムが不可欠な条件となってくる．

⑨ **特殊計画** ここでは，様々な手動・からくりや，舞台機構の利用，また電動・油圧・空気圧動力源・メカニズムによる効果的な動態展示やプログラムと同調した観客席そのものの移動システムなどがある．さらにコンピュータ制御による科学技術系のシミュレーション展示やQ＆A方式による相方向展示，コンピュータアート系などへの拡大化が進行している（図7.4）．

7.6 ディスプレイの制作計画

ディスプレイ制作を行うためのシステムや組織，人材，機器設備などは，ウィンドーやショップ・エキジビション・博物館など，きわめて短期的なものから恒久的なものまで含まれ，またその規模によっても対応の仕方が異なり，さらに本質的に受注形生産という宿命を内在しているため，一律に制作の一貫体制をとることはできない．その意味から，内容・性質・規模に応じたいくつかの制作推進パターンが発生してくる．

・小規模・短期的な計画への制作体制
・大規模・短期的な計画への制作体制
・小規模・恒久的な計画への制作体制
・大規模・恒久的な計画への制作体制

○仕様と品質面では――個別的設計で異なる注文品が多く，規格化がはかりにくく，質的管理の適確性と，きめ細かい対応が必要とされる．

○積算・見積り面では――つねに新しい素材と新しい技術が要求され，またいつも異なる環境条件にあるため，その危険性も多く，情報の適確性が要求される．

○操業面では――一般に制作期間が短く，季節変動性もはげしいため，工場制作，外注制作，現場制作のバランス調整と，そのスケジュールの配分化が必要となってくる．

○作業管理面では――あらゆる業種が短期間に，しかも限定された環境に集中するため，実態管理のジョイントの正確さと制作推進の能力，精度が大きなポイントとなってくる．

制作における価値感の3面性 ディスプレイの制作価値には，技術的な価値と構成的な価値とさらに創造的な価値の3面性がある．

○技術的な価値では――木工・金属・樹脂加工，塗装・表装・各種表現要素，照明・音響・映像・電動機構など，多種にわたる職種がそれぞれの分野で質的な高さを発揮し，効果的な仕上がりを目ざすこと．

○構成的な価値では――さまざまな職種での技能的な価値を集約し，各領域を越えた新しい複合的な空間媒体へと高めていく構成力で，全般を統括するディレクター・プロモーターの管理力・感覚力が重

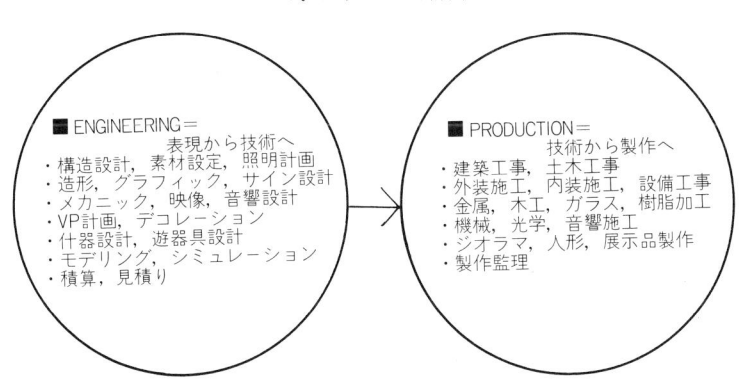

```
┌─────────────────────┐      ┌─────────────────────┐
│ ■ENGINEERING=       │      │ ■PRODUCTION=        │
│       表現から技術へ │      │      技術から製作へ │
│ ・構造設計, 素材設定, 照明計画 │ →  │ ・建築工事, 土木工事 │
│ ・造形, グラフィック, サイン設計 │    │ ・外装施工, 内装施工, 設備工事 │
│ ・メカニック, 映像, 音響設計 │      │ ・金属, 木工, ガラス, 樹脂加工 │
│ ・VP計画, デコレーション │          │ ・機械, 光学, 音響施工 │
│ ・什器設計, 遊器具設計 │            │ ・ジオラマ, 人形, 展示品製作 │
│ ・モデリング, シミュレーション │    │ ・製作監理 │
│ ・積算, 見積り │                    │                     │
└─────────────────────┘      └─────────────────────┘
```

図7.5 表現から技術・制作計画へのアプローチ

要なファクターといえる．

○創造的な価値では——各種技術分野での経験則を越えたあらたな技術へ向けての創造性の発揮と，全体管理構成面におけるあらたな編成，運営手法やジョイントシステムの効率化が課題となってくる（図7.5）．

以上，今日生活者の70％以上が都市に集中しているこの情報化社会の中で，余暇時間の限りない増大現象を起こし，生活のハレでもケでもない第三の領域を求めて，人々の行動のベクトルは自然と内から外へ向かっている．それはマスメディアの限りない情報の一方向のイメージ世界の増幅現象からの解放であり，「人と人」，「人ともの」，「人とこと」，「人と場」が2 wayに結ばれる自己存在性，自己実現性へのあらわれであり，ある意味では，人間にとって第三の皮膚＝環境から受ける快適な風圧感みたいなものが求められている．そこに生活実感のあふれる道や街・店・催・市，大きくはコミュニティ・都市そのものが，新しい環境系メディアの有効性として，今日クローズアップされている．この環境コミニュケーションとしての普遍性にディスプレイの無限な広がりが存在するゆえんである．

以下，具体的なディスプレイの例を示しながら解説を進めることにする．

7.7 ウィンドー・ディスプレイ

ショップフロントの窓面の展示で，公共空間との接点に位置づけられる．主な目的は企業のC・Iや店のイメージ表現の方向と，商品そのもののプレゼンテーション・SP表現の方向，さらにシーズンズ・グリーティングの目的などに大別されるが，いずれにしても顧客を店内に吸引するアテンション機能をもち，店舗ファサードと入口の関係から，開放型・透視型・閉鎖型，または正面性・側面性などの形式がある．ウィンドーは自由表現空間で独立性をもっているため，発想・表現のユニークさとフレキシブルな表現変化に対応できる機能を内蔵することが望まれる．特に照明は日中4〜6万lx・夜間50〜300 lxの店頭照度変化に対応可能な可変性と，トップライト・フットライト・サイドライトの機能をもたせ，3000 lx〜6000 lxぐらいの電気容量を必要とする．

写真7.1 イトキン，クレージュショップウィンドー

写真7.2 英國屋ウィンドー

写真7.3 TASTY LIFE SPACE URASANDO
vivre ショップ・ディスプレイ

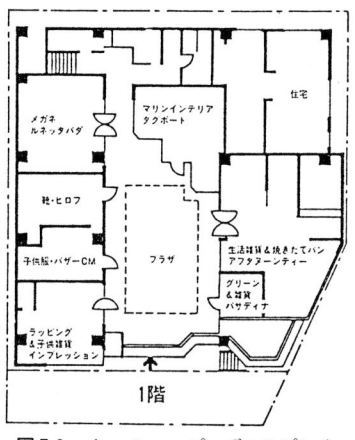

図7.6 vivre ショップ・ディスプレイの平面計画

当然そこには空調設備や動力源・音響などの設備が必要となってくる．

7.8 ショップ・ディスプレイ

商品やサービスを提供する建物・施設で，江戸期以前では見世・棚などともいわれた．ここでは主に食品や服飾などの専門店に限定するが，一般的に独立した路面店型と集合ビル内の店舗がある．ショップは立地条件が最も重要なファクターで，これによって市場性・顧客層・商品特性が方向づけられた店舗の基本構想も決定づけられてくる．

計画では，外装ファサードのサイン性とその印象度，入口導入部の入りやすさ，商品ゾーニングと動線計画・売場の内装，後方機能としての倉庫・管理・厚生・搬入機能などに大別される．一般的には最寄品や季節性・ファッショントレンドの高いものが前面に，買回品やプレステージ性の高いものが後面に位置づけられるが，商品戦略とそのヒエラルキーのつけ方によっても変わってくる．いずれにしても，商品の系列展示を基本に，カラーコーディネート展開やライフスタイル提案を通して，ウィンドーやメインステージ，ケース，ハンガー，オープンラック，ウォールディスプレイなどに効果的に展開されることが望まれる．

7.9 百貨店・量販店のディスプレイ

百貨店には大都市・ターミナル性のある総合百貨店から，地方都市中心の中型百貨店，郊外型またはS・Cの核店舗としてのリースナブル百貨店のほか，商品性格をしぼりこんだ専門性の高い専門大店など，規模も7万m²〜2万m²と幅が広い．量販店は，基本的にはセルフ・セレクション方式をとっているが，総合的なG・M・Sから食品・日用雑貨にしぼったS・M店までこれも幅が広い．また最近では量販店の百貨店化の傾向もあり，百貨店ではその差別性を出すため，従来の衣・食・住のパターンから新しい生活欲求にシフトした，遊・休・知・美・健にいたる商品とその情報性の領域拡大をはかっているのが現状である．

百貨店などは，その規模からして，全領域に顧客を導く動線の効率的な構成がまず基本となり，入口計画，エスカレータ・エレベータの縦軸配置と，フロア単位の横軸のリレーが最重点となり，必然的に建築計画とのかかわりが必要となってくる．これに市場戦略・商品戦略を大分類・中分類・小分類へと編集，これを街区の設定からコーナー化・ブティックの配置をとおして各商品群のライフスタイル提案にいたるまで，商品のプレステージ軸や，商品の感覚軸などのマトリックス・フィルターをとおして構成し，生活者のニーズへの対応や，それをリードしていく新鮮な構築（V・M・D）計画が重要課題といえる．

これらを基本軸に，ディスプレイの設計にあたっては，企業C・Iをふまえ，時代性や流行，季節変化に対応した中で，風土性と風化性の軸，アメニティ性とエキサイティング性の軸から感性度の高い環境

7. ディスプレイ計画

写真7.4　西武食品館，メインモール

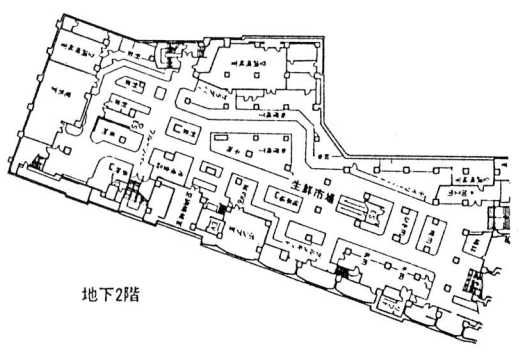

図7.7　西武食品館基本計画

設定からプレゼンテーションにいたるきめ細かい一貫性のある計画が必要となってくる．

7.10　ブース・ディスプレイ

原義は仮小屋の意味で，スタンド型の売店・屋台などもいう．ディスプレイでは小間展示といい，国際見本市や地方博などの展示場に共同出展するスペース単位で，規模によりその大きさは，$1.8m^2$，$2.7m^2$，$3.0m^2$などがある．角小間・中小間などのほか大型アイランドタイプなどがあり，期間も1週間〜1カ月などで仮設性の中での効果的な展示が要求される．

展示場の照明は一般に300〜500 lx程度なので，展示内容により電源容量の確保のほか，必要により電動電源・給排水・熱源・通信系などの各種設備を確保した上で効果的な設計が必要である．展示手法には新商品を中心とした商品訴求展示と企業C・Iを前面としたイメージ訴求展示があり，実演やイベント運営，コンパニオンによるアテンダント，マスメディアとの対応など，競合性の中で多彩な集客性とコミュニケーションの手法を駆使することが不可欠である．いずれにしても短期で仮設性・移設性の要素を内在しているため，経済性の問題とシステム化やユニット化への対応も必要な領域である．

7.11　ショールーム・PR館のディスプレイ

ショールームは，企業の全商品の系列展示や新商品の紹介など，実演や講習会・デモンストレーションなどを通して商品のPRを行う常設性の強い施設で，全国的に統一をはかることが多く，ファサード計画からサイン・内部展示もふくめて，企業C・Iを中心に統一，展示展開のマニュアル化・ユニット化をはかることが多い．ここでは自動車・家電・化粧品などの業種によっても異なるが，その多目的性への対応のため電気から通信系にいたる各種設備が必要であると同時に，顧客サービスとしてのインフォメーション施設や応接スペース，ホール機能なども必要となる．

このほか，近年企業や各種団体では，企業の社会的役割りや企業の文化的役割りを，社会に2 wayコミュニケーションを通して還元するPR館設立の動きもめざましく，食品系の博物館づくりや，電力系のエネルギー館づくりなど，人間的な交流の場づくりが進んでいる．ここでは企業の商品を越えた生活系に根ざしたストーリー化や，企業技術を越えた社会性のあるメッセージを明快に伝達するため，起承転結のあるシナリオ化とともに，空間自身にその物語り性を展開していく，新しいモデリング展示やシ

写真7.5　'86エレクトロニクスショー，ブースディスプレイ（EPSON）

写真7.6 オーディオフェア・ディスプレイ
（ナショナルブース）

ミュレーション展示，映像展示，ニューメディアを活用したQ＆Aや，多目的シアターなど多彩な展示演出を組み込んだ環境そのものの体験空間化，メディア化の方向がある．この種の展示には多くの表現技術の統合が必要であり，ストーリー性に合わせた強制導線や，演出性に合わせた顧客の移動性，グループ単位の対応など，タイムプログラミングの設計も十分配慮する必要が起こってくる．

7.12 エキジビション・ディスプレイ

催しや展覧会などの総称で，生活行事から歳時や催事のすべてが対象となり，商業的催しでは地域物産展や観光博，モーターショー，ショップショーなど，さらに国際見本市など，商品やその産業そのもののS・PからP・Rを目的としたものと，文化的催しでは，地域文化向上を目ざした地方博や歴史博・科学博，さらにEXPO（万国博）などテーマ性をもった文化啓蒙を目的としたものまで含まれる．その規模も300万m²を越えるものから3万m²前後と幅広い．入場者数もEXPO '70で6000万人，小規模のものでも100万人前後の動員力となり，この種の計画ではまず，交通アクセスとパーキング施設，ゲートの設定と動態計画，アメニティ諸施設とランドマークの設定，各パビリオンの配置と全体修景計画，そのほか各種催しやイベント・パレード計画など，交通，通信，土木，建築，マスメディアなどをまきこんだ総合性が不可欠となってくる．

施設計画では，ゲート，動線，サイン計画からテーマモニュメント，テーマ館，各種パビリオン，広場，休憩，環境具，飲食，遊戯施設，さらに緑地計画などがかかわってくる．

エキジビションは，だいたい1カ月から6カ月と

写真7.7 ショールーム・ディスプレイ（トヨタ）

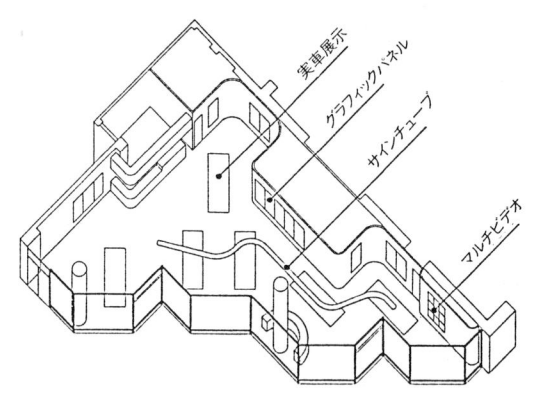

図7.8 トヨタショールーム立体図

期間も長いが，基本的には仮設的経済性への対応，また昼夜にわたる時間制もあり，イベントや音響・照明計画などの二面性への対応も必要であり，さらに屋外とのかかわり性も強いため，日照や降雨量・恒常風との関係，周囲の修景としての自然条件との共生をとおしてユニークなコミュニティとしてのランドスケープをどう生みだしていくかが大きなテーマとなってくる．同時にエキジビション計画は地域にあらたな活力を生み，その経済効果も大きいため，計画採算性をベースとした時代テーマの創出と施設総合力，パブリシティ力，顧客動員力を含めた，総合的なプロデュース力をとおした計画のシステム化が重要なファクターとなってくる．

7.13 博物館のディスプレイ

もの社会から，心の豊かさを求める時代性への移行の中で，博物館や美術館などの施設は地域文化の中核的役割りをもって，最近では県立はもとより市町村さらに民間企業の文化戦略と相まって，考古・

写真7.8 ポートピア'81・ディスプレイ
（サントリー"ウォーターランド"）

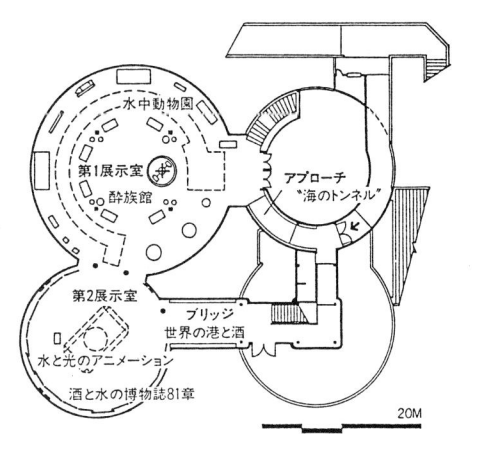

図7.9 サントリー"ウォーターランド"平面計画図

写真7.9 国立歴史民俗博物館ディスプレイ

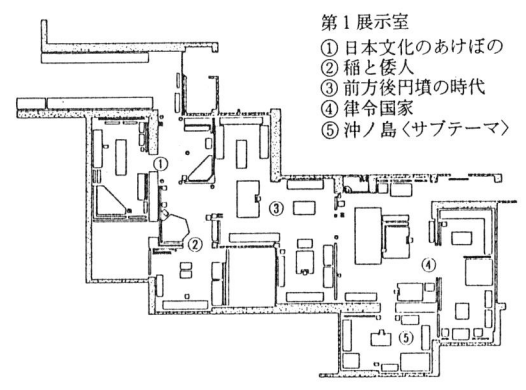

図7.10 国立歴史民俗博物館のディスプレイ平面計画

歴史・郷土・生活・科学系の各種博物館から，動・植物園，水族館など屋外展示もふくめて多様な発展を示している．当然のことながら事業運営も従来の行政主体から官民一体の第三セクター方式をとり入れたり，地域住民の利用者に根ざした考え方などが反映されて複合化してきている．

本来，博物館展示は学芸員の学問的研究成果をふまえて，常設展示とさらに展示テーマを設定し「もの」を通して見る側の人々にコミュニケーションを図ろうとする，「人ともの」との感動的な出会いの場づくりが原点となる．そこで展示方法論にいたる一連のコンセプト・プランニングと，そのシナリオ化が大切であり，さらに効果的な視覚表現・映像・音響など展示メディアの選択をはじめ，固有空間における実体的・ドラマチックな演出を引きだすイメージプランニングが重要なファクターとなってくる．実物展示は保存・保安対策を十分に配慮しながら，見る側へ最大限に近づいた生きた展示の工夫が望まれ，そのためには，温度・湿度・照度の調整，安全性のための保護ガラス・手摺り・警報装置など，文化財保護法のほか関連法規を十分ふまえた対策が必要となってくる．

さらにこの種の展示計画では，展示室のほか，研究施設・収蔵庫・作業室・図書室・講演・映写などの多目的ホールなどの有機的構成が必要となり，建築計画段階からのアプローチ・計画参入も必要となってくる．

7.14 都市環境の中のディスプレイ

街やコミュニティ・都市が最も都市らしい表情をもつのは，そこに大きなビル群が立ち並ぶいわゆる制度性に裏付けられた都市だけではない．人と人，人ともの，人と場を通してさまざまな情報と人々が

写真7.10 現代からくりメディア（1）
（横浜ベルタワー）

写真7.11 現代からくりメディア（2）
（有楽町マリオン・クロック）

集う「かいわい」としてのもう一方の要素をもった空間性にもある．

ディスプレイを視覚言語としてだけでなく，人間の生理や行動までを含めて，さまざまな状況を呼びおこす結接の機能と位置づけるならば，都市が都市らしい表情をもつのは，まさにディスプレイによって都市的状況が生まれているといえる．この働きと機能を大別すると次のようになる．

① **インフォメーションとしての都市機能**　道路，施設案内などの表示類，観光案内や，電話・ビディオテックス・時刻表示などの情報コア施設．

② **都市生活補完のための施設と環境具**　ベストポケットパークや歩行者専用道路，街路灯やベンチ・植栽・屑入れ・遊具などのレスト機能をもった環境具．

③ **都市施設活性のためのランドマーク**　仕掛け装置の時計や噴水，歴史・文化の記録のための記念碑・モニュメント，また彫刻・オブジェなどのランドマーク性．

④ **企業活動のシグニチャー**　商品や企業PRのボード，店頭サイン・ネオンサインや電光掲示，また建物そのもののグラフィズムや建物そのものの凝似形態化．

⑤ **生活活性のためのプロモーション**　広場や通りのイベント，お祭り，パレードから，街の売り出しやシーズン・メッセージ．

8. 表現技法

　デザインをするということは，ある目的に向かって創り上げられて行くイメージを具現化していく行為を意味している．その行為が，あるときは図面という手段で検討され，またあるときは模型やスケッチの中にイメージされる姿を思い描き，様々な創造的手段で視覚的に現れてくる．しかしそれがはっきりとした姿でない場合には幾度となく手法を変えつつ修正され再構築されてイメージに近づいて行く．このようなデザイン行為はデザイナーやその集団の中で理解しうる伝達言語である場合が多く，クライアント（依頼者）が理解できるようなわかりやすい表現でない場合が多い．それがどのように優れたデザインであってもクライアントや施工者に伝えられなければその価値は認められない．デザイナーは論理性や感性だけではその仕事を果たしたことにはならないのである．そこでデザインされたものをクライアントにわかりやすい表現でまとめ発表する技法（これをプレゼンテーションテクニックという）が必要になってくる．

8.1 モデル，パース，ボードによる表現技法

（1） イメージスケッチ

　これから創り出そうとするものが具体的に決定していない場合には，イメージを創りあげるところからデザインが始まる．身の回りに存在するもの，自然界に存在するもの，また過去の体験や未来への推測などあらゆる事物の中から引き寄せられるままにイメージスケッチを繰り返しながら，もやもやしたものの中から具体化していく形がそのままクライアントに伝わればそれでよく，きれいに書き直すことには意味がない．ここで必要とされるのは常に修練していなければならないデッサン力といえる．

（2） モデル（模型）

　イメージされたものがより具体的に把握できる手法として試みられるものにモデリングがある．三次元での表現は誰にでも理解しやすいことと，さらにまわりの環境までも考えることができるので，特に環境デザインや家具，道具などの開発を行う手段として欠かせない表現である．最近の住宅計画・ショップ計画・オフィス計画などにはクライアントも参加して，デザイナー達とともに計画を進めていくケースが一般的になってきていて，モデリングの必要性はますます重要視されてきている．

　インテリアデザインを進める中でのモデルの種類は用途によって次のような分けかたができる．

（2-1） スタディーモデル

最初はスケッチモデルともいえるもので，イメージを大まかな立体として捕えながら次第に具体的につめていく方法で，ちょうど彫刻家が木にノミを打ち込むような感覚で進められていく．実際には建築のデザインなどでよく使われる方法である．油土の塊を削りだしたり，スチレンボードの箱にカッターで窓を開けてサイズを検討したり再びそこを埋めてみたり，この段階ではデザイナー自身にしか把握できないぐらいに抽象化されているときもある．

　材料としては身近にある段ボール，スチレンボード，油土などが使われる．

　次の段階では，いわゆる白模型とも呼ばれるホワ

図8.1 マンション計画のペントハウスのイメージ打ち合わせ時の作成スケッチ

写真 8.1 ケント紙によるスタディモデル

写真 8.2 ホワイトモデル

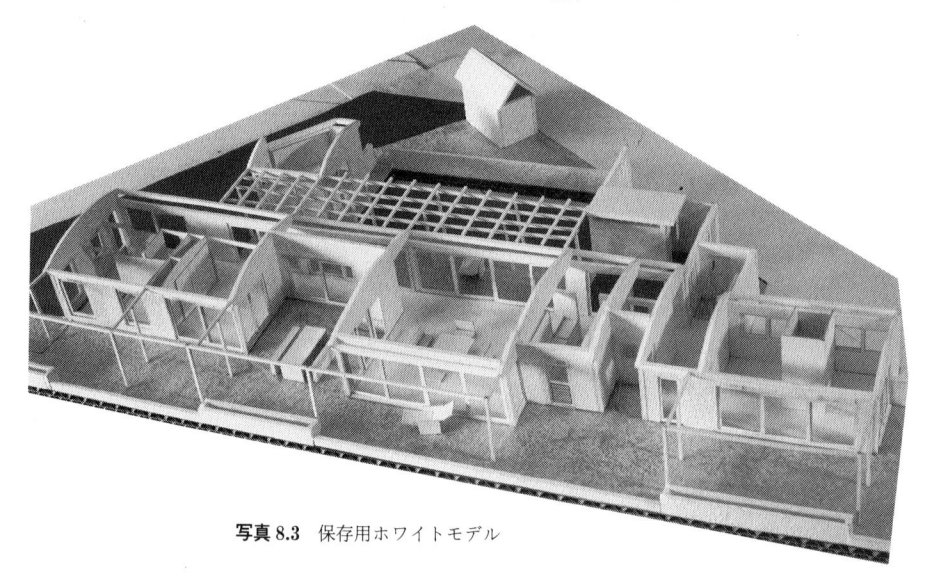

写真 8.3 保存用ホワイトモデル

イトモデルを作る．色を使わない模型のことで，これは質感や色彩計画などについて自由な発想をするための手法という見方もできるが，考え方として二つの意味を持っている．

（a）基本計画がまとまって具体的に進めようとするときに作るもので，クライアントとの打ち合わせのときにも使用する．スチレンボードやゴールデンボードなどが使われるが，時には作業のしやすいバルサなども使われる．

このモデルは，建物の外形と窓のバランスをチェックするときなどに特に効果がある．

（b）デザインが決定したのち，または完成したのちに，展示あるいは保存などに使用するために精巧に作る模型のことをいう．

ゴールデンボードや石膏などで作るが，精度を要することと非常に時間がかかるために，模型専門の製作所に依頼する方法を取る．

（2-2）**フィニッシュモデル**（プレゼンテーションモデル）　完成模型ともいう．前項の（b）も同じような意味を持つが，インテリアデザインやプロダクトデザインにおけるフィニッシュモデルは色彩から質感に至るまでスケール感を持たせたリアルな模型で，このモデルを作成するためには高度な感性と技術を必要とするために，材料やスケール感覚には細心の注意を払わなければならない．この模型は趣味で作るドールハウスやミニチュアモデルという種類のものとは考え方が異なり，デザインされた意図がクライアントに理解されることを目的として製作されるために，必ずしも精密に作らなければならないというわけではない．時には抽象的な表現がむ

8. 表 現 技 法

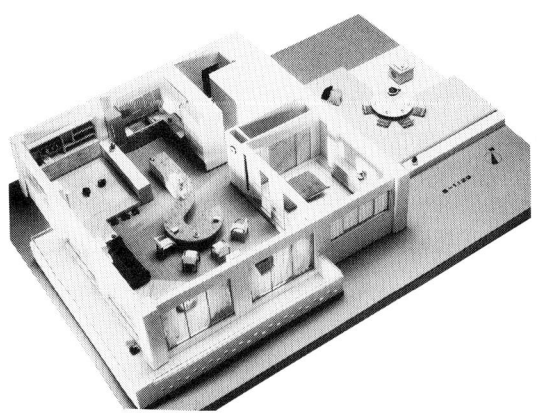

写真 8.4 インテリアのフィニッシュモデル（1）

写真 8.5 インテリアのフィニッシュモデル（2）

写真 8.6 リゾートハウスのフィニッシュモデル

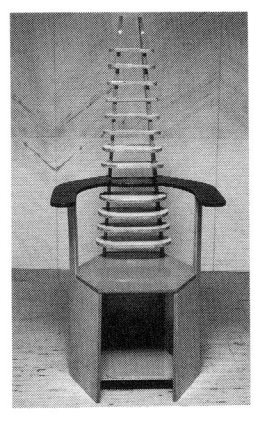

写真 8.7 椅子のモックアップ

しろリアルな印象に感じられたりすることがあるので，モデルの密度についてはデザイナー自身の判断とテクニックによることとなる．

特に保存のために製作するモデルについては，非常に高度な技術と時間がかかるために模型製作所に依頼することがある．このときには細部のディテールまで細かな打ち合わせを必要とする．

(2-3) モックアップモデル 実物大模型のことで，最終的には実物で判断しなければならない場合に使われる原寸模型のことをいう．最近デザインの世界でよく目に止まる自動車の原寸模型などは代表的な例であろう．粘土を使って精巧に作られ，少しずつ削られながらイメージが整えられて行く．インテリアデザインの世界でのモックアップは家具のデザイン，特に椅子や照明器具などのプロダクトデザイン，さらには特定のインテリアのために作られる家具についてもモックアップ，つまり試作という形で原物を作りチェックする．

このようにモデリング（模型製作）はクライアントに対しても，またデザイナー側から見ても最も理解しやすい手法であり，トラブルを最小限にとどめる最良の手法であるといえよう．

今後ますます図面を書く前にモデルで検討しながら具体化していく手法が盛んになると思われる．

（3） パース（透視図）

イメージしたものや図面化されたものを絵画的に表現するために，図法の手法を使って描き表したものをパースという．いわゆる写真に撮ったような見え方を表現するわけで，図法だけを信じ切ってしまうと，望遠レンズや広角レンズで撮影したときのような誇張されたパースを描いても気付かずに，でき上がったものとの違いでトラブルになってしまう危険性をよく知っておく必要がある．

パースはあくまでも図法であり，描き上がったものの見え方は視点の位置ですべてが決まる．そして視点の位置は，デザイナー本人が決めなければならない．

それには，あらかじめ描き上がるパースを予測して視点を決めることも大切なポイントである．イメージスケッチの項でも触れたが，デッサン力に大き

8. 表 現 技 法

↑写真 8.8 一消点透視図（1）
　　　住宅のインテリア

↓写真 8.10 二消点透視図（1）
　　　インテリアパース

↑写真 8.9 一消点透視図（2）
　　　コーヒーショップのインテリア

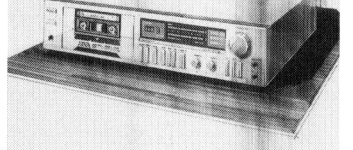

写真 8.11 二消点透視図（2）
　　　工業製品のパース
　　　（レンダリング）

く左右されてくるといっても過言ではない．
　パースの手法を知らなくてもイメージしたものが描ける人はそれで十分である．しかしそのような技術を持った人はまれで，結局パースの技法に頼らざるを得ない．インテリアパースは大別すると，一消点透視図，二消点透視図に分けられる．

（3-1）一消点透視図　インテリアを描くときに最も多くの要素を表現できる手法である．したがって視点の位置を十分に検討することがポイントである．
　描き方としては，奥行き（視点）を感覚で決めてから介線を使う方法が最もスピーディーな手法であ

8. 表現技法

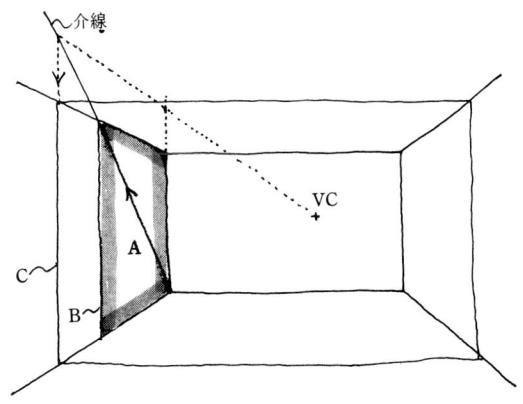

図8.2 介線法
- 左の壁面において正方形Aを感じるような奥行Bを感覚で取る．
- 介線（対角線）を延ばし正方形の原理で求めるCが得られる．

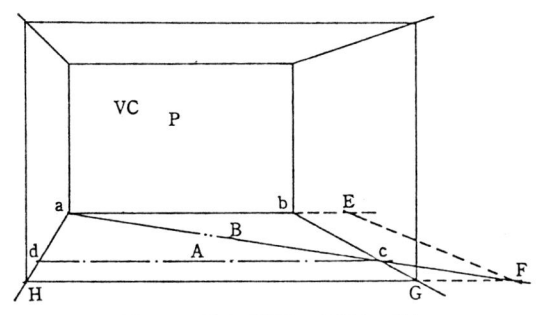

図8.3 一消点透視図，介線法の基本
(1) 展開図Pを描く．
(2) VCを定めて部屋の稜線を引き出す．
(3) 床abcdが正方形に感ずるような線分Aを十分検討して決める．
（＊線分Aの取り方で透視図のすべてが決まる．）
(4) 実際の奥行きをa-Eに取り，VCよりE-Fを求める．
(5) F点から見かけの奥行きH-Gが求められる．
つまり，すべては正方形の応用であり，比例感覚でAが決まる．

るが，奥行き感覚に慣れることが必要である．

(3-2) 二消点透視図 部屋のコーナーを見るように，部分的な雰囲気を確認したり，建物を斜めから見たり，家具を描いたりするときに有効な手法である．

やはり図面から直接起こすよりも介線を使う描き方が使われているようである．

いずれにしても図法は主ではなく，自分の目であり観察力なのである．

（4） プレゼンテーションボード

クライアントにコンセプト，イメージ，アイデアなどを説明し，相互の考え方を確認し合いながら理解を求めることをプレゼンテーションという．

プレゼンテーションの場にはスケッチ，モデル，パースなど様々な手法が展開されるが，クライアントにその趣旨や内容を適確に伝えるためには，無秩序に表現を並べ立てるよりも，その計画のポイントとなるアイテムについて明快に整理された資料を準備する必要がある．つまり，その計画のイメージ，コンセプト，レイアウト，エレメント，ファニシングなどについて一目で理解できるまとめ方の技法が，クライアントに対しての最終的なプレゼンテーションテクニックとなる．

たとえばイラストレーションボードにまとめる技法は，通常B2・B3サイズで厚みが1.5mm程度のボードが使用される．このボード類には色の付いたものや表面に凹凸の質感のあるものなど様々であるが，最も標準的で清潔な印象を与えるためには，白色で表面が滑らかなボードを使用することが望ましい．

(4-1) イメージボード クライアントから与えられた条件について，デザイナーは様々なフィルターでその条件を掌握し，イメージコンセプトをビジュアルな形で作成する．

(4-2) レイアウトボード インテリア計画の過程でクライアントが最も期待していることは平面計画であろう．いわゆる間取りといわれ，今日まで専門的な教育を必要としなくても生活の中で親しまれてきた図面的表現方法である．したがってこのボードの表現には十分な感情移入をすることが必要である．つまりできるだけリアルな表現をするほど理解度も深まる．家具類や小物，植物などはカタログや現物をよく観察して，その質感を表現することである．あまり抽象化しすぎて意味が不明瞭な表現は誠意として伝わらないから注意が必要である．

(4-3) エレメントボード インテリア計画で使用されるものすべてをインテリアエレメントという．家具や照明器具はもちろんのこと植物，絵画，その他小物にいたるまでその計画に参加するものすべてを総称する．しかしそのすべてを羅列しても計画の主旨は理解してもらえないことがある．それはあまり目につかないものまで同じレベルでまとめてしまっているためにポイントが薄れてしまうからである．

8. 表現技法

写真 8.12 家具のイメージボード

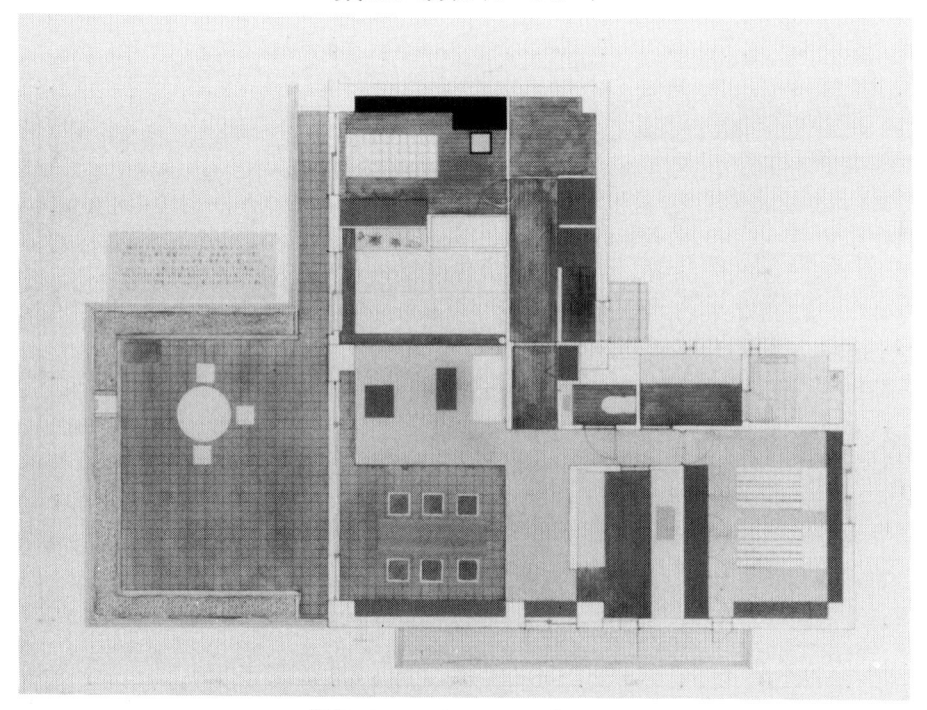

写真 8.13 レイアウトボード

その計画で特に主張したいものについてよく検討して，イメージに近づくようなまとめ方をすることがポイントとなる．またカタログなどの写真を添付するときに注意すべきことは，エレメントの純粋なイメージを伝えるために背景をカットしたものを使用することである．

(4-4) ファニシングボード 床，壁，天井およびカーテンなど室内の仕上げに関わる材料のリストで，一般的な建築仕上げ表とは異なる．家具や小物類がセットされて部屋ができあがったときに，五感

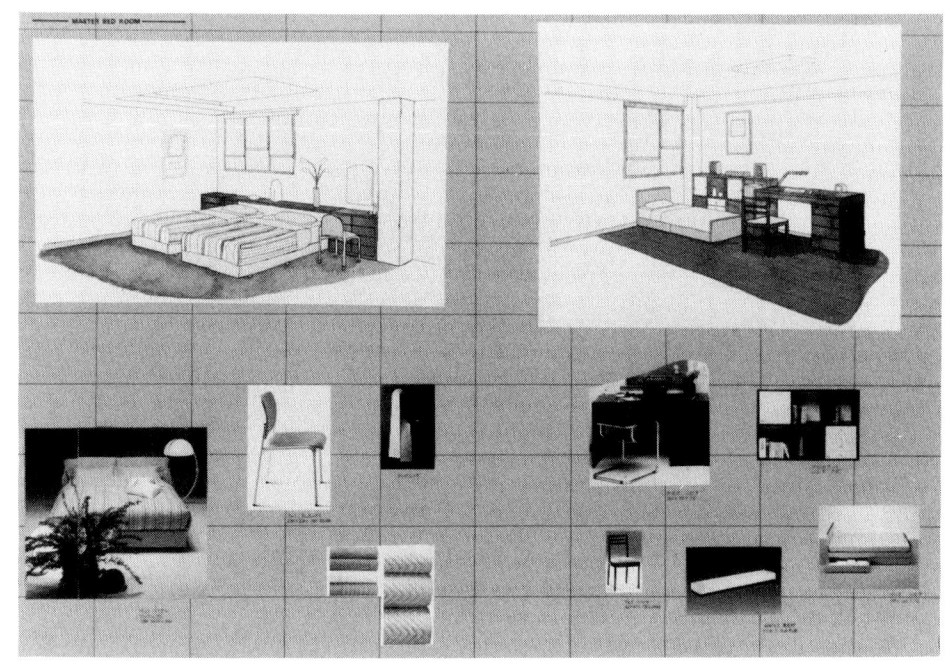

写真 8.14 ベッドルームのエレメントボード

写真 8.15 リビング・ダイニングルームのファニシングボード

に感じる色や質感をイメージしながらサンプルを平面構成し，インテリアのイメージが明確に伝わることを目的とする．

8.2 図面による表現技法

精巧なモデルや細かいパースでイメージができあがったとしても，その作品を基にして原物を作り上げるためには寸法管理をされた図面が不可欠になってくる．しかしデザインという立場から考えてみると，そこには常にクライアントが理解するべき領域と，施工に関わる人々の必要とする密度とがそれぞれ質を異にするものであることに留意しなければならない．

（1） 基本設計図面

基本計画は，クライアントの依頼や要求がどう解決されながらコンセプトがまとめられているかという問題について，クライアントとともに検討されていくべきものである．したがってそこでは，様々な確認項目や改善項目などが書き入れられたり修正されたりできるような，気軽でしかも親しみやすい温かさが要求されてくる．特に住宅の計画などのような暮らしを提案する場合の基本計画では，フリーハンドの表現による平面図が効果的である．

申請図面のような無味乾燥な平面計画を目にすることがある．クライアントの立場にたって見ると，そこでどのような暮らしができるのか，またどれだけの家具がどう収まるのか，まるで見当がつかない不親切な図面である．おそらく計画者自身も，要求

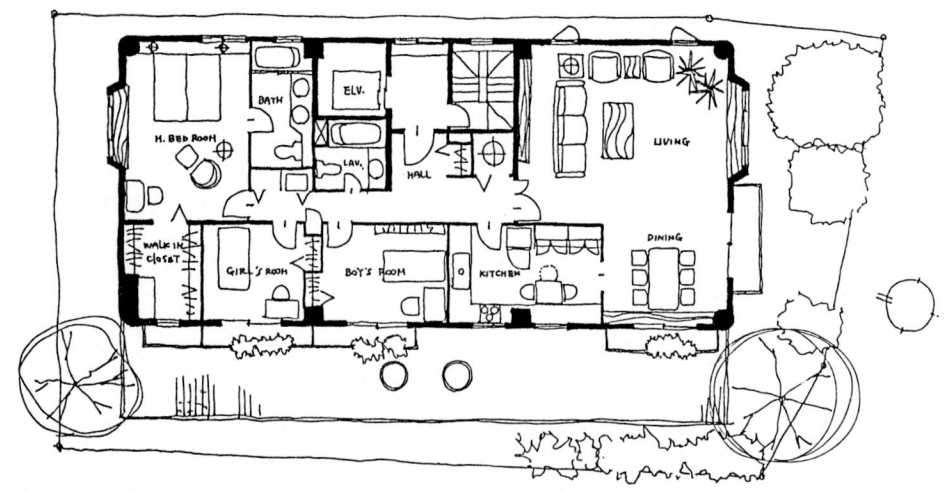

図8.4 外人向けマンション打ち合わせ用フリーハンドスケッチ

された部屋数と機能のみに気を取られて，家具配置などはクライアントがやることだと思っているとしか伝わらない．住宅をデザインするということは日の回りかたや風の通り方，窓からの景色，家具の配置や照明の方法など様々な要素について同じレベルで考えて行くべきことなのである．クライアントは専門的に書かれた図面よりも，むしろこれから暮らすであろう様々な要素について考えられている温かい表現を期待しているはずであるし，クライアント自身も参加しやすい環境作りも必要なのではないだろうか．フリーハンドの表現には温かさと親しみやすさがあり，クライアントも鉛筆を持って参加したくなる雰囲気がある．

しかし決して簡単なわけではない．スケールアウトを起こさないように家具の書き込みには注意を払うこと，グリーンなども効果を考えたボリュームで書き入れることである．

正確なフリーハンドプランニングは，デザイナーの修得するべき重要な魅力のあるテクニックの一つといえよう．

（2） 実施設計図面

基本計画が無事にまとまり，具体化に向けて専門的な図面表現をする段階に入ると，表現技術はあくまでも手段であることに気づく．つまり何をどう表現したらよいかが理解できていなければならない．

- デザイン上の細かなディテール
- ディテールの構成の仕方
- 使用する材料と性質
- 施工の方法
- メンテナンス
- 安全性と耐久性
- コストパフォーマンス

図面化をする前に，以上の項目について基本的な理解をしておく必要がある．つまりデザインされたことがクライアントに対してもまた社会的にも普遍的な理解と審美性，安全性，耐久性，経済性，さらには合法性などにあっているかという問題である．

デザインということをとかく自由と履き違えているようなケースに出会うことがある．もちろん使いやすく暮らしやすく美しくなければならない．しかしそれだけでは作りやすいということにはならないのである．

適切な材料を適切な工法で施工し，それが安全であり，耐久性も考えられていて，コスト以上の付加価値を持たせられていることを洞察して，初めて1本の線として引かれることを常に考えておかなければならない．

デザインと表現という問題は，デザイナーがいかにクライアントの立場を理解し，その感性と創造力で審美性，安全性，耐久性，普遍性，経済性をどう高めて具現化をしていくかという過程の手法であるともいえると思う．

そこには個性という問題もからんできて，デザイナーとしての立場が良くも悪くもなるが，そのすべては表現という形で現れ評価されていくことを忘れてはならない．

9. 内装システムとインテリアの工業化

9.1 インテリアの工業化の背景

インテリアが工業化されるようになってきたことに関しては，二つの背景が考えられる．

第一には建築の工業化が進んできて，建築の一部としてのインテリアも当然工業化の対象となったことがあげられる．インテリアを構成するさまざまな部材とか，部品が工場で作られ，それらを現場で組み立てるといった生産方法がとられるようになってきている．

第二には，インテリアそのものが単なる仕上げでなく，設備がらみの重装備となってきていることもインテリアが工業化されてきた背景といえる．

空間の環境制御は以前なら窓を開けるなど自然の力によって成されてきたわけであるが，最近では設備的なものの力を借りて，換気・空調・暖房・照明などをコントロールするようになってきている．これらの設備機器はコンパクト化され，室内に出しインテリアエレメントとしても十分使えるようになってきた．こうしたことからインテリアは仕上げといったものから，設備寄りになってきているといえる．設備機器は工場でつくられるわけで，照明器具と一体として天井をつくるとか，空調器と組み合わせて家具をつくるとかいうように，それまで現場でつくられていたものをも含んで製造されることも多くなってくる．

"工業化"というのは，"産業化"と近い概念で"インテリアの工業化"を考えるときに，"インテリアの産業化"というような面からも考えてみる必要がある．

インテリアの工業化を，産業化という視点から部材とか資材を生産するメーカーと，それを流通し，施工するという大きな流れのなかで考えると，オフィスビルと戸建住宅・集合住宅とでは実際にとられているパターンは違っている．

オフィスビルについていえば，住宅以上にインテリアの工業化が進んでおり，システム天井などに代表されるように，かなり積極的な工業化が行われている．最近インテリジェントビルが注目されているが，OAとの関連でオフィスビルのインテリアは今後ますます重装備のものとなり，さらに積極的な工業化が進んでいくに違いない．

ここでは基本的に戸建・集合住宅についてインテリアの工業化を考えていくことにする．

最近，インテリアコーディネーターが活躍しはじめているが，これはインテリアの工業化ときわめて密接な関係がある．個別に設計し，現場で切ったり張ったりしていたインテリアは，工場で作られた既成品のカタログのなかから良いものを選び，いかに個別のニーズに沿って組み合わせていくか，というように変わってきている．また単品と違って組み合わせることが前提なので，コーディネートすることが販売の上でも重要な役割りを担っている．インテリアの工業化がコーディネーターを生み，またコーディネーターがいなければ工業化は進まないといえる．

9.2 インテリアの構成材

インテリアの工業化の方法には，さまざまな方法が考えられる．一番簡単なのは工場であらかじめ一つの部屋をつくり，それをそのまま使うことであろう．しかし，こうした方法は輸送上の問題もさることながら，個別のニーズが多様化している現在では現実的にむずかしい．そこで一つの空間を分解し，部分ごとに工場で生産し組み合わせるという方法を取らざるを得ない．こうした部分は，建築の世界では構成材と呼ばれている．

構成材というのは，英語の"component"を訳し

たもので，第二次世界大戦後，ヨーロッパの復興を促進するためにEPA（ヨーロッパ生産性本部）が生みだした"コンポーネントによる建築の工業化を進めようとする考え方"が日本にも入ってきたものである．

現在，われわれの囲りにあるシステムキッチンやシステム家具などは，インテリアの主要な構成材のひとつになっているが，こういった製品もEPAの考え方に基づいて，西ドイツを中心に開発されたものである．

構成材は工場で生産される部品であり，機能的にひとつのまとまりを持ちうる一部分で，個々に価格が決められ，流通の単位となっているものと定義できる．

構成材は，材料とは異なり，工場で加工・組み立てがなされているので，工場生産による品質・信頼性の向上が期待できる．さらに現場では使うことのできない材料・加工方法を利用でき，現場に入る職種の数を減らす可能性もあり，住宅，建築で広く使われるようになってきた．

構成材と同義語として建築部品，住宅部品という言葉が使われている．部品というとねじ，釘なども入る．建築の場合には構成材を部品と呼んでいる．部品は，オープン部品とクローズド部品とに分けることができる．

オープン部品はいろいろな建物に共通に使われることを前提に作られるもので，クローズド部品はある特定な建物，たとえばあるプレハブ住宅にだけ使われるといったものである．

オープン部品は市場に流通するので市場部品とも呼ばれ，次のような条件を備えている必要がある．
（1）いろいろな建築物に共通に使える．
（2）建築物・インテリアに対してある範囲の大きさと一定以上の機能をもったものである．
（3）モジュール呼び寸法を持っている．
（4）標準構法を持っている（標準納まり）．
（5）性能の表示がなされている．
（6）価格が示されている．
（7）カタログが用意されている．

とくに最後のカタログと関連して，構成材（部品）を使った設計では，カタログをどう読むか，どう活用するかが大切である．ソ連などではこうした設計を「カタログ設計」と呼び，プレハブリケーションにかわる，次の世代の手法として注目されている．

9.3　コンポーネント／ユニット／システム

構成材（部品）は大小さまざまであるが，あまり細分化してしまうと組み立てに手間がかかり工業化した意味がなくなってしまう．建築・インテリアを取りまく工業化，産業化を含めての社会的な環境によって，どのぐらいの大きさのものがいいのかということも決まってくる．

日本で構成材（部品）が使われるようになってきたのは，昭和30年以降からで30年以上の歴史があるが，時代とともに最適とされる単位は変化してきている．この30年の歩みを振り返ってみると，構成材が発展したものは大きくコンポーネント，ユニット，システムの三つに分けることができる．

これらを明確に分けるのはむずかしい．とくにコンポーネントとユニットの境界ははっきりしていない．個々の製品の違いを，5 cm, 10 cmの違いで判別するものをコンポーネント，30 cm, 60 cmの違いで判別するものをユニットと考えてもよいと提案しているイギリスの学者もいる．

またユニットというのは，建築の空間のなかで一方向あるいは二方向が空間と直接関係するぐらいの大きさ（ルームサイズ）のもの，たとえば床から天井まで，空間の端から端までというような大きさをユニットと呼ぼうという提案もある．

またできてきた背景からすると，個々ばらばらなコンポーネントを一つにまとめたものがユニットとなっている．住宅でユニットが使われるようになったのは，高層集合住宅の登場と時期的に一致している．

ユニットは形態によって，スペースユニットとウォールユニットに分けることができる．

スペースユニットは使う人の動く空間まで含めたもので，一つの部屋のかたちになったものを指し，浴室ユニットなどがその代表である．

ウォールユニットは装備や機器を壁形に組み立てたもので，人間の入る空間は含んでいない．キッチンユニット，収納間仕切りユニットなどがあげられる．

ウォールユニットがあるのだから当然フロアユニットとか，天井の部分のシーリングユニットなども

考えられるが、今のところこうしたユニットは登場していない．

しかし，たとえば掘りこたつの部分を含み，かつ人間の座る部分を収納とするような一つの部屋の床を構成するフロアユニットも可能性としてはある．

スペースユニットのうち，工場において一つの箱としてつくられるものをキュービックタイプという．こうした大きさのものを現場に運んで取り付けようとすると，現場の状況によってはかなりむずかしいことも起こりうる．このようなことを考慮し，ユニットを組み立てやすいようにあらかじめ分解しておくものを，キュービックタイプに対してノックダウンタイプという．

ノックダウンタイプを構成する部品は，ユニットの範囲の中だけで形状を考えればよいので現場作業を少なくし，さらに信頼性の高い接合部を工夫することができる．

このような構成材の接合部には，ノックダウンタイプのものと他の構成材相互のものとがある．二つの接合部のうち，他の構成材との接合は相手としてどのようなものがくるか決まっていないので最適な接合を計画するのはむずかしい．したがって二つの構成材を並べても必ずしもうまくジョイントできるとは限らない．寸法，ジョイントの問題も含めて，構成材相互がうまく合うかどうかを適合性（コンパティビリティ）と呼んでいる．コンパティビリティのチェックをあらかじめやっておくことが望ましいが，実際には多種類にわたるのでなかなかむずかしい．たとえば 100 種類の構成材相互のコンパティビリティを一つ一つチェックする作業を考えただけでも，たいへんな作業になることがわかるはずだ．

また構成材相互の組み合わせの円滑化を考えたとき，日本の産業構造の体質がいい形での水平分業化が行われにくいという現実にぶつかってしまう．それぞれがブランドを持ったメーカーであり，常にその部分の主導権を持っていなければならない．そのため，これまで床だけをやっていた会社が壁までやるとか，あるいはトイレだけ作っていた会社がキッチンまでやるといったように製品の総合化が盛んになっている．

また，企業間が提携するといったグループ化も進んできている．こうなってくると，オープンな構成材を生産していくといった産業体制とは遠くなってくる．

以上のように，コンパティビリティのチェックがむずかしいということ，企業間での分業化よりむしろ総合化・グループ化が進んでいるという二つの背景から，インテリアもオープンな構成材を組み合わせるというよりも，あらかじめシステムとしてまとめておくといった内装システムに移行することになる．

システムは組み合わせにより一つの内装としてまとめることが保障されているということ，さらに単なるものだけではなく，施工まで含め完成までの責任が一式となっていることが特徴といえる．工場で作られた構成材（部品）を組み合わせるだけでなく，現場で材料を加工する部分も当然入ってもよいことになる．一つのまとまった内装として完成できるということが大切で，またその完成された姿がカタログとして用意されていればよいわけである．

さらにシステムが登場してきたもう一つの背景を考えることもできる．構成材化，ユニット化しやすい部分から自然発生的に商品として生産されてきたために，残った部分が当然生じ，仕事もしずらく工場での付加価値もつけにくい部分になったりして，内装をトータルとして考えた場合，不都合が出てきたこともシステム化しなければならない背景としてあげられる．

近年，集合住宅での内装システムが注目されている．長持ちする耐用性のある集合住宅を作ろうという，センチュリーハウジングプロジェクトでも見られるが，軀体と内装といった耐用性の異なる部分の分離と内装のフレキシビリティが，あらためて問われた結果といえる．いかに間取りを自由に時代とともに変えていけるか，ということが見直され，内装がシステムとしてまとまる環境が徐々にできてきたといえる．

ここで問題なのは，現在，内装というのはそれほど費用がかけられていないということである．先年，集合住宅・プレハブ住宅などを作っている大手の住宅メーカーから「今後，住宅の軀体，内装，設備のどこに費用をかけていくか？」というアンケートをとったことがあるが，ほとんどが設備という回答であった．

内装システムでやると在来の方法より割高になるということもあり，実際には普及してきていない．

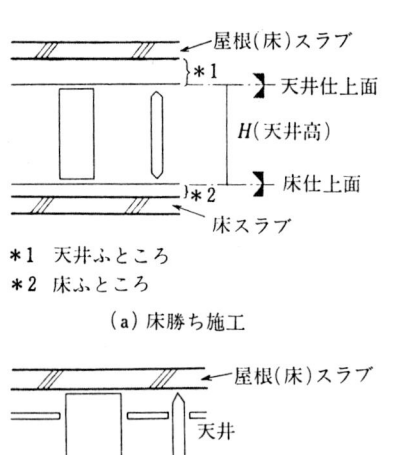

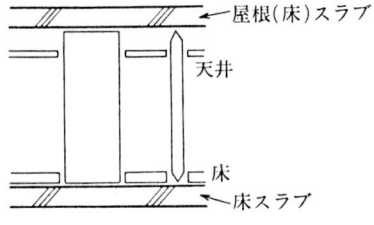

図 9.1　床・天井と間仕切り壁との関係

図 9.2　床の構成方法

オフィスの内装システムがOAと絡んで急速に普及していることを考えると、住宅の内装システムが普及するためには、間取り変えができやすいというフレキシビリティもさることながらもう少しあらたな価値を加える努力が必要と思われる．

9.4　内装システム

内装システムは床・天井といった水平要素と，間仕切り・収納間仕切りといった垂直要素から構成されている．水平要素と垂直要素の組み合わせの仕方には，大きく分けて「床勝ち」，「壁勝ち」の二つがある（図 9.1）．

水平要素が先行して施工され，その間に垂直要素が入ってくるのが床勝ち，反対に垂直要素が先行して，その間に水平要素が入ってくるのが壁勝ちである．さらに天井と床が垂直要素との組み合わせを異なったものにしたミックス型もある．

まず間取りの変更という点は，床勝ちタイプの方が後から間仕切りを移動することも可能でフレキシビリティが高い．しかし，床・天井にそれなりの強度が必要なので費用はかなりかかってしまう．壁勝ちタイプの場合は，床・天井はある範囲の強度だけを持てばよいので費用も安くなり，部屋によって天井の高さ，床の高さを変えること，たとえば洋室と和室とで高さを変えることも可能である．

また電気配線の点からは，床勝ちの場合，天井あるいは床にあらかじめ配線をしておいて壁に立ち上げたり降ろしてくるということになり，やや複雑となる．この点，壁勝ちの場合には，壁が立てられた段階で配線をすることができるので比較的簡単である．

（1）床システム

集合住宅の床の場合，床下に配管スペースを確保する，下階への音の伝達を防止する目的などから二重床，いわゆる浮き床工法にすることが多い．

床のシステムには，アジャスターボルトなどによってレベル調整を行うスタッド式と，伝統的な大引きを改良したライン式とがある．とかく床の場合は軋(きし)みなどが起こりがちであるが，こうした新しい床のシステムでは比較的クレームが起こりにくく，内装システムのなかでは普及している部分といえる（図 9.2）．

（2）天井システム

オフィスビルなどでは，照明器具や設備機器を組み込んだシステム天井がかなり普及しているが，集合住宅では吹付け天井，布張り天井といった直仕上げが多いので，それほど天井に費用をかけないとい

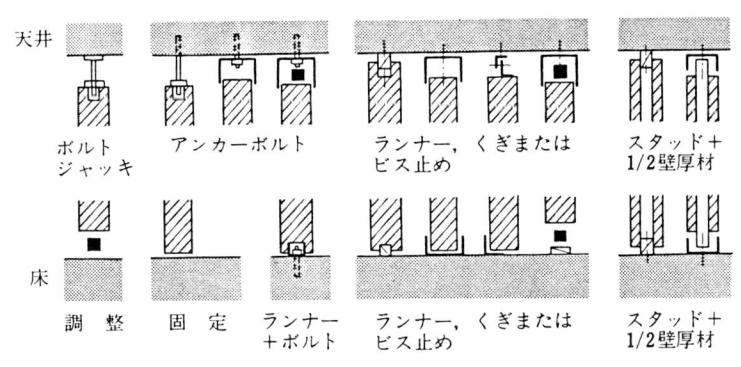

9．内装システムとインテリアの工業化

図9.3 間仕切りの天井・床との接合方法

（天井側）ボルトジャッキ／アンカーボルト／ランナー，くぎまたはビス止め／スタッド＋1/2壁厚材

（床側）調整／固定／ランナー＋ボルト／ランナー，くぎまたはビス止め／スタッド＋1/2壁厚材

うこともあって普及していない．

また後から天井をつけられるほど，天井高に余裕がないということも普及をむずかしくさせている．

（3）間仕切りシステム

間仕切りシステムには，パネル式とスタッド式がある．木製パネルの場合はパネル式が多く，ほとんどのものはパネルの上部にアジャスターボルトを取り付け，上下に突っ張って固定する．パネルとパネルの間はやとい実(ざね)により接合するという方法が多い（図9.3）．

あらかじめ工場で表面を仕上げたプレフィニッシュと，現場で組み立てたあとクロスなどを張って仕上げるアフターフィニッシュの二つの方法がある．パネル間の目地を目立たなくさせたり，施工中の仕上げの養生を省略したりするなどから，住宅の場合はアフターフィニッシュのものが多くなっている．

またドア，建具なども間仕切りシステムに含まれていることが多く，この場合パネルと同じような方

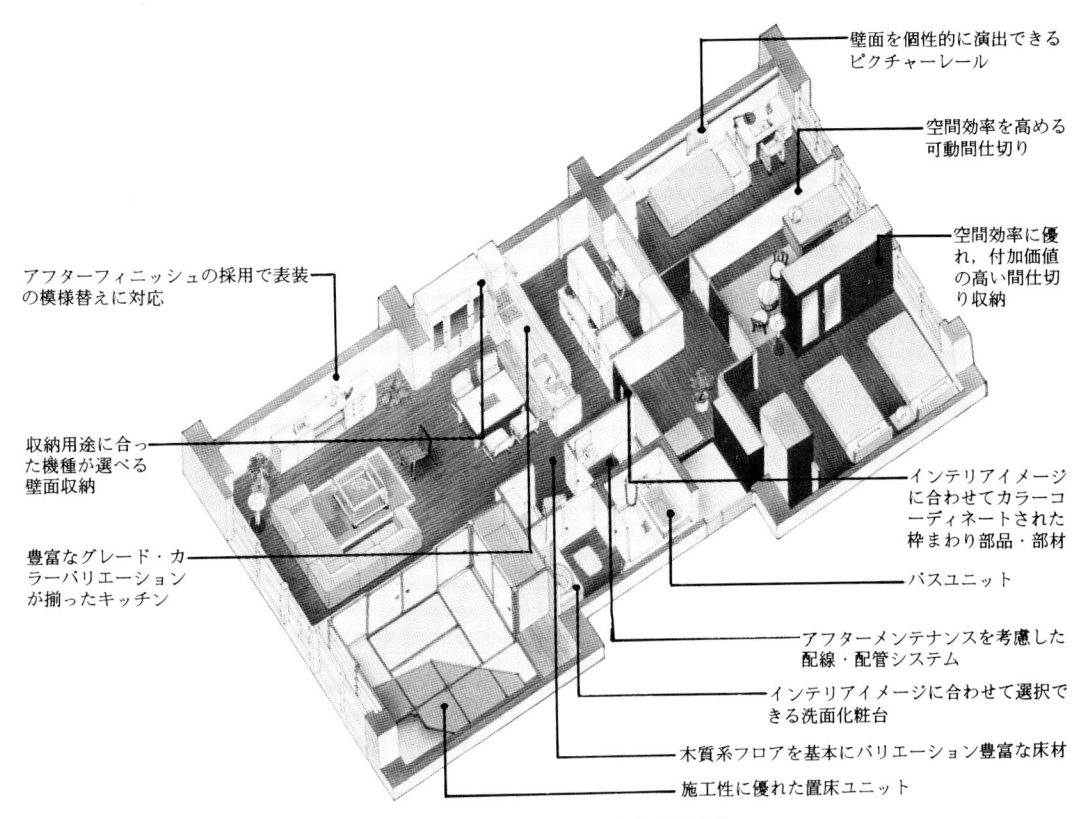

図9.4 内装システム（永大産業 EPI）

- 壁面を個性的に演出できるピクチャーレール
- 空間効率を高める可動間仕切り
- 空間効率に優れ，付加価値の高い間仕切り収納
- アフターフィニッシュの採用で表装の模様替えに対応
- 収納用途に合った機種が選べる壁面収納
- 豊富なグレード・カラーバリエーションが揃ったキッチン
- インテリアイメージに合わせてカラーコーディネートされた枠まわり部品・部材
- バスユニット
- アフターメンテナンスを考慮した配線・配管システム
- インテリアイメージに合わせて選択できる洗面化粧台
- 木質系フロアを基本にバリエーション豊富な床材
- 施工性に優れた置床ユニット

法で取りつけられる．

浴室ユニットの周囲，軀体の表装壁などは，普通のパネルの半分の厚さで片面だけ仕上げられているハーフパネルが使われている．

こうしたハーフパネルを両面から組み合わせて一つの間仕切りにするといった間仕切りシステムもある．こうすると片側を和室，片側を洋室という形で仕上げることも可能である．施工の面からも電気配線などが容易になる．部品点数が多くなったり，施工工数も増えるということを考慮しても，住宅の場合にはハーフパネルだけで間仕切るという方法もかなりメリットがあるといえる．

（4） 収納間仕切りユニット

収納間仕切りユニットは，間仕切り壁と収納家具とが複合されたものである．壁につければ片側からのみ使用可能であるが，間仕切りとして使う場合には両側から使うことができる．

収納ユニットの構成方法には，ボックス型と帆立て型の二つがある．ボックス型は一つ一つのユニットが独立しているので，現場での取り付けが簡単なだけでなく，施工後の模様変えも簡単である．しかし，パネルの部分が二重になるということが，見かけ上からも，またコストの点からも嫌われる点である．

一方，帆立て型はまずパネルを組み立てて，その間に棚板をつけていくもので，多様な組み合わせが可能であるが，施工，移動がボックス型に比べてやむずかしい．

住宅の内装システムでは床，天井，間仕切り，収納間仕切りユニットのほかに，システムキッチンとか，バスルームユニットといった設備機器も含まれている．そのため内装システムは，設備機器メーカーと内装メーカーとがグループ化して一つのシステムを販売・施工することが多くなってきている（図9.4）．

10. インテリアのサブシステム

10.1 インテリアのサブシステム

　建築の世界では，一般にもの（部品，部材など）と仕事（施工）とが組み合わされ，建築のある部分を構成することができるものをサブシステムと呼んでいる．

　サブシステム間の切れ目は，インターフェースと呼ばれているが，サブシステムはものと仕事とがセットになっているので，ものと仕事とが自由に組み合わせられる場合に比べ，各部分間の調整すなわちインターフェースの調整は単純になる．

　こうしたサブシステム間のインターフェースに関して相互に守らねばならない約束を，インターフェースルールというが，このインターフェースルールさえ守れば，サブシステムの中身については，そのサブシステムの自由である．したがって個別な工夫も可能なので，ものと仕事とが自由に組み合わせられる場合に比べても，かえって多様なものが作り出される可能性さえあるといえる．

　インテリアそのものは，建築のサブシステムであるが，インテリアも多くのサブシステムから構成されていると考えることができる．

　システムをサブシステムに分けることを，サブシステム分割あるいはサブシステム展開と呼んでいるが，インテリアのサブシステム展開にもさまざまな方法がある．

　サブシステム展開という面から考えると，先にサブシステムを使う場合とそうでない二つの場合に分けたが，必ずしも正しい分け方ではないといえる．むしろあらかじめサブシステム化されたものを使う場合と，その都度サブシステム展開する場合とに考えたほうがよいといえる．ものと仕事とがばらばらなものを使って設計するのは，まさにサブシステム展開していると見ることもできる．

10.2 計画的なサブシステム化

　1974年から6年間にわたって行われた日本住宅公団によるKEP実験プロジェクトでは，内装システムを，表装壁，間仕切り，収納，床，天井の五つのサブシステムに分けて考えた．

　実験であるので，各サブシステムに構成方法，他との関係の違いなどからいくつかのタイプを用意して，その組み合わせの相性（コンパティビリティー）を設計段階，施工段階で検討した．タイプによっては，設計以前の問題として，当然組み合わせ不可能なものもあるが，設計段階で組み合わせられると考えられたものでも，いざ施工してみると，いろいろなトラブルが発生したものもあった．

　こうした実験によって，サブシステム間のインターフェースにどのようなルールが設定されねばならないかを知ることができた．しかし計画的なサブシステム化は，具体的な需要が伴わないとその場限りになってしまうことが多く，KEPでのサブシステムもBL内装システムへとは発展したが，普及するまでにはいたっていない．

10.3 自然発生的なサブシステム

　こうした計画的なサブシステム化と違って，一般に使われているインテリアのサブシステムは，いわば自然発生的にできてきたものである．これらは計画的なサブシステムと違い，各サブシステム間の調整がなされておらず，これらを組み合わせてもインテリアのすべてが構成できるというものではない．

　インテリアのサブシステムには，次のようなものがある．
（1）　サッシ，出窓ユニット
（2）　障子，ふすま，建具

（3） 間仕切りシステム
（4） 床システム
（5） システム天井
（6） 収納システム，システム家具
（7） システムキッチン
（8） システム洗面化粧台
（9） 浴室ユニット
（10） サニタリーシステム
（11） 照明システム
（12） 冷暖房システム
（13） ホームオートメーションシステム
（14） オーディオビジュアルシステム

サブシステム化されていない部分を，ノンシステム部分と呼んでいる．いわばその都度処理のしかたが違う現場合わせといった部分もある．ノンシステム部分が多いと，設計も大変であるし施工管理も手間がかかる．

さらに，インテリアは建築の一つの部分であるので，建築側から見ると設計とものと施工とが一式化されたサブシステムになっている方が都合がよいし，実際にもインテリアは設計だけということは少ない．

したがってインテリアの設計は建築設計にくらべ設計段階でもどのようなサブシステムに分けるか，サブシステムをどう使うかといった検討が必要となる．よいインテリアを実現するためには，よいサブシステムを持つことが鍵となるので，単に材料，部品，職人といった見方をするのではなく，サブシステム的な認識をし，日頃からよいサブシステムを育て，確保する配慮が必要であるといえる．

10.4 開口部サブシステム

窓など開口部は，建物の外部と内部を仕切るものの一つであるので，外周壁システムのサブシステムであると考えることもできるし，インテリアのサブシステムとして考えることもできる．

しかも最近では，居間用のサッシとか寝室用のサッシというように，内部からの機能が重視されるようになってきた．さらに，洗面化粧台付出窓ユニット，収納付出窓など，開口部と他のインテリア機能とが複合化された製品も多くなってきている．こうなるともう十分インテリアのサブシステムであるといえる．

またこうしたものがサブシステム化されているかどうかであるが，ビルなどの場合はともかく，住宅では必ずしもサブシステム化されているとはいえない．部品を普及させるために比較的容易に取り付けられるよう考えられたため，かえってサブシステム化は遅れてしまった．

これに比べ，障子，ふすまなど建具の世界では古くからのサブシステムが生き残っている．適当に設計しておけば，採寸にきてそれに合わせ調整あるいは製作し，建て込みを行ってくれる．

ファクシミリなどの普及によって建具屋，問屋，工場との間の連絡も容易になり，きめ細かな対応も可能になってきている．さらに季節に合わせ2種類の建具を用意し，保管，取替えを行うサービスも登場し始めている．しかも保管の際にクリーニングや張り替えも合わせて行ってしまうというから感心してしまう．

10.5 間仕切りサブシステム

事務所ビルなど大規模な建築物では間仕切りシステムが多く使われているが，住宅ではあまり使われていない．しかし工業化によるメリットとか可変性のねらいから，集合住宅ではパネル化された間仕切りシステムも使われ始めている．

間仕切りパネルの構成方法は，まずパネル方式かスタッド方式に分けられる．さらに間仕切りがパネル1枚でできているフルBEパネル，2枚で構成されるハーフBEパネルといった分けかたもできる．

スタッド方式は，間仕切りパネルのサイズの種類が少なくてすむといったメリットがあるが，目地の数が多くなり住宅ではあまり使われていない．またハーフBEパネルは，間仕切りの両側で仕上げを変えることができるが，フルBEパネルにくらべ部品点数は多くなる．

さらに仕上げを工場であらかじめ行うプレフィニッシュタイプと，現場で取り付け後に仕上げを行うアフターフィニッシュタイプの二つがあるが，養生の問題やパネル間の目地を隠したいなどの理由から，住宅ではアフターフィニッシュタイプが使われることが多い．

また間仕切りサブシステムと床サブシステムとの

関係には，間仕切りの間に床が後から施工される床負け・間仕切り勝ちと，先に床が施工されその上に間仕切りなどが施工される床勝ち・間仕切り負けとがある．

間取り変更など可変性の点からは床勝ち・間仕切り負けが有利であるが，床に間仕切り，収納などの荷重がかかるためにコスト高になることもある．しかし床の施工はワンフロアー一緒にできるので単純になる．床負け・間仕切り勝ちの場合，部屋によって床の高さを変えることができるといったメリットもある（図10.1）．

10.6 床サブシステム

集合住宅では上階の床衝撃音を下階に伝えないため，さらに配管スペースを確保するなどの理由から浮き床工法が用いられることが多く，部品化された床システムも使われる機会が多い．

床システムの構成方法は，躯体床に，発泡スチロール製などのパネル状になった部材を敷き詰めていくもの（面支持タイプ），ランナーや根太を置きその上にパネルを敷き詰めるもの（線支持タイプ），ボルトなどによりパネルを点支持するもの（点支持タイプ）の三つに大きく分けられる（図10.2～10.4）．

床衝撃音の緩衝のねらいから，線支持タイプではクッション材としてランナーや根太の上に高密度のグラスウールやゴム薄板状のものを使用する．点支持の場合はボルトをプラスチックで作り弾性を持たせたものや，ゴムをボルトに付けクッション性を持たせたものなどがある．

点支持タイプが比較的多く用いられており，床パネルを敷き詰めたあと，上からレベル調整できるような工夫がなされている．

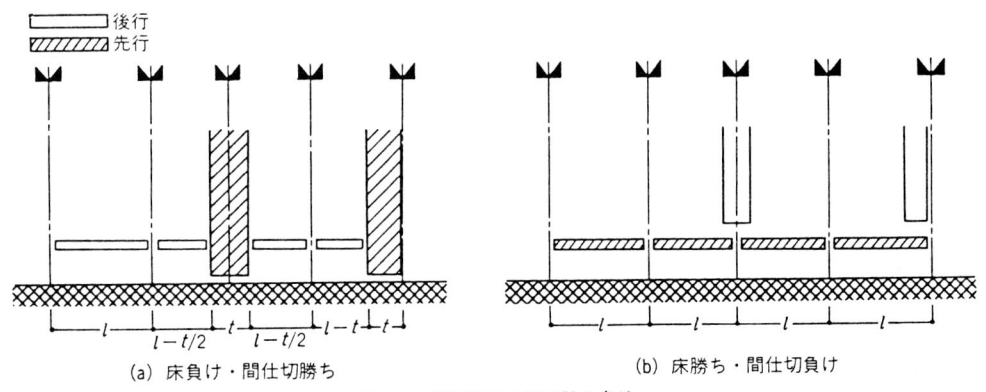

図10.1 間仕切りと床の勝ち負け

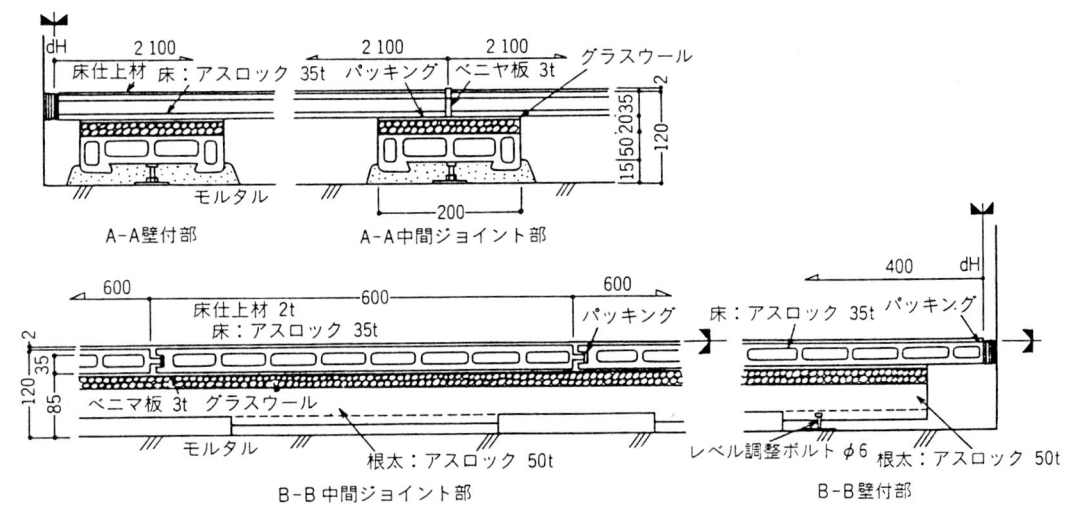

図10.2 線支持タイプの床システム

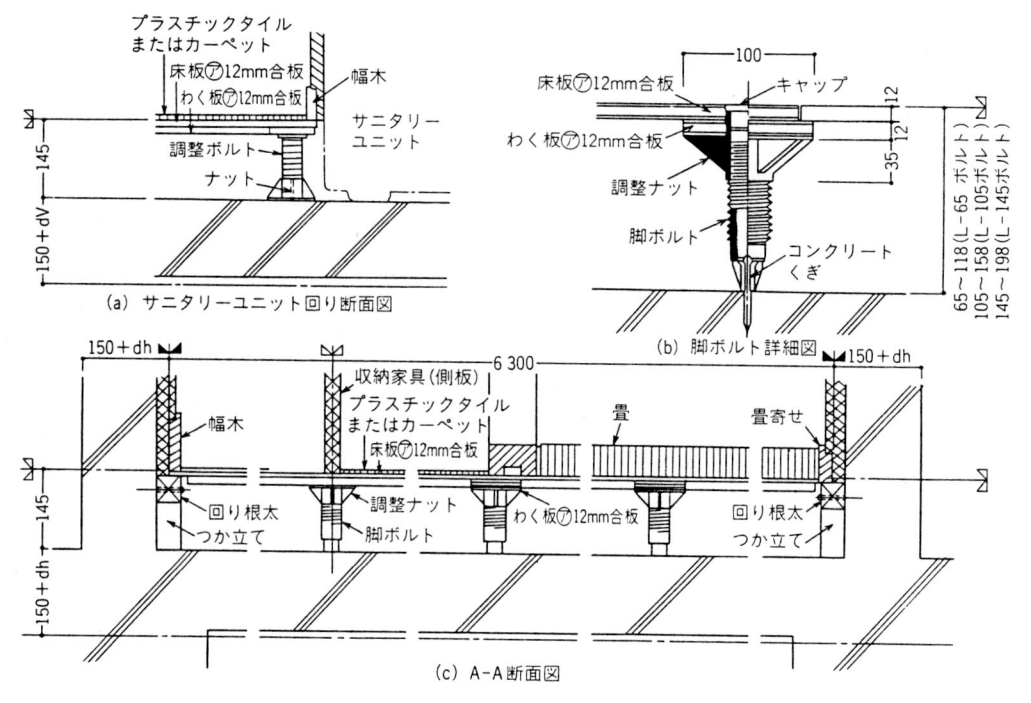

図10.3 点支持タイプの床システム（プラスチック製）

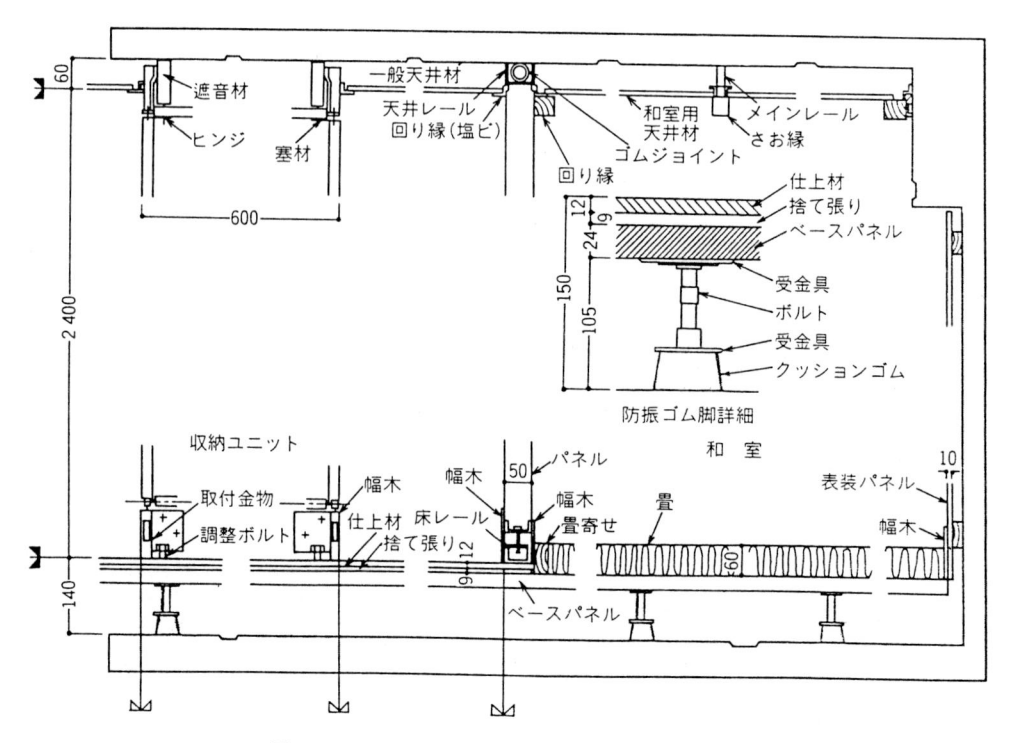

(a) サニタリーユニット回り断面図
(b) 脚ボルト詳細図
(c) A-A断面図

図10.4 点支持タイプの床システム（ゴム＋金属ボルト）

10.7 天井サブシステム

事務所ビルでは照明機器，空調端末機器，防災感知器などを組み込んだシステム天井が多く用いられているが，住宅ではあまり使われていない．これは集合住宅では天井の仕上げが直仕上げされることが多いからである．

10.8 収納サブシステム

収納ユニットは，システム化された部品群を組み合わせて，壁面を構成したり間仕切ったりするもので，収納壁ユニット，間仕切り収納ユニットなどとも呼ばれている．こうした建築エレメント的な機能を持っているだけでなく，組み替えて用途を変えたりすることができるのも，一般の収納家具と異なる点であるが，実際にはあまり組み替えられてはいない（図10.5）．

収納ユニットの構成方法は，帆立てタイプ，ボックスタイプ，ボックス＋帆立てタイプ，収納壁タイプに分けられる．

帆立てタイプは，帆立て板や棚板などの構成部材がばらばらの状態で生産，搬送され現場において組み立てられるものである．施工には専門工が必要であるが，流通階段で荷姿がコンパクトであることなどのメリットがある．

ボックスタイプは，扉，抽出なども付いたボックス型の部材を工場で生産し，ボックスのまま搬送し，現場で組み立てるものである．施工は積み上げなど設置のみであるので簡単である．

ボックスタイプはストックが大変なので，実際にはボックスを構成するパネル状の部材を全国各地のデポにストックし，オーダーに合わせてデポでボックスに組み立て，搬送するといった手法をとっているところが多い．

またボックスタイプは隣合うユニット相互の帆立て板が二重になり，コストが高くなりがちで，さらに美観上からも問題にされることがある．

ボックス＋帆立てタイプは，抽出やガラス戸棚などのようにボックスの形で生産した方がよい部分はボックスとして生産し，またオープン棚など簡単に組み立てられるものは，帆立て板，棚板などの面材

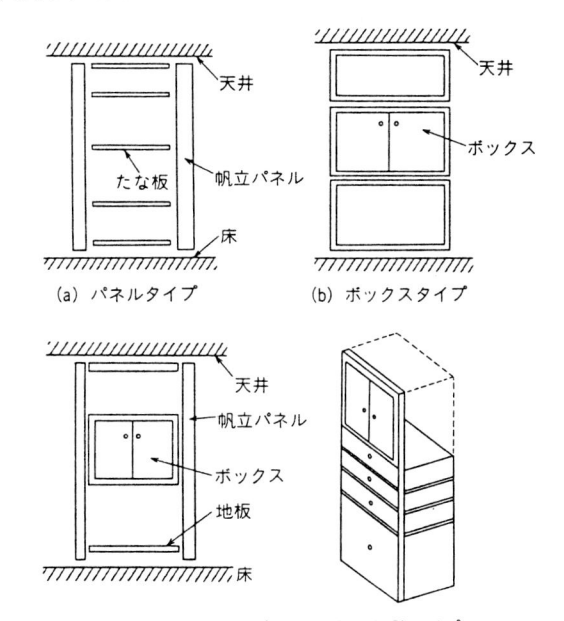

(a) パネルタイプ　　(b) ボックスタイプ

(c) パネル＋ボックスタイプ　　(d) 収納壁タイプ

図10.5 収納ユニットの構成方法

として生産，搬送する折衷タイプである．

収納壁ユニットは，押し入れなどのように壁に囲まれた部分にビルトインする収納ユニットで，仕上げは前面のみになっている．

10.9 キッチンサブシステム

キッチン部品にはキッチンセット，キッチンユニット，システムキッチンの三つがある．

キッチンセットは作業台とキャビネットが一体化されたもので，ステンレス流し台セットなどとも呼ばれている．キッチンセットはキャビネットを並べるだけでキッチンが構成されるので，施工は簡単である．そのためサブシステムとしては成熟していない．

キッチンユニットは流し台，調理台，吊り戸棚，レンジフード，バックパネルなどを一体化したウォールユニットで，1970年代に住宅生産の工業化，高層化に伴って開発されたものである．大きなキッチンが構成しにくいこと，多様化がむずかしいことなどから，いまではワンルームマンションなどで使われている程度である．

システムキッチンは連続した継ぎ目のないワークトップを作ることができ，これにシンクやコンロがドロップインされる．

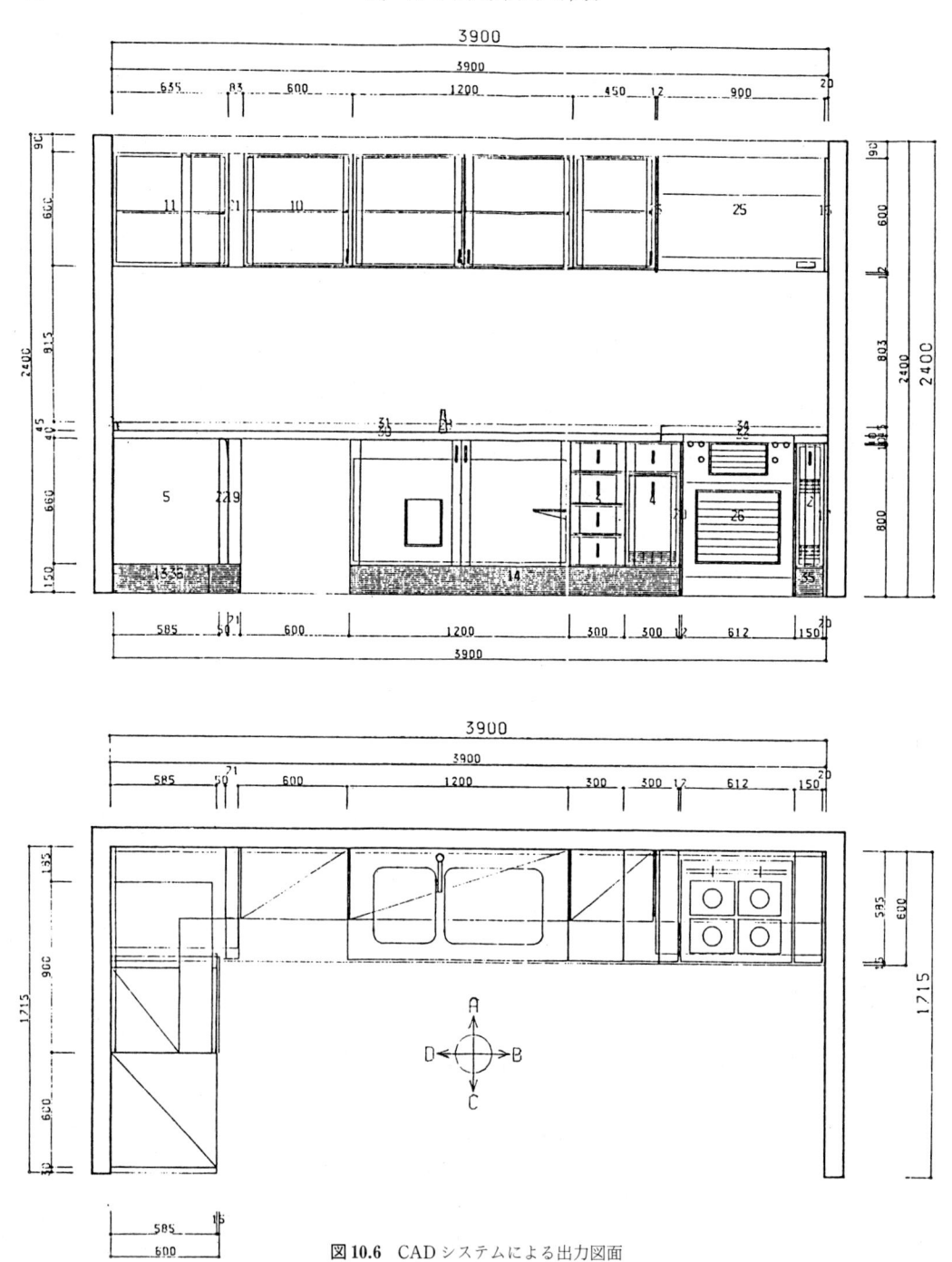

図10.6 CADシステムによる出力図面

　ワークトップを部屋に合わせて切断加工したり，キャビネットと壁との隙間をフィラーなど調整材を使って埋めることができる．多様な組み合わせが可能などサブシステムとして成熟したものになっている．

　またオーブン，電子レンジ，冷蔵庫，皿洗機など機器類との寸法調整もなされており，これらのビルトインも可能である．ワークトップの材料はポストフォーム合板，人工大理石などがほとんどであったが，最近ではステンレス製のものも多くなってきている．

　サブシステム化されているので，システムキッチ

ンの設計は，サブシステム側で行われる．そのためコンピュータによる CAD が用いられることが多くなってきている（図 10.6）．

10.10 浴室サブシステム

浴室ユニットは高層ホテルでの使用がきっかけとなって開発されたもので，現場製作の浴室に比べ防水性能もよく，現場施工時間の短縮，職種の削減などが可能で，集合住宅ではほとんどが浴室ユニットになってきている．さらに戸建住宅でも 2 階に浴室を作る場合，ほとんどが浴室ユニットであるなど，一般にも使われるようになってきている．

浴室ユニットの構成方法は，防水パン＋フレーム＋パネル方式，防水パン＋パネル方式，ハーフユニット＋パネル方式，キュービクル方式などがある（図 10.7）．

また，あらかじめ工場で空間ユニットとして組み立て，現場に輸送してとりつけるキュービックタイ

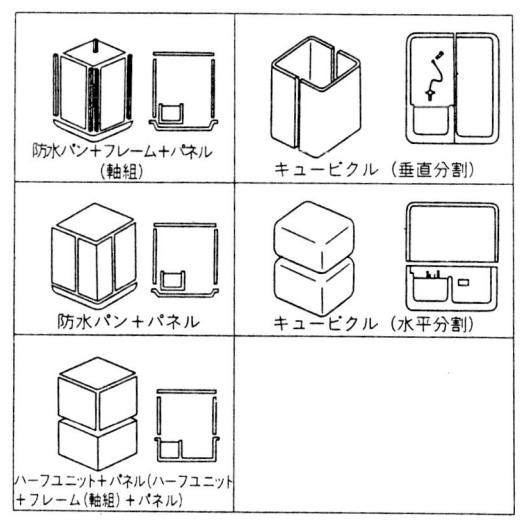

図 10.7 浴室ユニット構成方法

プと，現場で組み立てるノックダウンタイプとがあるが，高層ホテルなどではキュービックタイプ，住宅ではノックダウンタイプが用いられることが多い．

11. インテリアの仕上げ

インテリアデザインは，建物の内部空間と人とが直接に触れ合う生活空間の役割りや，内装の仕上げ計画や設計・施工監理を対象としたものである．インテリアの内装仕上げ材は，人間を最も身近に保護する，いわば軀体の外皮に対して内皮ともいえるものである．

その意味では，インテリア計画は生活空間演出の総合的な作業であって，内部空間の広がりや形，建築部位としての床，壁，天井などの内装仕上げとその組み合わせ，光のコントロールや照明計画，色彩計画，インテリアエレメントとしての家具やアートワークのデザインあるいは選択またそれらの配置など，調和のとれた，しかも洗練された内部空間をいかに構成するかが主なテーマとなる．部屋の雰囲気を目的に応じて演出する作業であるともいえよう．

ここでは，最初に床，壁，天井などの内装仕上げ材について述べ，後半で住空間の機能的な役割を持つ収納システム，キッチンシステム，サニタリーユニットなどのインテリアエレメント（サブシステム）と，室内環境制御のための暖冷房と電気設備その他について解説する．そして最後に，インテリアの積算，関連法規およびメンテナンスについて述べることにする．

11.1 インテリアの内装

インテリアデザインでは空間のイメージ表現が大切にされる．すなわち内装仕上げ材の色調や感触，家具デザイン，絵画，植栽などによる感覚的，情緒的な働きかけが重要視される．

したがって内装材を選ぶ場合にも，建築技術的にみた強度や施工法などの材料知識も必要であるが，さらに重要なことは，その素材のもつ固有の持ち味を大切にして，デザインイメージや感性に合った内装仕上げ材を選ぶことを優先させることもある．

インテリア的発想に基づいて，デザイン感覚を中心として仕上げ材を選択し，床，壁，天井などの内装各部位や家具デザインに使われている素材が，互いにバランスよく組み合わされることが肝要である．

内装仕上げ材の種類はきわめて多いが，たとえば個人の住宅では，優しく柔らかく感情の細やかなソフトデザインの素材が用いられる．内装材料には，木材や毛織物などの自然材料と，ビニルなどの人工材料があり，それぞれの材料には特有の物性や施工法があるが，特に注目したいのは，その素材が独特のデザイン感触をそれぞれ持っているということである．たとえば木材は親しみやすく，木目や肌合いは自然で暖かい．また毛織物のふっくらした柔らかさ，金属の持つ冷たい知的な緊張感，大理石の重厚で優雅な高級感覚などがそれである．

内装材料を上述のようなイメージ感覚でとらえて，ここで仮にソフトデザイン／ソフト感覚の材料とハードデザイン／ハード感覚の材料とにその材質感の違いから分類して見ると次のようになる．

（1） ソフトデザインの仕上げ材料

一般に自然材料はソフト感覚で暖か味があり，親しみやすい．自然の肌合いが心地よく，テクスチャーが繊細である．

一方人工材料の中にもソフトデザインの素材が見受けられる．たとえば，天然木と見まがうような内装用プリント合板や発泡エンボスのビニルなどは，表面の微妙なパターンによりソフトイメージを与える素材といえよう．これらのソフトイメージを持つ代表的なものを示すと次のようである．

- 和紙，化粧紙
- 毛織物，綿，絹，麻，皮革
- 壁装（紙，布，ビニルなど）
- カーペット
- 木材，化粧合板（単板オーバーレイ合板）

- れんが

(2) ハードデザインの仕上げ材料

人工材料は一般にクールで硬い感触がある．感覚的にはモダーンで，プレーン，シンプルなイメージを持っている．なかには石材のように，自然材料ではあるがクールでハードデザインのものもある．ハードイメージの素材を挙げると次のようである．

- ビニル
- 合成樹脂オーバーレイ合板
- 陶磁器質タイル
- 石（大理石，花崗岩）
- 鉄，金属（ステンレス，アルミなど）
- ガラス

以上述べてきたように，ソフトデザインの素材は暖かくてヒューマン感覚が強く，ハードデザインの素材はヒューマン感覚は低いがハイテックでモダンであるといえよう．

インテリアの内装材の選択にあたっては，上述のような立場から，いろいろの材料の感触や持ち味，質感，色調を生かして選ぶことが望ましい．そしてソフトで繊細な自然材料／ソフトデザインの素材とクールでハイテックな人工材料／ハードデザインの素材とをうまく組み合わせて，ハイタッチでヒューマンイメージを最大限に表すことが重要である．たとえば白い塗り壁や壁紙に木製のフローリング床，クロームフレームに布張りの家具を配すとか，大理石やガラスに毛深い織物と白木の家具の組み合わせなどがその例である．

次にそれぞれの内装仕上げ材について述べるが，織物，カーテン，カーペットについては，内装材としてでなく，インテリアエレメントとしての扱いから，別に章をもうけて詳述することにする．

11.2 内装合板張り仕上げ

内装仕上げの合板材料としては，木目の感触を印刷したプリント合板，天然木をオーバーレイした化粧単板合板，塩化ビニルシート合板などが最も一般的である．

内装用合板の種類には，プリント合板を代表とする塗装合板のグループと，化粧単板やその他のプラスチックシート類をオーバーレイした合板のグループなどがある（表11.1）

(1) 内装合板の種類

① **プリント合板** 天然木のようなきれいな木目を，合板の上に直接印刷加工し，塗装仕上げした化粧合板である．

最近の優れた印刷技術によって，いろいろな樹種の木目が表面に印刷されたプリント合板は，天然木のような木目や肌合い，色調をもち，木目デザインのバリエーションはきわめて多い．プリント合板は寸法精度がよく，加工や施工が容易で，価格が低廉である．また同類として，合板の上に印刷化粧紙を張った化粧合板（樹脂含浸紙オーバーレイ合板）もある（写真11.1〜11.3）．

② **単板オーバーレイ合板**（化粧単板合板） 天然木の銘木単板を張った化粧合板．内装用としてはナラ，セン，ケヤキ，チーク，マホガニー，ウォールナット，ローズウッド，カリンなどの広葉樹類と，スギ，マツなどの針葉樹類がある（写真11.4）．

和風の天井材として秋田杉，吉野杉，屋久杉，春日杉などの木目を張った化粧合板は有名である．

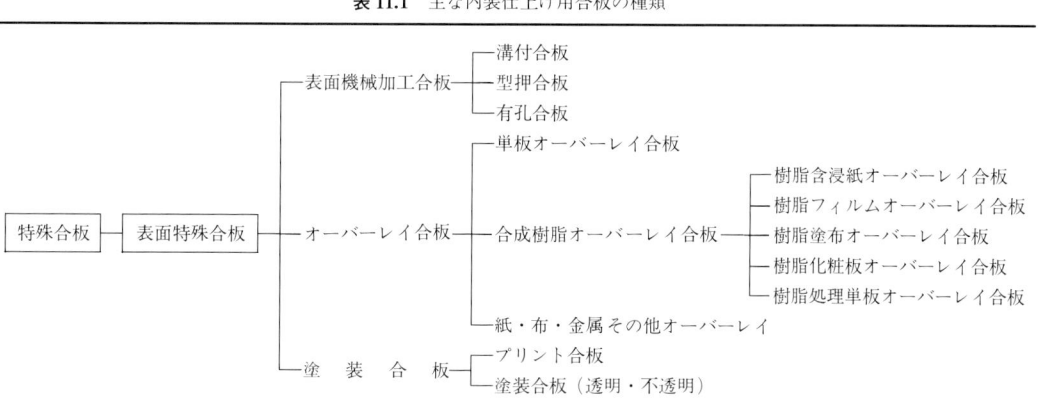

表11.1 主な内装仕上げ用合板の種類

```
特殊合板 ─ 表面特殊合板 ┬ 表面機械加工合板 ┬ 溝付合板
                    │              ├ 型押合板
                    │              └ 有孔合板
                    ├ オーバーレイ合板 ┬ 単板オーバーレイ合板
                    │              ├ 合成樹脂オーバーレイ合板 ┬ 樹脂含浸紙オーバーレイ合板
                    │              │                    ├ 樹脂フィルムオーバーレイ合板
                    │              │                    ├ 樹脂塗布オーバーレイ合板
                    │              │                    ├ 樹脂化粧板オーバーレイ合板
                    │              │                    └ 樹脂処理単板オーバーレイ合板
                    │              └ 紙・布・金属その他オーバーレイ
                    └ 塗 装 合 板 ┬ プリント合板
                                 └ 塗装合板（透明・不透明）
```

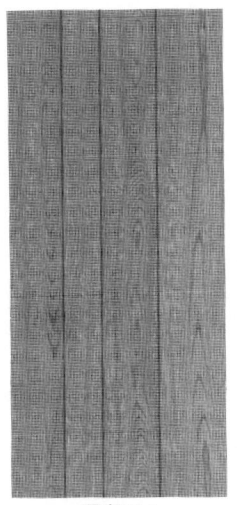

写真 11.1 セン板目プリント合板
910×1820×2.7
610×2430×4

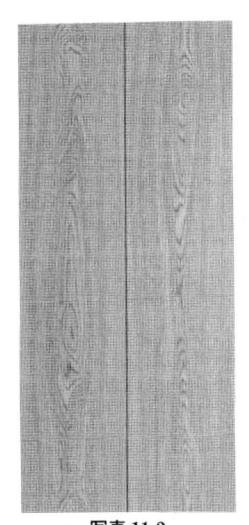

写真 11.2 ケヤキ板目プリント合板
910×1820×2.7
610×2430×4

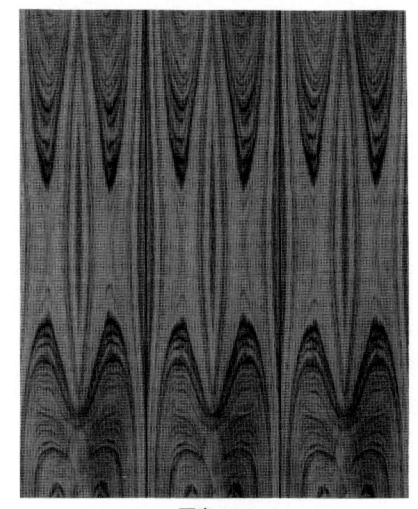

写真 11.3 チーク板目化粧合板
450×2430×10.5

写真 11.4 ウォールナット柾目化粧単板合板

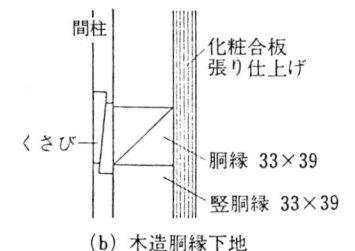

図 11.1 合板張り下地
(a) コンクリート構造胴縁下地
(b) 木造胴縁下地

③ **樹脂フィルムオーバーレイ合板**（塩化ビニルシート合板）　合板の表面に塩化ビニルシートをオーバーレイした化粧合板である．合板表面の質感がソフトで，特にエンボス加工したものは独特のテクスチャーを持ち，味わいがある．

④ **樹脂化粧板オーバーレイ合板**（合成樹脂化粧合板）　基材となる合板にポリエステル化粧板，メラミン化粧板などをオーバーレイした合板である．

（2）**内装合板張りの施工**

内装仕上げの下地は，コンクリートや木造の構造体と，合板張り仕上げを結ぶ大切な役割があって，それによって内装仕上がりの良否を左右するので，ひずみのない平滑な下地が必要である．

① **合板張り下地**：　内装の合板張り下地には，通常図 11.1 のような胴縁下地が用いられる．

② **合板張り仕上げ**：　代表的な合板張りには二つの工法がある．胴縁の上に化粧合板をそのまま張る工法と，片面フラッシュ構造の化粧合板パネルを作り，それらを張る工法とである（図 11.2，11.3）．

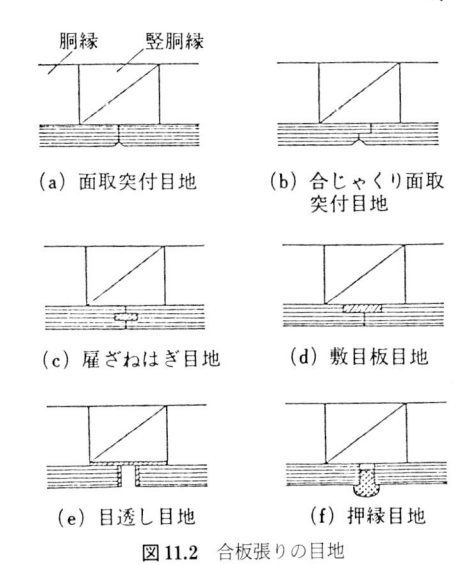

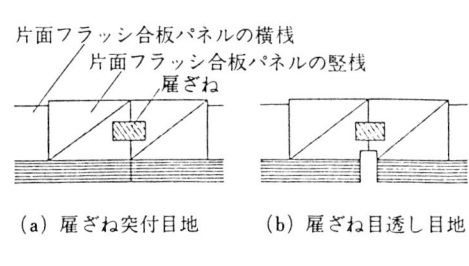

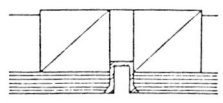

(a) 面取突付目地
(b) 合じゃくり面取突付目地
(c) 雇ざねはぎ目地
(d) 敷目板目地
(e) 目透し目地
(f) 押縁目地

図11.2 合板張りの目地

(a) 雇ざね突付目地
(b) 雇ざね目透し目地
(c) 化粧ジョイナー目地

図11.3 合板パネル張りの目地

11.3 インテリアの床と床下地

インテリアの床材は，人がその上で生活する最も身近な仕上げ材なので，感覚的に好感が持てて，美観上美しい材料であることが好ましい．また適度な滑らかさがあって歩行感覚が良いことも重要であろう．機能的な性能としては，断熱性や音響性が良好で耐摩耗性，耐久性が優れていることも必要な条件ともいえる．

床仕上げのための下地の種類には，木造床下地，コンクリート床下地，軽量鉄骨床下地があるが，建物の構造，部屋の使用目的によってそれぞれ適切な下地が採用される．

（1） 木造床下地

木造床下地は，RC造の集合住宅や1戸建の木造住宅の場合に適用される．

集合住宅の場合は，図11.4のようにRC造のコンクリートスラブの上に，じかに大引または根太をころばす工法と，床束を用いて高床とする工法とがある．木造住宅の場合は通常束立て床が主である．

（2） コンクリート床下地

コンクリートスラブの上に，じかに床材を張る場合である．この場合の工法には，コンクリートの床板を現場打ちする場合と，既製コンクリート板を鉄骨の上に敷き並べて床下地に使う場合などの工法がある（図11.5）．

（3） 軽量鉄骨下地

既成の軽量鉄骨で，コンクリートスラブの上に束立てし，大引と根太を組んで床下地をつくる工法である（図11.6）．

11.4 木製床仕上げ

インテリアで用いられる一般的な木製床材としては，フローリング，縁甲板，パーケットブロックなどがあるが，最近木質系のフローリングは，天然木の化粧単板を合板やハードボード上に張った複合フローリングが主流となってきている．

〈複合床〉　●天然木化粧複合フローリング
　　　　　●パーケットブロック

写真11.5 ナラ板目化粧複合フローリング

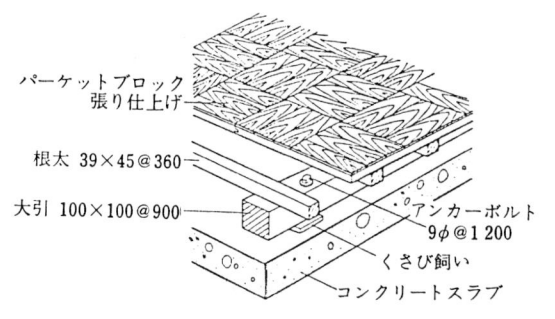

(a) ころばし床(大引)下地(パーケット張り仕上げ)

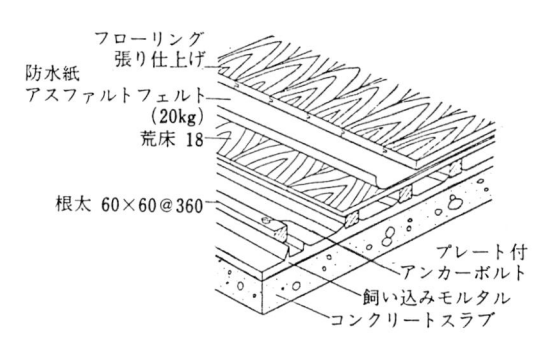

- パーケットブロック張り仕上げ
- 根太 39×45@360
- 大引 100×100@900
- アンカーボルト 9φ@1200
- くさび飼い
- コンクリートスラブ

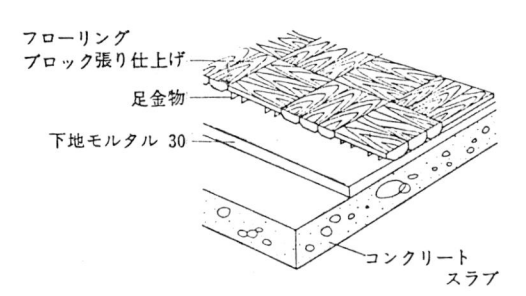

(a) コンクリート床下地(フローリングブロック張り仕上げ)

- フローリングブロック張り仕上げ
- 足金物
- 下地モルタル 30
- コンクリートスラブ

(b) ころばし床(根太)下地(フローリング張り仕上げ)

- フローリング張り仕上げ
- 防水紙アスファルトフェルト(20kg)
- 荒床 18
- 根太 60×60@360
- プレート付アンカーボルト
- 飼い込みモルタル
- コンクリートスラブ

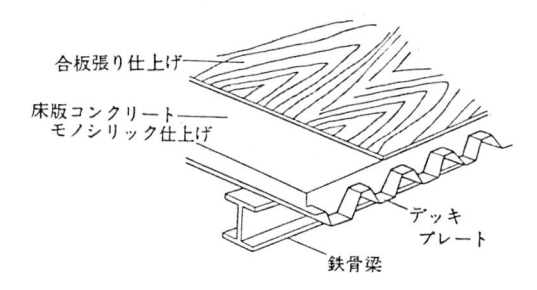

(b) デッキプレート床下地(合板張り仕上げ)

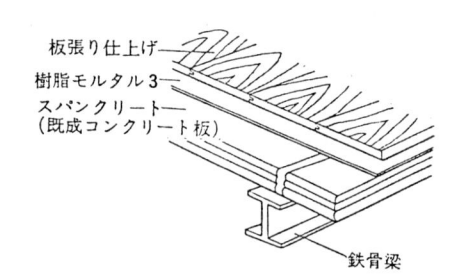

- 合板張り仕上げ
- 床版コンクリートモノシリック仕上げ
- デッキプレート
- 鉄骨梁

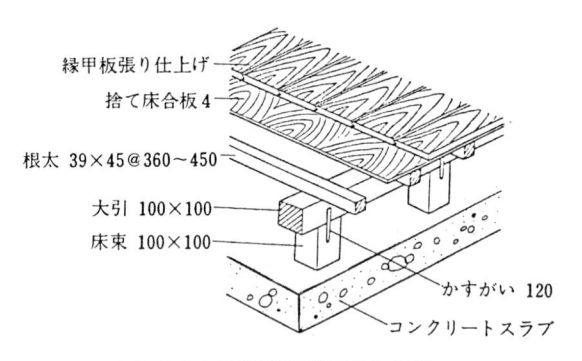

(c) 束立て床下地(縁甲板張り仕上げ)

- 縁甲板張り仕上げ
- 捨て床合板 4
- 根太 39×45@360〜450
- 大引 100×100
- 床束 100×100
- かすがい 120
- コンクリートスラブ

(c) スパンクリート床下地(板張り仕上げ)

- 板張り仕上げ
- 樹脂モルタル 3
- スパンクリート(既成コンクリート板)
- 鉄骨梁

図11.4 木造床下地

図11.5 コンクリート床下地

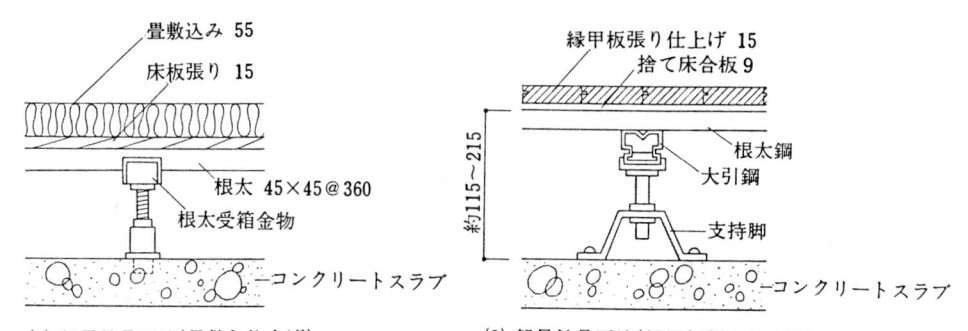

(1) 軽量鉄骨下地(畳敷き仕上げ)

- 畳敷込み 55
- 床板張り 15
- 根太 45×45@360
- 根太受箱金物
- コンクリートスラブ

(2) 軽量鉄骨下地(縁甲板張り仕上げ)

- 縁甲板張り仕上げ 15
- 捨て床合板 9
- 根太鋼
- 大引鋼
- 支持脚
- 約115〜215
- コンクリートスラブ

図11.6 軽量鉄骨下地

〈単層床〉
- フローリング，縁甲板
- フローリングブロック
- 板張り
- 合板張り

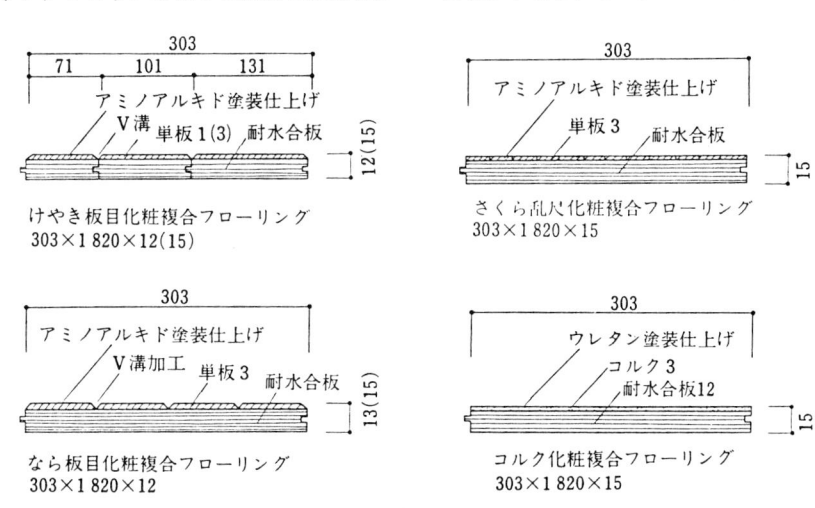

（1） 天然木化粧複合フローリング

化粧単板を基材となる合板の上に張り合わせた複合フローリングである（写真11.5）．

単板は天然のナラ，サクラ，ケヤキなどの広葉樹が用いられ，木のもつ自然感覚ゆたかな床仕上げ材といえよう．継目はV目地で，図11.7のように本ざねで接合され，表面は樹脂塗装仕上げされている．化粧単板の代わりに弾力性と断熱性のあるコルク化粧のものや，特殊樹脂化粧複合フローリングもある．

（2） パーケットブロック

3枚以上の挽板を横に並べて正方形に接合し，耐水合板の上に張ったのがパーケットブロックである．フローリングブロックのように裏面に足金物はなく，パネルの幅方向と長手方向に本ざね加工がしてある．表面はウレタン塗装などの仕上げがすでに施されている（図11.8）．

床下地は，図11.9のようにモルタル下地，木造下地の双方に適用され，一重張りまたは二重張りされる．

モザイク・パーケットブロックは，パーケットブロックを小型化し，幾組もの市松模様に集めたものである．

JASの規定する樹種は次のようである．

　　一級品　　ブナ，ナラ，カバ
　　特注品　　黒ガキ，ケヤキ，カエデ，輸入材

（3） フローリング，縁甲板

フローリングに用いられる樹種は，ブナ，ナラ，カエデ，サクラなどの広葉樹で，縁甲板にはヒノキ，ラワン材などが用いられる．縁甲板は3mm程度の面取りがなされるが，フローリングは面取りされな

けやき板目化粧複合フローリング
303×1 820×12(15)

さくら乱尺化粧複合フローリング
303×1 820×15

なら板目化粧複合フローリング
303×1 820×12

コルク化粧複合フローリング
303×1 820×15

図11.7　天然木化粧複合フローリング

（a）ナラ柾目パーケットブロック　303×1080×20

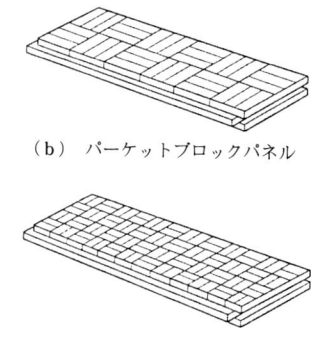

（b）パーケットブロックパネル

（c）モザイクパーケットブロックパネル

図11.8　各種パーケットブロック

床張り工法は，根太に直接張る一重張りの場合と，荒床下張りの上に仕上げ張りとする二重張り（図11.10）の場合がある．フローリング，縁甲板とも本ざねで横にはぎ並べ，根太に隠し釘打ちして固定する．仕上げはウレタン塗装，ワックスみがきが施される．

（4） フローリングブロック

3枚以上のむく板を横に並べて，正方形にはぎ合わせたブロックで，主にコンクリート床に直接張る単層の床材である．正方形ブロックの木口面に，埋め込み用足金物が打ち込み装着され，裏面にはアスファルトを塗布し，2.5mmぐらいの粒砂が吹き付けられている．

張り方は，図11.11のように，張り付けモルタルに，足金物を埋め込み圧着し，市松模様に張り上げる．仕上げは目違いをはらいウレタン塗装かワックス仕上げが施される．

（5） 板張り（図11.13）

板張りの樹種は，一般的には針葉樹が多く，ヒノキ，マツ，米桧，台桧などが使用される．この場合の仕上げは，ワックス仕上げまたはポリウレタン塗

表11.2 パーケットブロックの規格寸法

種類	パネルの大きさ [mm]	厚さ[mm] パネル板（台板とも）	厚さ[mm] 化粧単板	1枚の板幅 [mm]
パーケットブロック	300×900 300×1800 303×1800	13 15 18 20	9	30～60
モザイクパーケットブロック	120×960 300×900 300×1800 300×1818 303×1818 480×480	13 13 15 18 18 20	1 2 3 4 6 8 9	20～30

表11.3 フローリング，縁甲板の規格寸法

種類		幅[mm]	厚さ[mm]	長さ[mm]	等級
フローリング	ブナ，ナラ，サクラ，カバなどの広葉樹のフローリング	64 75 90	14 15 18	500～1500 乱尺	1等　2等
縁甲板	ヒノキ縁甲板	120 105	15	3000 3650 4500	無節，上小節，小節，並
	ラワン縁甲板	120	15	3000	1等　2等
	アピトン縁甲板	105	15	3000	1等　2等

表11.4 フローリングブロックの規格寸法

厚さ[mm]	幅×長さ[mm]
15, 18	240角　　300角　　303角

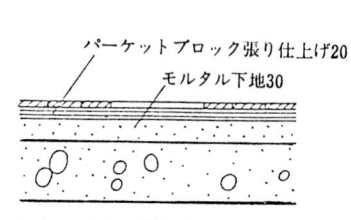

(a) モルタル下地パーケットブロック重張り

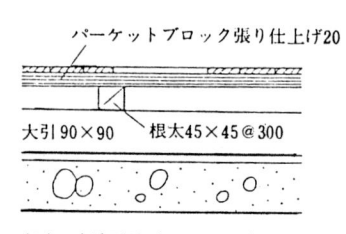

(b) 木造下地パーケットブロック一重張り

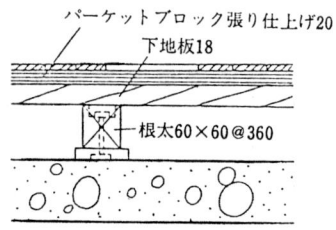

(c) 木造下地パーケットブロック二重貼り

図11.9 各種下地パーケットブロック張り

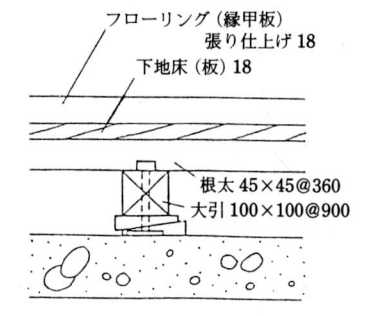

図11.10 木造下地フローリング（縁甲板）二重張り

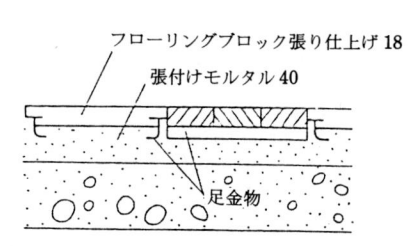

図11.11 コンクリート下地フローリングブロック張り

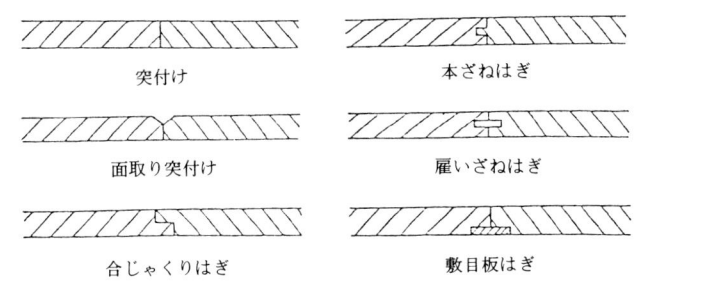

図 11.12 板張りはぎ方の種類

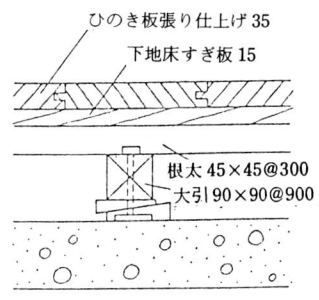

図 11.13 木造下地ひのき板二重張り

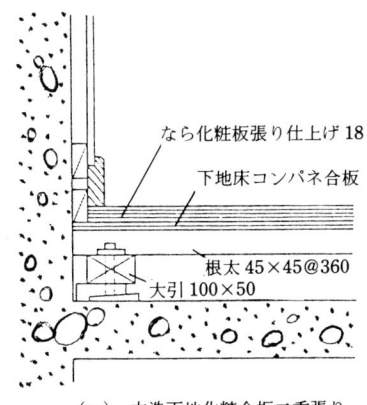

(a) 木造下地化粧合板二重張り　(b) 木造下地化粧合板張り

図 11.14 合 板 張 り

装仕上げが施される.

なお板張りの際，幅方向のはぎ方には図 11.12 のような種類がある.

(6) 合板張り（図 11.14）

床張り合板の種類には，次のようなものがあるが，化粧合板を除いた他の合板類は，二重床の際の下地張り用に使われる.

〈床張り合板〉
- 普通合板
- 難燃合板
- 天然木化粧合板
- 特殊加工化粧合板
- コンクリート型枠用合板

11.5 合成樹脂系床仕上げ

合成樹脂系床材には，クッションフロアなどの長尺シート類と，タイル形式のものがある.

シート類もタイル状のものも，プラスチック積層基材の上に，塩化ビニル系，ゴム系の表面層をそれぞれコーティングしたもので，次のような種類がある.

〈長尺シート類〉
- 塩化ビニル系シート
- ゴム系シート

〈タイル類〉
- 塩化ビニル系タイル
- ゴム系タイル

(1) 塩化ビニル系シート

塩化ビニル（塩ビ）を主材とした，幅広の長尺シートである．塩化ビニル系シートの代表格であるクッションフロアは，図 11.15（a）の断面図で見られるように，塩ビ発泡層を積層にした 1820 mm 幅の塩ビシートである．色やパターンが豊富で装飾性にとみ，床材に要求される性能を多く備えている．すなわち弾力性があるので歩行感覚が良好で，耐摩耗性，耐水性，耐薬品性に優れている．クッションフロア表面のエンボスは，塩ビ発泡を印刷法によってつくるケミカルエンボスと，型押しされた塩ビ発泡層の上に，表面の透明塩ビ層を密着させたメカニカルエンボスとがある.

図 11.15（b）と（c）は，発泡層を持たない塩ビプレーンシートで，表面はメカニカルエンボス加工が施されている.

店舗，病院，その他パブリックスペースのノンス

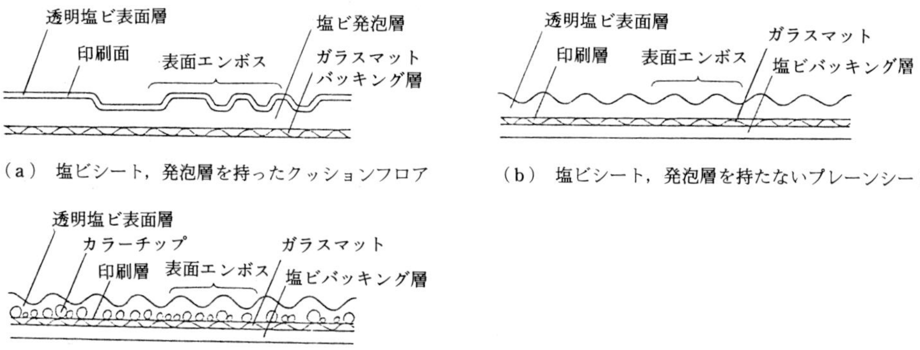

(a) 塩ビシート，発泡層を持ったクッションフロア

(b) 塩ビシート，発泡層を持たないプレーンシート

(c) 塩ビシート，発泡層を持たないカラーチップ入りプレーンシート

図11.15 塩ビシートの断面

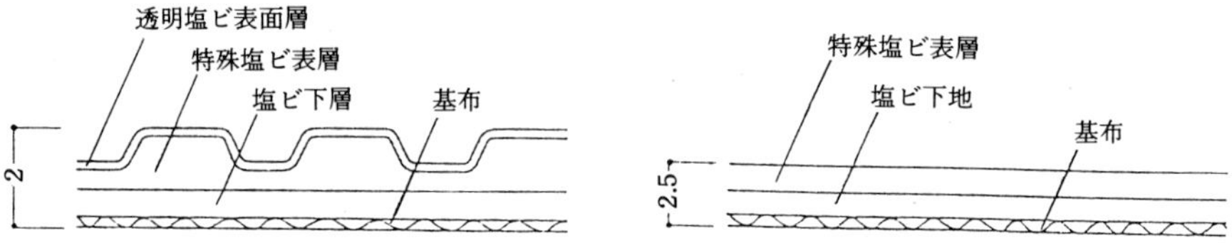

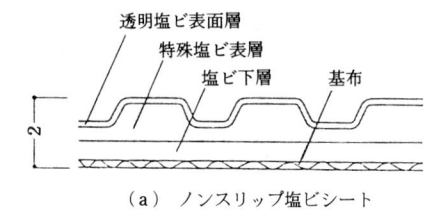

(a) ノンスリップ塩ビシート

(b) 塩ビシート，パブリック用

図11.16 特殊塩ビシートの断面

リップフロア用に使われるものに，ノンスリップ塩ビシートがある．その断面は図11.16(a)のようである．図11.16(b)は特殊塩ビ樹脂を表層に用い，摩擦強度，酸，アルカリなどの耐薬品性を高めた塩ビシートで，病院，学校，車両などに用いられる．

長尺シート張りは，コンクリート下地に直張りその他モルタル下地，木造下地に適用されるが，タイルのような目地がないので，下地の精度や不良，こてむらがそのままシート張り表面に現れるので下地調整が重要である．

コンクリートおよびモルタル下地は，不陸やクラックを合成樹脂エマルジョン混入モルタルで平坦に補修し，十分に乾燥させる．

木造下地の場合は，板の目違いやたわみがないよう板厚や根太間隔に注意して固定し，十分乾燥したのちプライマー塗布の工程に入る（図11.17）．

施工順序は，まず下地からの防湿と接着剤のなじみをよくするためにプライマーを塗布し，通常24時間のオープンタイムをとって乾燥させる．

長尺シートの割付けは，普通の場合，部屋の長手方向に平行に割付けを行い，出入口など人の動きの頻繁な動線部分には継目がこないように割付ける．

シートの割付けは，専用接着剤（エポキシ系，酢酸ビニル系など）を金ぐしまたはローラーで均等に塗布し，べた張り法で圧着張りする．継目は垂直に

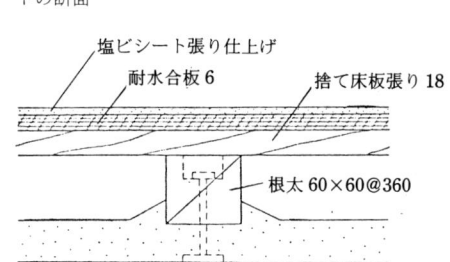

図11.17 木造下地，塩ビシート張り

重ね切りして，専用シーム液を用いて突付け溶着する．施工後，ハンドローラーで空気抜きを行い，養生期間として24～48時間経過後，クリーナーで汚れをとり水拭き後ワックス仕上げする．

メンテナンスは通常水拭きを行い，汚れはビニル床専用クリーナーを使用する．美しい艶を保持するには，月1回程度の専用ワックスみがきをする．

入居後使用の際の注意事項としては，収納家具や什器など重量物の下には，クッション材を当てて床面を保護したい．またシート張りの主材が塩ビなので，ゴム製品に接触すると化学反応を起こして汚れが付着するため，家具の脚先に付くキャスターやグライジュはゴム製は避けたい．

(2) ゴム系シート

主材に合成ゴムまたは天然ゴムを用いた長尺シー

11. インテリアの仕上げ

写真 11.6 リビングクッションフロア

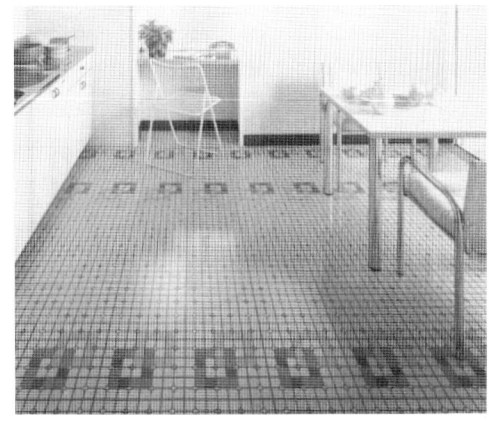

写真 11.7 キッチン

写真 11.8 クッションフロアのパターンの一例

トで，充填材および材料などの混和剤を混入して製造される．下地および施工については塩化ビニル系シート張りに準ずる．

（3）塩化ビニル系タイル（図 11.18）

塩化ビニル床タイルは，耐摩耗性に優れた非弾力性床材である．主にオフィス，教育施設，病院などのパブリックスペースで多く用いられている．その種類と規格寸法は表 11.5 の通りである．

- **半硬質ビニルアスベストタイル**： 長年にわたって使われてきたビニルタイルで，充填材として石綿が混入されている．
- **軟質ビニルアスベストタイル**： 充填材として炭酸カルシウムが入っている．
- **ノンアスベスト軟質ビニルタイル**： 充填材にアスベストをまったく含まない軟質ビニルタイルで，色はソフトなニュートラルカラーが特長．
- **ホモジニアスビニルタイル**： 塩化ビニル樹脂が多く使われているビニルタイルで，パステルカラーやパールカラーなど色調は豊富である．若干膨張性がある．
- **ピュアービニルタイル**： 充填材の入らない塩ビ主体の高級床タイルで，柔らかく弾力性がある．

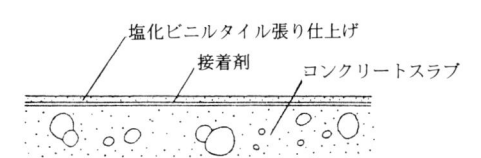

（a）コンクリート下地，塩化ビニルタイル張り（直張り）

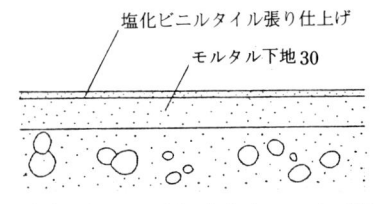

（b）モルタル下地，塩化ビニルタイル張り

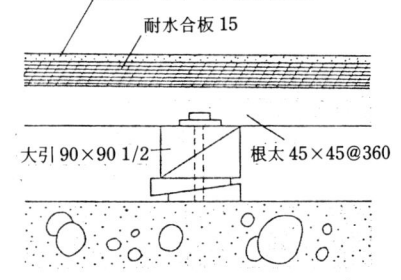

（c）木造下地，塩化ビニルタイル張り

図 11.18 各種下地塩化ビニルタイル張り

表 11.5 塩化ビニルタイル，ゴムタイルの寸法

	厚さ[mm]	幅 × 長さ[mm]		
塩化ビニルタイル	2，3	300角	303角	304.8角
ゴ ム タ イ ル	4〜10	300角	303角	304.8角

表 11.6 陶磁器の性質と用途

特性 種類	性　　質	焼成温度		原　料	吸水率[%]	用　途 (釉の有無)
		1回 (素地を焼く)	2回 (釉薬をかけて焼く)			
磁　器	素地は透明性，緻密で硬く，吸水性がない．軽く打つと金属性の澄んだ音を発する．	素　焼 900〜 1100℃	本　焼 1300〜 1400℃ 1回焼きの場合 1300〜1400℃	良質の原石と少量の粘土	1未満	外装タイル 内装タイル 床タイル モザイクタイル (施釉，無釉)
炻　器	素地は不透明で，焼きが締って吸水性が少ない．軽く打つと澄んだ音を発する．	素　焼 900〜 1000℃	本　焼 1300〜 1400℃ 1回焼きの場合 1300〜1400℃	原石および多量の粘土	10未満	外装タイル 内装タイル 床タイル (施釉，無釉)
陶　器	素地は不透明，多孔質で吸水性が大きい．軽く打つと濁った音を出す．	素　焼 1200〜 1300℃	本　焼 1000〜 1300℃	粘土および原石	10以上	内装タイル (多くが施釉)
土　器	素地は有色で不透明．多孔質で吸水性は非常に高い．打つと濁った音を発する．	素　焼	釉　焼	粘土		赤れんが瓦 (多くが無釉)

　塩化ビニルタイル張りはコンクリート直張り，モルタル下地，木造下地に適用され，下地調整および施工も塩ビシート張りに準ずるが，目地についてはタイル相互の目違いや隙間がないように，ハンドローラーで圧着する．

（4）ゴム系タイル

　合成ゴム，天然ゴムを主材として，これに充塡材としてカーボンブラックその他を混入した床用タイルで，ソリッドタイプのものと表面ゴム層と裏打材に積層したタイプのものとがある．

　ラバーフロアーは適度な弾性があるので，快適な歩行感が得られる．図書館，店舗，階段，幅木用に使われる．

　下地および施工は前項に準ずるが，ゴム系床タイル用の接着剤は圧着施工後の硬化に時間を要し，数日間硬化しないので，養生には十分注意する．仕上げは硬化後水性ワックス，ポリッシャー掛けして仕上げる．

表 11.7 タイルの用途による分類

呼　び　名	素地の種類	用途の区分
内 装 タ イ ル	磁器，炻器，陶器	主として内装に用いる
外 装 タ イ ル	磁器，炻器	主として外装に用いる
床　タ　イ　ル	磁器，炻器	主として床，階段に用いる
モザイクタイル	磁器	内外装の壁と床に用いる

11.6　陶磁器の性質と用途

　焼きものは，素地の性質によって硬度の高い方から磁器，炻器，陶器，土器の4種類に分類される（表11.6）．

　このうち，建築の内外装用タイルに使用されるのは，磁器，炻器，陶器の3種類である．内装用タイルとして壁面に用いられるタイルは，ほとんどが陶器質タイルであるが，磁器および炻器質タイルも用いられ．床用タイルには，硬度の高い磁器質と炻器質タイルが使用される．

　JISでは，陶磁器質タイルの種類を用途により区分し，表11.7のように分類している．

　タイルの表面には釉薬（うわぐすり）がかけられ

るが，その有無によって施釉タイル，無釉タイルに分けられる．施釉タイルは表面処理の光沢によって光沢（ブライト），半光沢（セミブライト），艶消し（マット）の 3 種類がある．

11.7 内装用タイル

一般に内装用タイルには陶器質タイルが用いられるが，磁器質，炻器質タイルも使われる．寒冷地では，原則的に耐凍害生の必要から磁器または炻器質タイルが使われる．

内装タイルは，使用される場所が，住宅ではキッチンや洗面所，浴室などの内装という，身近な場所なだけに，見た目に意匠的で感じのよいデザイン的効果が期待される．内装タイルの最近の傾向は，ライフスタイルの多様化に伴ったデザイン化が急速に進んでいることである．色彩のバリエーションが多彩となり，プレーンなパステル調のデザインから花柄模様，抽象柄などその選択の幅が大変広くなってきた．

輸入タイルには，意匠的に優れたものが見られるが，その種類はほとんどがデザインタイルであり，イタリア，ドイツ，スペインからの輸入が多い．

（1） 内装タイルの型状

内装タイルの型状には，平物と役物とがある．平物は通常正方形と長方形で，タイル割付けが容易である．役物には，内装の出隅と入隅納め用として面取りしたものと，わん曲させた内幅木用とがある．

このほかの型状のものには，異形タイルがある．異形タイルは平物の正方形や長方形のタイルと形を異にしたもので，釉薬の発色むら（ぼかし）を装飾的に利用したデザインタイル（よう変タイル）である．

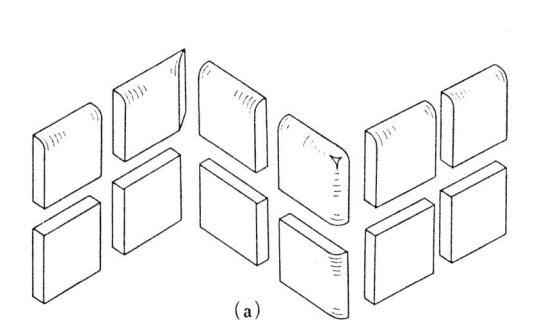

平物タイルの割付け例を図 11.19 に，役物タイルの割付けのうち片面取り，両面取りタイルで納めた例を図 11.20（a）に，片面取り，両面取り，内副木タイルで納めた例を図 11.20（b）に示した．

（2） 内装タイルの寸法

平物の寸法には，75 mm 角から 200 mm 角までの種類がある．近年は目地共の標準割付け寸法が 100 角，200 角などといったモジュール割りしやすいタイルが主流を占めている．内装タイルの標準寸法と目地割り所要枚数は表 11.8，11.9 のようである．

ユニットタイルは，前述した普通寸法のタイルを 300 mm 前後の正方形に集めてユニット化し，施工能率を高めたものである．通常図 11.21 に見られるような裏ネットで連結されていて，その状態のまま下地に張付けられる．

ユニットタイルの裏ネットによる連結法を写真 11.9 に示す．

（3） 内装タイル張り施工

（a） タイル割付け　内装タイルは，通常いも目地（通し目地）で割付けられるが，美しくタイルを張るためには，あらかじめタイル割付け図を作成することが肝要である．タイル張りする内装の展開図に，選択したタイルの規格寸法をきれいに割付け

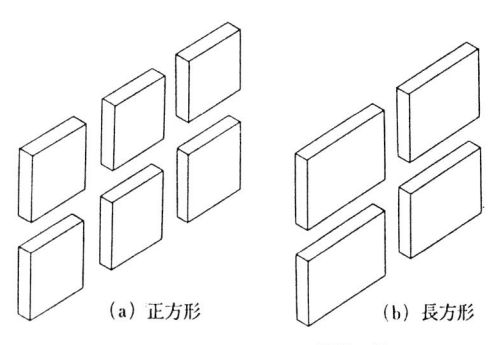

(a) 正方形　　　(b) 長方形

図 11.19　平物タイルの割付け例

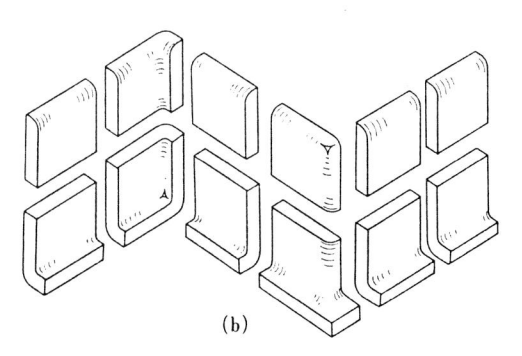

図 11.20　役物タイル割付け例

表 11.8 内装タイルの実寸法と標準割付け寸法

タイルの呼称	タイル実寸法[mm]	標準割付け寸法[mm]
25（にご）角	75×75 または 76×76	76×76 または 78×78
100 mm 角	98× 98	100×100
36（さぶろく）角	109×109	111×111
100 角 2 丁または 100×200 mm 角	98×198	100×200
150 mm 角	148×148	150×150
200 mm 角	198×198	200×200

表 11.9 目地割別 m² 当り所要枚数

タイルの名称	目地幅 [mm]				
	1.5	2	3	4	5
25（にご）角	176	173	108	164	
100 mm 角	108	105	104	102	
36（さぶろく）角	87	85	84	82	
100 角 2 丁または 100×200 mm 角	53	53	52	52	
150 mm 角	47	46.5	46	45.5	45
200 mm 角	26.5	26.5	26	26	25.5

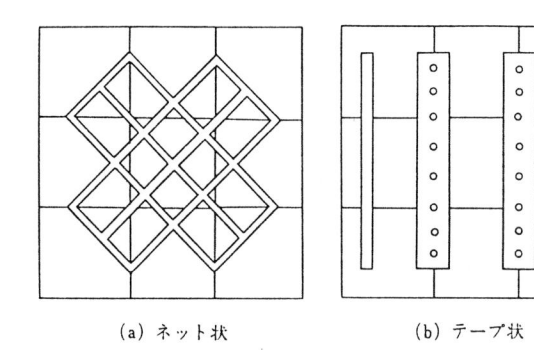

(a) ネット状　　(b) テープ状　　(c) 点　状

図 11.21 ユニットタイルの裏ネットによる連結法

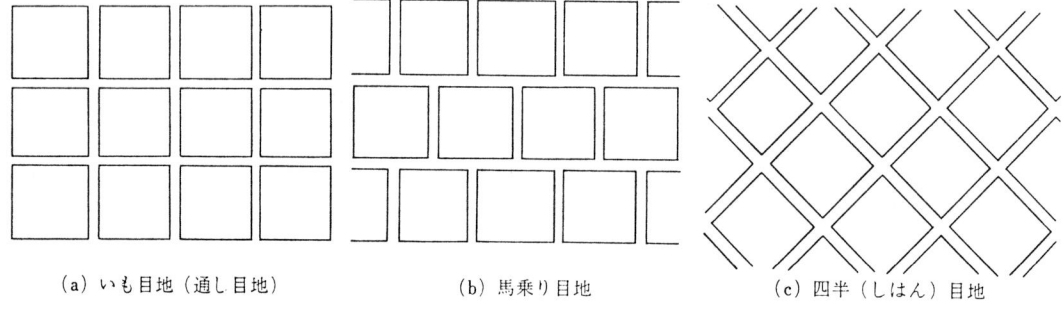

(a) いも目地（通し目地）　　(b) 馬乗り目地　　(c) 四半（しはん）目地

図 11.22 タイル目地のデザイン

るが，その際の検討事項は次の通りである．

① タイルの種類，デザイン，寸法および役物を確認する．

② タイル目地のデザイン（図 11.22）と目地幅（2〜3 mm）を決定する．

③ 壁面の高さ，幅，窓まわり（開口部），設備機器と配管などを考慮して割付けるか，逆にタイル目地に合わせてこれらの配置を調整する．

④ 小さな壁面の場合には，切り物は左右対称に割付け，大きな壁面の場合には，いずれか目立たない方に割付ける．

⑤ 床から天井まで張る場合には，上部からタイル割りし，切り物は下端でのみ込ませる．

⑥ 張付け工法と仕上がり面までの厚みを決める．

写真 11.9 ユニットタイル材料（ネット状）

表 11.10 内装ユニットタイルの寸法

ユニットタイルの呼称 （目地共寸法）	タ イ ル 寸 法
300×300	JIS モジュール呼び寸法 75×75 100×100
308×308	JIS タイル寸法 75×75
312×312	JIS タイル寸法 76×76
333×333	JIS モジュール呼び寸法 36 角

（b） **タイル目地のデザイン**　内装タイルの目地は，一般的にはいも目地であるが，他に馬乗り目地，四半目地の種類がある．

目地幅は，タイル寸法 25 角から 200 mm 角まで，すべて 2～3 mm が普通で，縦目地，横目地とも同じ幅をとる．目地を突きつけて張るねむり目地は，施工上からも剝離防止上からも絶対避けるべきである．

目地についてさらに述べると，タイル張りの美しさは，目地詰めにあるとさえいわれるほどで，タイルと調和する目地の色調を選ぶことと，目地は通直で目違いがなく，目地幅，目地押さえが均一であるように，タイルの目地詰めをきちっと施工することが大切である（図 11.22）．

（c） **タイル張り工法**　タイルの仕上がり面は，全面に著しい不陸がなく，目地が通直でかつ目違いがなく，タイル単体のゆがみや割れ，汚れなどの欠点がないことが重要である．

通常の内壁タイル張り工法には，積上げ張り，圧着張り，KN 工法，接着剤張りがある．またモザイクタイルには，モザイクタイル張りとこれを改良した KM 工法（後述）とがある．

上記のタイル張りは，いずれもセメントモルタルまたは接着剤によってタイルを下地に張付けるのであるが，各種下地に適合した工法で施工することが肝要である．

① **積み上げ張り**（下地モルタル木ごて押えくし目引き／タイル裏面に張付けモルタルだんご）

下地モルタル面に直接タイルを張る工法で，タイルの裏面に，張付けモルタルをだんご状に付け，1 枚ずつ張って行く．壁の下方から上方に向かって一段ずつ張る在来工法で，主に 200 角以上の内装タイル張りに適用される（図 11.23）

② **圧着張り**（下地モルタル木ごて押さえ／下地に張付けモルタルに 2 回塗り，金ごてで押えてくし目）

張付けモルタルを下地面にあらかじめ塗布しておき，その上にタイルを押し付け，板で叩き押えしながら壁の上方から下方へと張って行く工法である．張り付けモルタルを塗ってから，タイルを張るまでのオープンタイムは，20 分以内におさえるようにしたい．

内装タイルの寸法は，200 角以下か 36 角以下のユニットタイル張りに適用する（図 11.24）

③ **KN 工法（改良内装タイル張り）**（下地モルタル

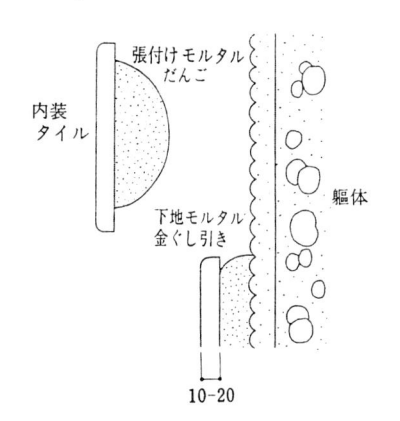

張付けモルタルだんごを付けたタイルを，水糸にそって正確に張り付ける．

図 11.23　積 み 上 げ 張 り

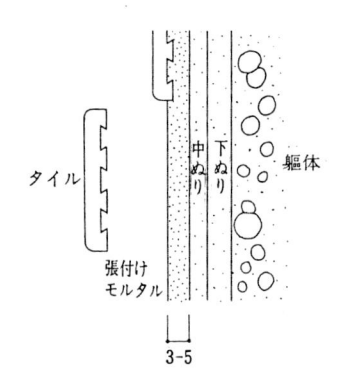

図11.24 圧着張り

くし目の付いた張付けモルタルに、タイルを張り付けて埋め込み、板で叩き押える。

図11.25 KN工法（改良内装タイル張り）

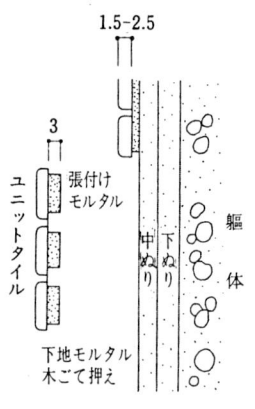

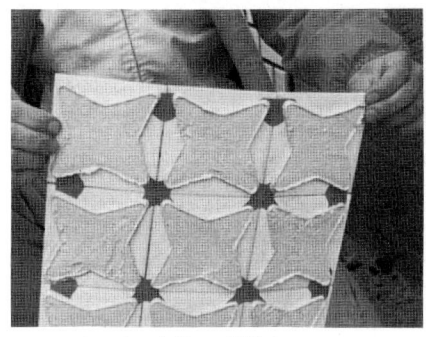

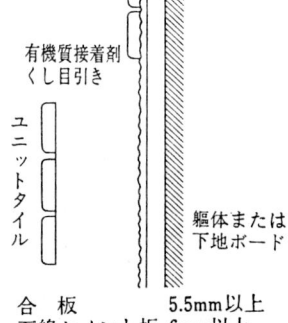

セッターを使って張付けモルタルが塗られたユニットタイル．

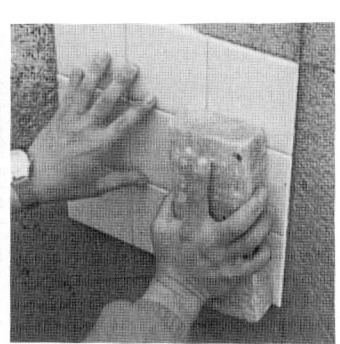

墨に合わせて張り付け、板で叩き押える．

図11.26 有機質接着剤張り

接着剤をくし目ごてで平均に塗布する．

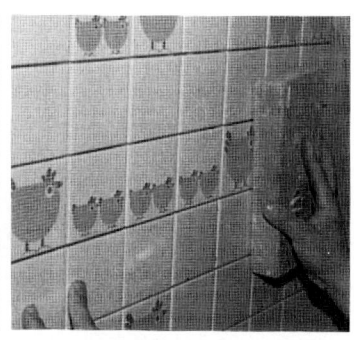

タイルを張り付け、叩き板でよく叩き、タイルと接着剤をよくなじませる．

木ごて押さえ／ユニットタイル裏面に張付けモルタル塗り）

張付けモルタルをユニットタイルの裏面に塗り、じかに下地に張って行く工法である．25角、100角、36角のユニットタイル（寸法は表11.10参照）に適用される（図11.25）．

④ **有機質接着剤張り**（ボード類の乾式下地（合板、石綿セメント板、石膏ボード、ALC板他）／下地に有機質接着剤を塗布くし目引き）

ボード類の下地面に接着剤を塗ってタイル張りする乾式工法で、施工能率が大変によい．

下地には、上述の合板などの乾式下地から、モルタル下地まで広く適用することができる．この工法を用いる際に使用する接着剤は、各々の下地に適合したものを選ぶことが肝要である．

この接着剤張り工法は、接着剤を下地にくし目引

11. インテリアの仕上げ

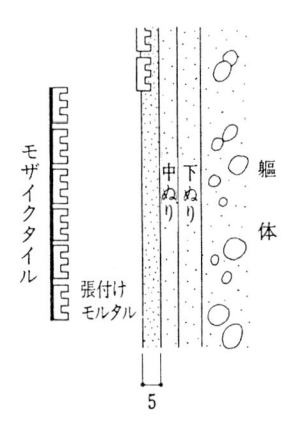

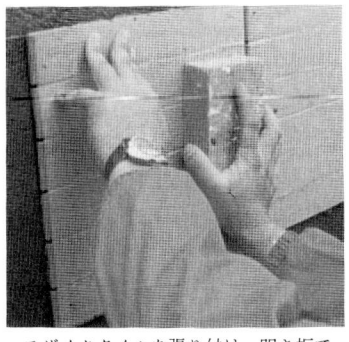

モザイクタイルを張り付け，叩き板で叩き押える．

一区画張ったところで，表紙を羽毛でぬらして取り去る．

図 11.27 モザイクタイル張り

モザイクタイルの裏面にマスクを被せて，張付けモルタルを塗る．

モザイクタイル裏面に付いた張付けモルタル．

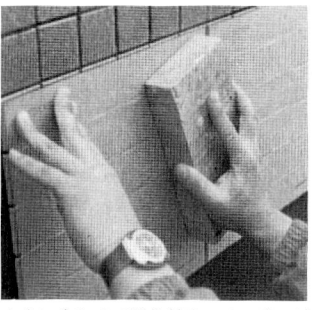

水糸に合わせて張り付け，モルタルが広がるように板で叩き押える．

1区画張り上がったところで，水湿しして表紙をはがす．

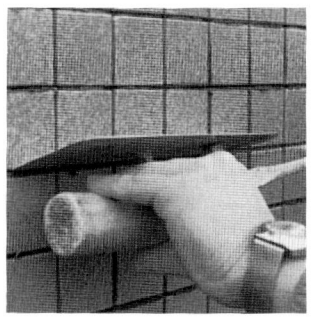

張付けモルタルの軟らかいうちに目地直しを行う．

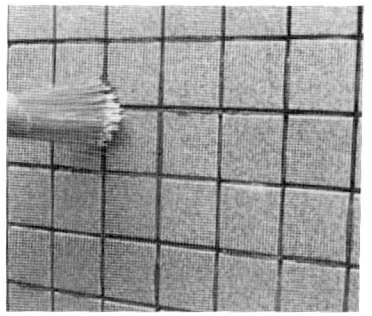

目地掃除して仕上げる．

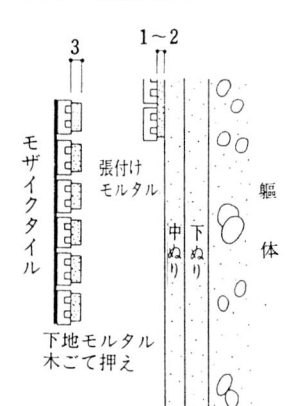

図 11.28 ＫＭ工法（改良モザイクタイル張り）

きし，ユニットタイル（またはタイルを1枚ずつ）を揉み込むようにして下地に張付け，板で叩き押さえしながら，壁の上方から下方に向かって張っていくのが普通である（図 11.26）．

各種タイル張り工法について述べてきたが，上述の工法と下地との適合を示すと表 11.11 のようになる．

いろいろな下地に適したそれぞれの工法は，タイ

表 11.11 下地の種類と内装タイル張り工法の適合

下地の種類	タイル 1 枚張り	ユニットタイル張り
コンクリート，コンクリートブロック，モルタルと木ごて押えくし目	積上げ張り	
コンクリート，コンクリートブロック，木ずりなどにモルタル下地木ごて金ごて押え	圧着張り 接着剤張り	圧着張り KN工法 接着剤張り
ボード類の乾式下地（合板石綿セメント板石膏ボード，ALC板など）	接着剤張り	接着剤張り

ル1枚張りの場合，ユニットタイル張りの場合により異なるが，おおむねは表11.11の通りである．

⑤ **モザイクタイル張り**（下地モルタル木ごて押さえ／下地に張付けモルタル2回塗り，金ごて押え）

下地に塗られた張付けモルタル面に，表紙張りしたモザイクタイルを張付け，1片1片をモルタルに埋め込むように板で叩き押える．壁の上方から下方に向かって張り，1区画張り上がったところで水湿して表紙を取り去る．施工能率は大変によい．

問題点は，張付けモルタルが比較的薄いので，オープンタイムが短か目となり，ドライアウトによる接着不良を生みやすいことである（図11.27）．

⑥ **KM工法（改良モザイクタイル張り）**（下地モルタル木ごて押さえ／モザイクタイル裏面に張付けモルタル塗り）

上記モザイクタイル張りの，オープンタイムの影響による接着不良をなくすために改良された工法である．

この工法は表紙張りされたモザイクタイルの裏面にマスクを被せ，図11.28のように張付けモルタルを塗布し，下地モルタル面に張って行く．50角，50角2丁程度の表紙張りモザイクタイルに適用する．

11.8 床用タイル

磁器質および炻器質タイルなど，硬質タイルが床用，階段用として用いられる．

住宅の洗面所や浴室，トイレに使用する床タイルの寸法は，モザイクタイルや100角程度のタイルが従来一般的であったが，最近は150角，200角，300角など大型化する傾向になってきた．

モザイクタイルとは，60 mm角以下の小型磁器タイルで，目地が多いのでノンスリップ効果が出る利点があり，陶片が小さいので水勾配をとるときなど施工上も有利である．

そのほか床用タイルは，一般的に施釉されたものが用いられる．施釉タイルはデザインが豊富で，また表面が汚れにくく，掃除しやすいなどの特徴と利点がある．

比較的歩行頻度の高いパブリックスペースなどでは，硬質の磁器タイルを用いるが，ノンスリップのために表面に凹凸のあるテクスチャーのものや，無釉のタイルが選ばれる場合が多い．なお床用タイルの品質はJIS A 5209に定められている．

（1）床用タイルの寸法

床用タイルの寸法を表11.12, 11.13にまとめて示した．

（2）床タイル張り施工

一般的な床のタイル張り施工は，前述の内装タイル張り施工に順ずるが，部屋の形状にそくしてタイル割付けをし，目地割りは，レベルを用いて基準線を出し，必要に応じて1/50以上の水勾配を，モルタル敷きのときにあらかじめつけておくとよい．

基準になるタイル張りは，部屋の周囲1列にタイ

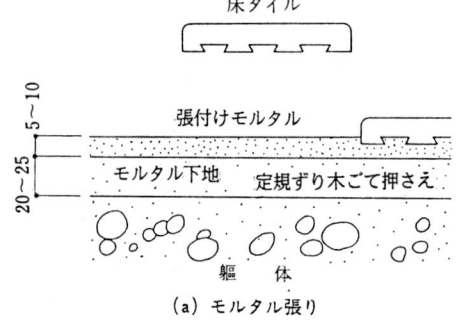

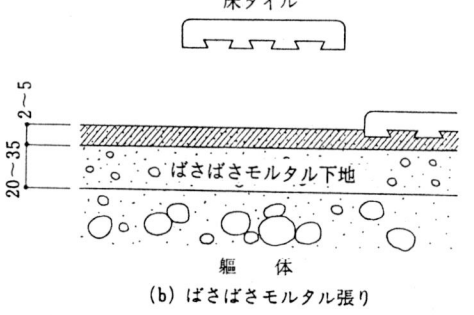

図11.29 床タイル張り

表 11.12 床タイルの寸法と標準目地幅

タイルの呼称	タイルの実寸法 [mm]	標準目地幅 [mm]
100 角	93× 93	6～ 8
36（さぶろく）角	108×108	6～ 8
150 角（目地共）	142×142	7～10
50（ごまる）角	152×152	7～10
100 角2丁（目地共）	193× 93	6～ 8
60（ろくまる）角	180×180	7～12
200 角（目地共）	192×192	7～12

表 11.13 モザイクタイルの寸法とユニット寸法

モザイクタイルの呼称	タイル実寸法 [mm]	ユニット寸法 [mm]
19 mm 角	18.5×18.5	303×303
19 mm 丸	φ18.5	303×303
25 mm 角	24.5×24.5	303×303
50 mm 角	45×45	303×303

表 11.14 階段タイルの寸法

タイルの呼称	たれの有無	寸法 [mm] 長辺	短辺	厚さ	たれの長さ
50（ごまる）階段	たれつき	152	75	30	30
50（ごまる）階段	たれなし	152	75	30	—
36（さぶろく）階段	たれつき	108	75	30	30
36（さぶろく）階段	たれなし	108	75	30	—

図 11.30 階段タイルの割付け例

図 11.31 階段タイルモルタル張り

ル張りし，要所を矩端（かなば）おさえしてから施工を進める．縦と横に張った水糸に合わせて，タイルの通りと目地幅をそろえて1枚1枚張っていく．

一般の床タイル張り工法には，図 11.29 に示すようなモルタル張りと，ばさばさモルタル張りの2種類がある．そのほかクリンカータイル張り，モザイクタイル張り，接着剤張りとがある．

① **モルタル張り**（下地モルタル定規ずり木ごて押さえまたはモノシリック下地／下地に張付けモルタル塗り）

② **ばさばさモルタル張り**（下地ばさばさモルタル叩きならし／下地に張付け用セメントペーストを塗布）

③ **モザイクタイル張り**（下地モルタル木ごて押さえ／下地に張付けモルタル）

11.9 階段タイル

床用タイルも階段に適用されるが，階段専用のタイルの寸法は表 11.14 の通りである．

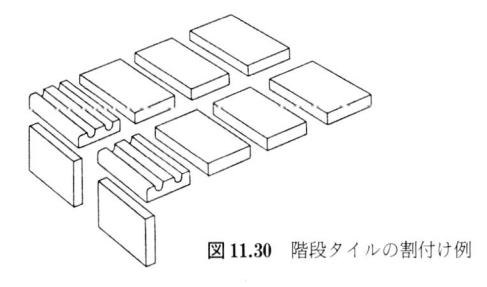

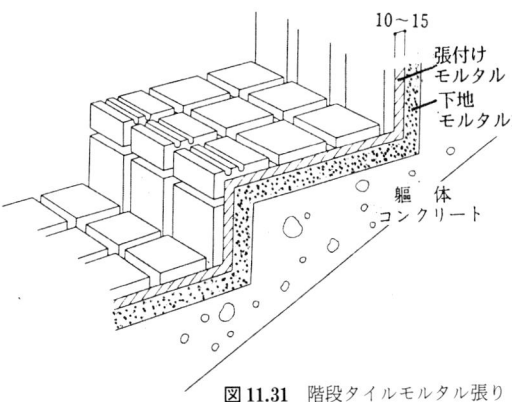

階段のタイル張りは，普通モルタルで下地をつくり，この上に 10 mm～15 mm の張付けモルタルを塗布してタイル張り施工を行う．施工の順序は，まず出隅を張り，次に蹴上げ跳面の順に張り上げる（図 11.30, 11.31 参照）．

11.10 タイルの目地処理

タイル目地詰めは，タイル仕上げの美観上の役割りと，タイル裏面への水の浸入を防いで剥離防止をはかる大変重要な処理である．目地詰めのタイミングは，タイル張りを終えて，張付けモルタルが十分硬化した時点でこれを行う．

目地材料には，目地専用の既成調合モルタルと，モザイクタイルのように，比較的目地幅の小さな場合に適用するセメントペーストとがある．

11.11 壁紙の概要

19世紀後半，イギリスの工芸復興運動は，ウイリアム・モーリス（1834～1896）が指導的役割りを果しながら推進された．この運動は，のちにベルギーやフランスのアール・ヌーボー運動，およびその他のヨーロッパの新しいデザイン運動に深い影響を及

図 11.32 ウイリアム・モーリスの壁紙デザイン

ぼした．ウイリアム・モーリスはステンドグラス，家具，織物，壁紙などの分野に新しいデザインを提唱し，当時のアカデミックなデザイン界や産業界に新風を送り込んだ．

モーリスは特に，優れた壁紙のデザインを多く残した．躍動的で，繊細な曲線で描かれた花や葉の織りなすリズミカルなデザインは，現代壁紙の装飾様式の極致ともいえる．図 11.32 のようなモーリスの壁紙デザインは，今日もなおイギリスで生産されている．

このようにヨーロッパの壁紙は装飾を伝統としているが，わが国の壁紙は第二次大戦後本格的な生産が始まり，室内装飾用というよりは，むしろ材質や機能重視の内装用建材として発達してきたのが本当の姿であったといえよう．

本節以降では，壁紙材についての概要と種類，下地と上張り，防火壁装など壁紙の施工に関する要点を述べる．

近年，わが国でもとみに盛んになってきたインテリア壁紙利用は，室内の装飾的効果を上げるためには，大変に有効な仕上げ方法である．

内装仕上げ材を考えるとき，インテリアを構成する床，壁，天井などの部位の中で，床の仕上げは，人の歩行性や感触が重視されるが，壁面は，どちらかというと，吸音やインテリアデザイン上の視覚的効果が重視される．その意味では，壁装仕上げの場合の壁紙の種類，色調や柄模様，壁紙表面のテクスチャー，壁装目地の美しさなどの装飾性は，インテリアデザイン上きわめて大切な要素であるといえよう．

一方，壁紙の耐用性としては，耐汚性と耐久性が挙げられる．壁紙の汚れの原因は，人や物の触れるところの汚れ，喫煙や冷暖房の対流による空気からの汚れ，日焼けや退色など経年変化によるものなどがある．理想的には汚れにくい壁紙が一番よいが，汚れた場合には目立ちにくいこと，すぐ拭き取れること，汚れたら張り替えやすいことなどが壁装材としては便利である．

耐久性としては，壁紙の表面強度が強く，人が触れたり，家具がこすれたりしたとき損傷を受けないことが大切で，耐摩耗性，耐衝撃性の大きい壁紙を選ぶことが好ましい．光や日光に対しての耐候性，室内温度による防かびや腐食性も大切な条件で，最近の壁紙には，表面に特殊フィルムをラミネートした防かび，防汚染のビニル壁紙も開発されている．

11.12 壁紙の種類

壁紙の種類には，紙壁紙，織物壁紙，ビニル壁紙，木質系壁紙および無機質壁紙などのグループがあ

表 11.15 壁 紙 の 種 類

紙壁紙	織物壁紙		ビニル壁紙	木質系壁紙	無機質壁紙
一般紙壁紙	プリント織物壁紙	紙布壁紙	一般ビニル壁紙	樹脂加工単板壁紙	ひる石壁紙
加工紙壁紙	後染・先染織物壁紙	葛布壁紙	発泡ビニル壁紙	コルク壁紙	アスベスト壁紙
和紙壁紙	ドレープ調織物壁紙	不織布壁紙（人工皮革）	ビニルラミネート壁紙		金属箔壁紙
	パイル調織物壁紙	フロック壁紙（植毛）	塩ビチップ壁紙		
	どんす調織物壁紙	ガラス繊維壁紙	ビニルレザー壁紙		
	平織物壁紙				

り，その種類は表 11.15 のとおりである．

以下に各種の壁紙について述べる．

(1) 紙壁紙

紙壁紙には，一般紙壁紙と加工紙や和紙を壁紙として使用した場合とがある．

① 一般紙壁紙　一般的な紙壁紙は，原紙を縦，横に張り合わせたもので，壁紙表面に横縦模様を印刷加工または型押しのエンボス加工を施したものである．紙壁紙はデザイン，色・柄とも優れたものが多く，表面が樹脂加工されているので，ほこりがつきにくく防汚性がある．また紙壁紙は，張り下地になじみやすいので比較的張りやすく，張替えの際には，裏紙がボードに残り下地を傷つけないで簡単にはがすことができる．

わが国の紙壁紙は，大半がアメリカ，西ドイツなどの外国からの輸入品が多い．

② 加 工 紙　一般内装よりも展示装飾に用いられる．いわゆるカラーペーパーである．色数が多く，価格は安いが，紙が薄くて若干破れやすい．

③ 和紙壁紙　特殊和紙，鹿の子，新鹿の子などがある．特殊和紙は壁紙としては高級品であり，和紙に金属箔を張ったものや地絞りのものなどがある．鹿の子は，手すきのふすま紙を壁紙に流用した伝統的な和紙の高級品である．新鹿の子はコウゾとガンピの原料にパルプを混ぜて機械すきした紙で，鹿の子よりは廉価であるが耐久性は劣る．

(2) 織物壁紙

織物の風合いを持った織物壁紙は，紙壁紙やビニル壁紙に比べて，柔らかい質感に高級感があって豪華である．ただし若干ほこりを吸いやすく退色しやすい欠点はあるが，吸音効果や断熱効果は優れている．クロスの素材としては絹，毛，綿，麻などの天然繊維，レーヨン，ナイロン，アクリルなどの化学繊維を用いた織物で，壁紙用として紙で裏打ちされる．

① プリント織物壁紙　織り上がった布地に，あとで色柄をプリント加工したものである．

② 後染・先染織物壁紙　後染めは布になってから染め，先染めは原糸を染めてから織った布地で，色が比較的あせない．

③ ドレープ調織物壁紙　ジャガード紋織機によって織られた布で，色柄が複雑な比較的厚手の織り壁紙である．ドレープ性のある豊かな風合いをも

った壁紙といえよう．

④ ドンス調織物壁紙　ドンス地の織物で，古代裂や名物裂などを用い，張るときは袋張りする．

⑤ 平織物壁紙　種類としてはヘッシャンクロスとヘンプクロスの2種類がある．ヘッシャンクロスは荒めの麻布で，表面は樹脂加工して毛羽だちを防いでいるが，退色しやすい欠点がある．ヘンプクロスは，麻とレーヨン混紡の若干目の細かい布目のもので，和風の味わいのある壁紙である．

⑥ パイル調織物壁紙　デザインに柄と無地とがあるビロードの織物で，表面の仕上げには，カットパイルとループパイルとがある．

⑦ 紙布壁紙　紙の糸で織った布壁紙で，織りには平織り，網代織りなどがある．

⑧ 葛布壁紙　たて糸の綿糸に天然のくずの葉をよこ糸として織った単純な布で，和風の優雅な味わいがある．ただし耐久性に乏しく，こすれなど衝撃に弱い．

⑨ 不織布壁紙（人工皮革）　表面がスウェード風のテクスチャーを持った壁紙で，ポリエステル混紡の短繊維をフェルト状にからみ合わせて接着剤で固め，紙で裏打ちしてある．

⑩ フロック壁紙（植毛）　フロックの技術は，17世紀すでにヨーロッパで用いられ，フロックペーパーが室内装飾の壁掛けとして使われていたという．フロック壁紙は柔らかなベルベットのような風合いをもち，深味のあるデザイン柄を作りだす．製法は基材となる紙シート上に短繊維を静電気で植毛したり，けい酸塩のレベットを振動法で接着したりして作られた壁紙である．フロック技術の伝統をもつイギリスからの輸入品に優れたものがある．

⑪ ガラス繊維壁紙　クロスの表面に光沢があって，若干冷たい質感をもった壁紙である．色数はあまり豊富でなく，他の壁紙に比較して高価．熱に強く燃えにくく，耐薬品性に優れている．

ガラス繊維を用いているので，人の肌が直接触れる場所には不向きである．

(3) ビニル壁紙

ビニル壁紙は，わが国では最も生産量が大きい．種類についても量産品から高級品まで多種類のものがあり，デザインや色柄がきわめて豊富で，価格も比較的廉価である．

ビニル壁紙の製法には，トッピング法とコーティ

ング法の二つがある．わが国で多いトッピング製法は，紙を裏打ちしたビニルフィルムの表面に，あとでプリント加工やエンボス加工を施す法である．コーティング製法は，前もって裏紙の表面にプリント加工を施し，その上に塩ビフィルムを圧着する方法である．

ビニル壁紙は耐水性が良いので，汚れてもすぐぬれた布で拭き取ることができる．しかし，通気性に乏しいので，湿度のこもる場所では結露しやすい欠点があり，かびが発生することもある．近年よごれ防止，防かびの壁紙として，特殊フィルムをラミネートしたものや，麻混紡のガーゼ布にビニルコーティングをした通気性ビニル壁紙も開発されている．

① 一般ビニル壁紙　塩ビフィルムの表面がプリント加工されたものと，エンボス加工されたものとの2種類がある．エンボス仕上げは，塩ビフィルムの表面に型押しによるエンボス加工をして，厚みをつけたものである．エンボスの種類には，布目，レザータッチ，木目模様，紋様柄などがある．

プリント仕上げは，塩ビフィルムの表面に色柄模様をプリント加工したものである．

② 発泡ビニル壁紙　発泡ビニルを用いて，壁紙表面に厚みと柔らかさをもたせたビニル壁紙で，その製法にプリント発泡，ケミカル発泡，高発泡の3種類がある．

プリント発泡は，発泡剤入りのプリントインキで柄を印刷し，プリント部分を発泡させて模様を出したものである．

ケミカル発泡は，発泡剤入りの塩ビフィルムの上に，発泡を止める働きのインキを印刷して，プリント部分だけ発泡させないで凹部模様を出す方法で，プリント発泡の逆である．

高発泡は，発泡させた塩ビフィルム上に，深いくぼみの型押しエンボスをつくったものである．

③ ビニルラミネート壁紙　裏紙の表面に模様をプリント加工し，その上に透明塩ビフィルムを圧着したコーティング法で作られた壁紙である．外国のビニル壁紙はほとんどがこの製法で作られている．

④ 塩ビチップ壁紙　じゅらく壁の風合いをもった壁紙で，接着剤を塗布した基材の裏紙の上に，粒状の塩ビ樹脂を散布して熱加工を施してつくった壁紙である．

写真11.10　ビニル壁紙

⑤ ビニルレザー壁紙　比較的厚手で，塩ビフィルムの表面はレザータッチ（皮革様しわ）などの模様がエンボス加工されている．裏打ちには紙，布，不織布などが用いられる．

（4）木質系壁紙

天然の銘木単板と，コルクを用いた壁紙とがある．

① 樹脂加工単板壁紙　天然木独特の自然の風合いが特徴で，スギ，オーク，チーク，ローズウッド，ウォールナットなどの単板に紙，塩ビシートなどを裏打ちした壁紙である．

② コルク壁紙　裏打ち紙の上に，薄くスライスしたコルクのシートを接着したもので，吸音効果がある．

（5）無機質系壁紙

ひる石，アスベスト，金属などを主素材に用いた壁紙で，ひる石は粒子，アスベストはシート状，金属は箔状にしてそれぞれ裏打ちしたものである．

① ひる石壁紙　裏打ち紙の上に，ひる石の細粉を散布して接着したもの．主に天井用で，耐火性のある壁紙である．

② アスベスト壁紙　石綿にパルプを混入したアスベストシートの上に塩ビフィルムをラミネートした壁紙で，塩ビフィルムの表面に，プリント加工またはエンボス加工を施したもの．防火性能のあるのが特徴である．

③ 金属箔壁紙　主にアルミ箔を裏打ち紙に張り合わせたものが多いが，その他の金属箔を用いたものもある．表面にはプリント加工やエンボス加工が施される．

11.13 壁紙の下地と施工法

壁紙の施工方法には，ボード類やコンクリートなどの下地に直接壁紙を張る直張り施工と，下地に紙を下張りした上に壁紙を張る下張り施工とがある．

特殊なものとして，どんす張り施工と布団張り施工があるので計4種類である．

(1) 直張り施工

近年，内装制限による防火壁装材の普及にともなって，マンションの内装などは，この直張り工法が主流となってきた．

壁紙は下地との組み合わせで防火性能が認定されるので，防火下地に直接壁紙を張るこの工法が防火壁装に多く採用されている（なお，防火壁装の詳細については11.16節を参照されたい）．

直張り施工を工法的に大きく分類すると，乾式工法と湿式工法に分けられる．

① 乾式工法の下地　ボード類や合板を下地として壁紙を張るのが乾式工法である．下地表面材が工場生産品なので品質の安定，均一性，寸法精度が良く，工期の短縮，コストダウンなど施工上の利点がある．

ボード類を並べて取り付ける乾式工法の下地面には，必ずボード類のジョイントが出る．

このジョイントの納まりには，図11.33のようにそのまま突付けにする場合と，目地を設けて，意匠的なデザインとして表す，図11.34で見られるような場合とがある．

突付けのジョイント部分は，ボード類や合板の目違いをはらい，くぎ頭をしずめた凹みの部分や，きずの部分にはパテをかい下地面を完全に平滑にする．また図11.33のようなボードの突付け端部には，最初下パテでテーパの凹みを完全に充填し，ついでジョイントテープを接着してから，上パテかいを盛り上がり気味にする．乾燥後サンダーがけをして平らな下地面を作る．

ジョイント目地のデザインには，図11.34に示すように差込み目地（ねむり目地），目すかし目地，目地棒押えの3種類がある．

② 湿式工法の下地　コンクリート，モルタル，石膏プラスターなどを下地として壁紙を張るのが湿式工法である．

これは，乾式工法と違ってジョイント部分がなく，フラットな面地下が特徴である．

湿式工法の下地調整は，サンダーを使って不陸をなくし，乾燥の際の亀裂の補修をパテを用いて完全に行う．十分乾燥をさせたのちシーラーを塗布し，下地からの水分やアルカリの影響をシャットした下地を作って壁紙の上張り施工を行う．

③ 工法別の主な下地の種類　工法別の主な下地の種類を表11.16に示した．

④ 下地調整　壁装仕上げは，下地の良し悪しに左右され，下地の調整がきわめて重要になってくる．工法別に見た下地調整上のチェックポイントをあげると表11.17の通りである．

前記のような調整項目は，下地材料の種類によって一様ではないが，壁紙を均一に張るためには，下地を平滑に調整し，シーラー塗布などによる接着性を良くすることが大切である．

(a) 突付け目地　　(b) ベベルエッジ（Vカット）　　(c) テーパーエッジ

図11.33　下地乾式ボードの突付けジョイント

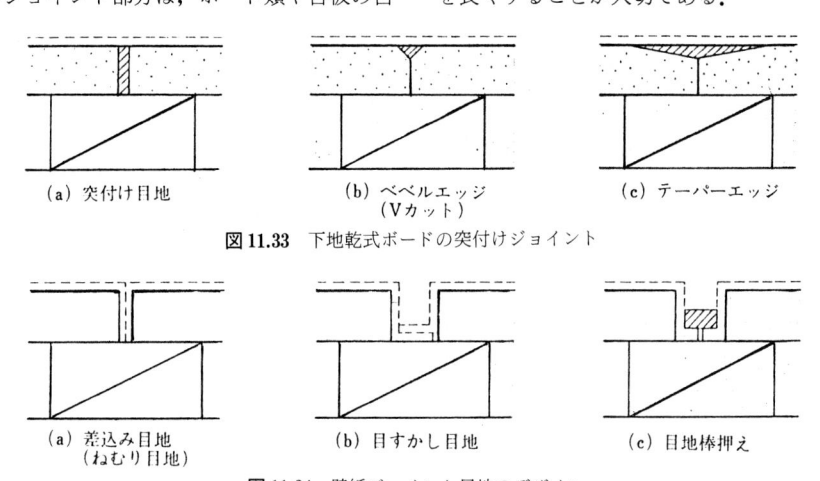

(a) 差込み目地（ねむり目地）　　(b) 目すかし目地　　(c) 目地棒押え

図11.34　壁紙ジョイント目地のデザイン

表 11.16 工法別の主な下地の種類

乾式工法の下地		湿式工法の下地	
普通合板	壁張り下地としては，2種合板以上の耐水性のあるもので，厚さ5.5mm以上を使用する．しな合板のように油気のあるものや，吸水性が不均一の場合には，シーラーを2～3倍に薄めて全面に塗布する．	コンクリート	近年，鉄筋コンクリート造の集合住宅では，広くビニルクロスの壁紙が使われるようになったが，この場合，コンクリート下地に直張りされるケースが多い．これは防火壁装として有利なことと，施工の簡略化によるコストダウンのためでもある．コンクリート下地の不陸は，型枠パネルのジョイント部分に発生することが多いが，精度を高めて凹みをなくし，補修にはモルタルや石膏プラスターを用いて平滑面を作り，2～3倍に薄めたシーラーを全面に塗布する．
石膏ボード	住宅の簡単な防火内装下地や，高層ビルのGL工法による防火，遮音壁に，この石膏ボードは広く普及している．ジョイント目地は，パテを用いて平滑にし，湿気の影響を受けやすい場合は，シーラーを2～3倍に薄めて全面塗布する．		
石綿セメント板，パーライト板	セメントと石綿のボード製品で，耐水，耐久性の良い法定不燃材料．壁装下地の場合は，シーラーを2～3倍に薄めて全面に塗布する．	モルタル	壁張り下地の場合は金ごて押えとし，十分乾燥をさせてから，アルカリ性と水分を押えるためシーラーを2～3倍に薄めて塗布する．
石綿けい酸カルシウム板	セメントを含まないので軽量となり，加工しやすく施工性が良い．多孔質なので，のりの吸込みが大きいからシーラー塗布による前処理を入念に行う．	石膏プラスター	壁装の下地としては，施工性を良くするために，硝石灰やドロマイトプラスターを調合した混合石膏プラスターが多く使われる．中塗以上に仕上げてからシーラーを全面に塗布する．
ALC板	きわめて多孔質なので壁装下地とする場合には，全面にセメント系フィラーで地付けを行い，シーラー塗布を入念に施す必要がある．		

表 11.17 工法別に見た下地調整用チェックポイント

乾式工法の下地	湿式工法の下地
乾燥度 ジョイントの状態 くぎ頭の凹みやさび止め 薬品や油類のよごれ　など	乾燥状態 不陸 型枠ジョイントの凹み クラック こてむら アルカリ性　など

図 11.35 シーラー塗布膜の働き

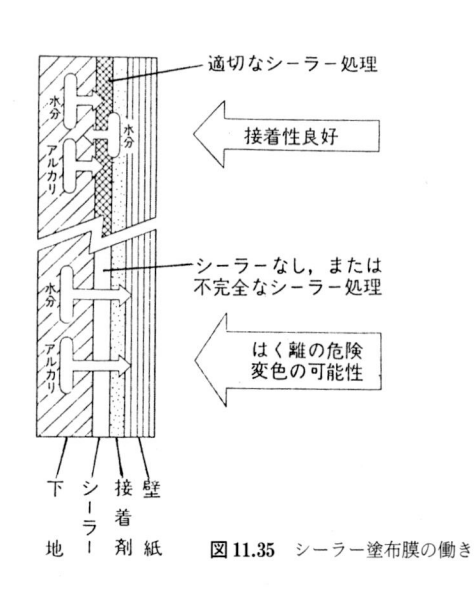

⑤ **下地調整剤**　下地調整剤には，シーラー，パテ，コーキング剤があり，ほかに補助剤としてさび止めや防かび剤などがある（表 11.18 参照）．

(2) 下張り施工

紙下張りの上に壁紙を張る施工法で，従来伝統的に行われてきた袋張りは，この工法の代表的なものである．

一般に和紙を用いて下張りし，下地の目違いやクラックを補修し，柔らかい平滑な面を作るもので，張り方には目張り，べた張り，袋張りなどがある．

① **目張り**（図 11.36）　乾式工法の下地，ボード類のジョイント部分の目違いや，湿式下地のクラックなどに張って，壁装の下地を平滑にする．

② **べた張り**（図 11.37）　壁紙を張る下地の全面に張られる．この上に壁紙をすぐ張る場合と，さらに袋張りを重ねる場合とがある．

③ **袋張り**（図 11.38）　直張り施工が普及する以前には，この袋張りが壁紙張りの主流であった．袋張り下地は織物壁紙の施工には最適の工法である．通常1回張りであるが，必要に応じて2回，3回と重ね張りする．

④ **ジョイントべた張り**（図 11.39）　上張りす

11. インテリアの仕上げ

表 11.18 下地調整剤

シーラー	シーラーの塗布膜は，下地と壁紙の接着性を良くし，下地からの水分やアルカリ性の影響を断って，接着力の劣化や壁紙の変色を防ぐ働きをする．シーラーには水溶性と溶剤タイプの2種がある． 水溶性シーラー（図11.35）： 一般用で，乾式ボード下地からコンクリートなどの湿式下地まで，広く適用される． 溶剤タイプシーラー： 特殊用で，低温施工，石膏プラスターなど多孔質でもない下地，金属板など非吸収性下地に対しても接着力を強くさせる．また結露しやすい場所など耐水強度を必要とする場所にも適用するとよい．
パ テ	パテは，乾式ボード類の目地や凹みを埋め，コンクリートや石膏プラスターなど湿式下地の不陸や，乾燥硬化の際に生じるき裂を補修して下地を平滑にするものである． 下パテ： 粒子の荒い下パテは，き裂や目地埋め用に使う． 上パテ： 樹脂分が多く，下パテの上に塗布する．
コーキング	コーキングは穴の充填や防水用に使われる． アクリル系： 穴ふさぎ充填用 シリコン系： 防水などの充填用
防かび剤	下地調整のためのパテやシーラーに混入したり，壁張り用接着剤に入れて防かびを完全にする．
防さび剤	くぎ頭など金属部分の防さび処理用．

る壁紙のジョイント部分に，接着を良くするために張るもので，図に示したように袋張りの上に張ることもある．

⑤ **清べた張り** 袋張りを補強するために，その上から全面に重ね張りする方法である．

⑥ **田の字べた張り**（図11.40） どんす張りの下地で，捨て張りと袋張りを兼ねた簡略した張り方である．

⑦ **みの張り**（図11.41） 重量のあるどんす張りの下張りで，300 mm 幅のロール紙を横張りする．

(3) **どんす張り施工**

ヨーロッパの宮殿などの室内装飾に，古くから用いられてきた施工法で，どんすのような高級な織物を，布地のままの風合いを生かして上張りする．

張り方は，まず下地としては合板下地が最適で，その上に紙を幾層にも下張りし，最後に白ネルを張って柔らかな下地をつくる．上張りは壁の四周に織物をくぎ，びょうなどで留め付け，飾り縁や飾りひもを回して仕上げる．

(4) **布団張り施工**

下地はくぎの打てる木質系がよく，黒綿，発泡ウレタンなどのクッション材を入れて，上張りに織布かビニルレザーを張り，要所を飾りびょうで打つと，凹みとふくらみのある布団張り仕上げとなる．

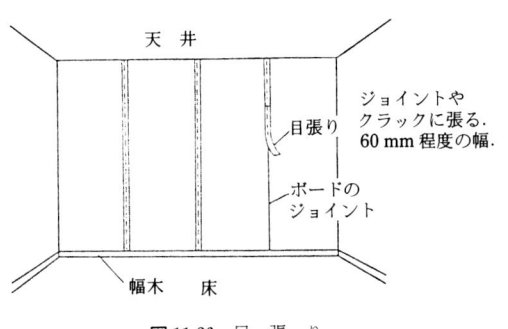

図 11.36　目　張　り

図 11.37　べ　た　張　り

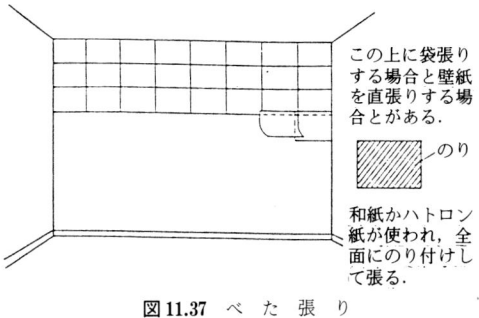

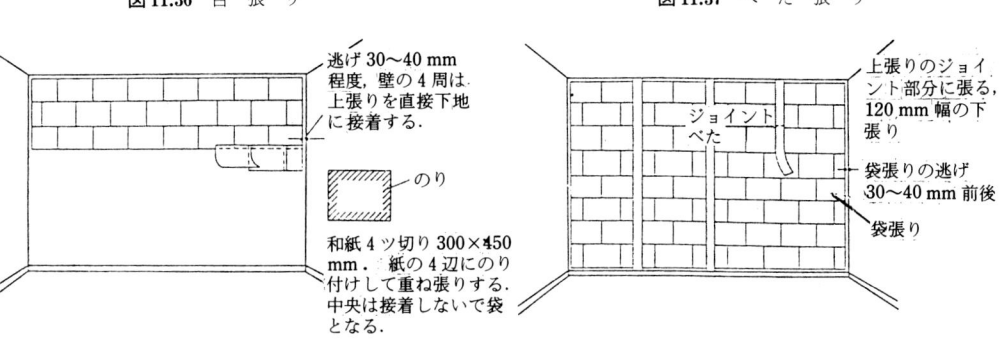

図 11.38　袋　張　り

図 11.39　ジョイントべた張り

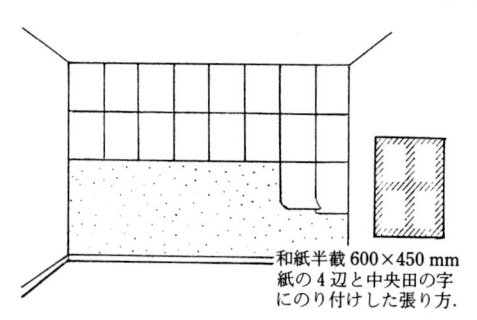

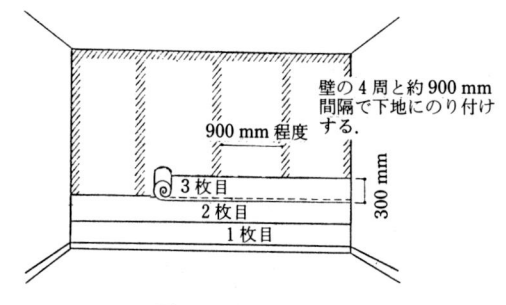

図11.40 田の字べた張り（和紙半截 600×450 mm 紙の4辺と中央田の字にのり付けした張り方．）

図11.41 みのはり（壁の4周と約900 mm 間隔で下地にのり付けする．900 mm程度，300 mm，3枚目，2枚目，1枚目）

11.14 壁紙上張りの施工

上張りは，施工フローに従って実施されるが，施工方法，割付計画，壁紙のジョイント目地，壁や天井の納まり，各種壁紙の特徴や注意点，施工テクニックなどの検討が十分なされることが大切である．

① **壁紙の施工フロー**（図11.42）　施工の順序は図の施工フローのごとくであるが，施工計画に従って現場点検と下地調整を確実に行う．

② **壁紙の割付け計画**　割付けは装飾デザイン的な側面と，壁紙材料の取り合いとの両側面から検討される．また現場を実際に採寸した上で，最終的な施工割付けを行い上張りを実施する．割付けの計画上のチェックポイントをあげると次のようになる．

1) まず割付け幅の基準寸法を決める．
2) 割付けは，部屋の壁4面，天井面の中で最も重要な面を優先させ，めだたない面で逃げをとる（図11.43，11.44）．
3) 壁，天井など同一面では，左右均等に割付ける（図11.45）．
4) 長手方向の胴はぎは行わない．
5) 突付けの場合は，下地のジョイントと壁紙のジョイントが重ならないように割付ける．

(1) 壁紙上張りの（ジョイント）目地

上張りの幅方向の納まりには，通常もっとも多く用いられる突付け（ジョイント）と，（ジョイント）目地による装飾的な納まりとがある．後者は目地を目立たせて意匠的に処理した納め方で，図11.47の

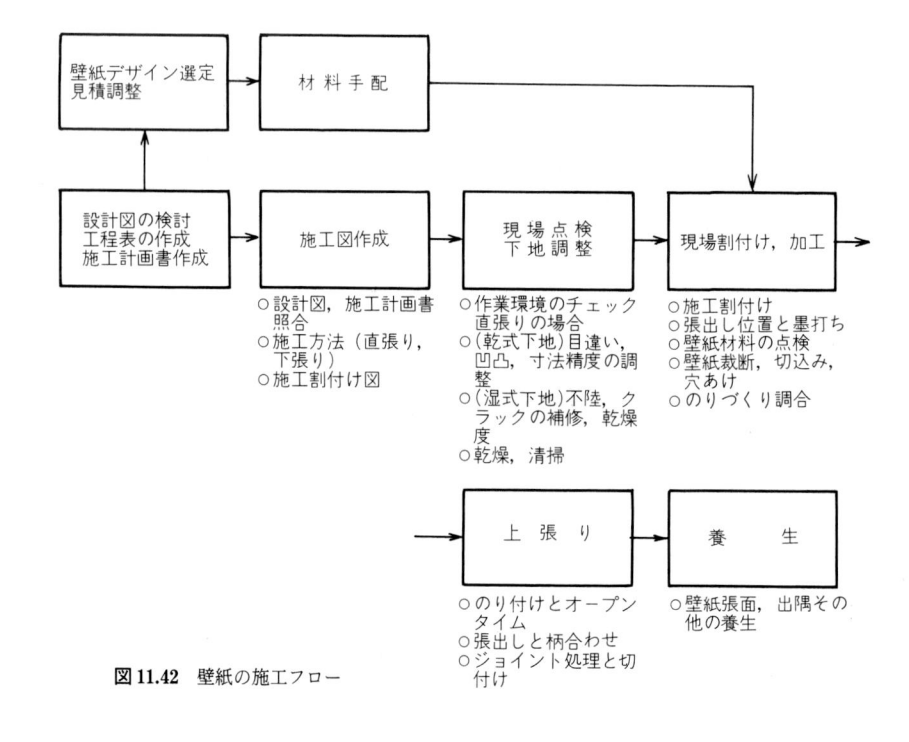

図11.42 壁紙の施工フロー

（a） 基準寸法割付けの好例　（b） 扉幅を基準とした割付け例　（c） 家具面で逃げたうまい割付け　（d） 窓幅を均等にした良い割付け

図 11.43 壁の割付けの良い例

（a） 細寸法入りの悪い例　（b） 目立つ場所に細寸法入りの悪例　（c） 家具面を基準にした好ましくない割付け　（d） 中央の不均等が見苦しい例

図 11.44 壁の割付けの悪い例

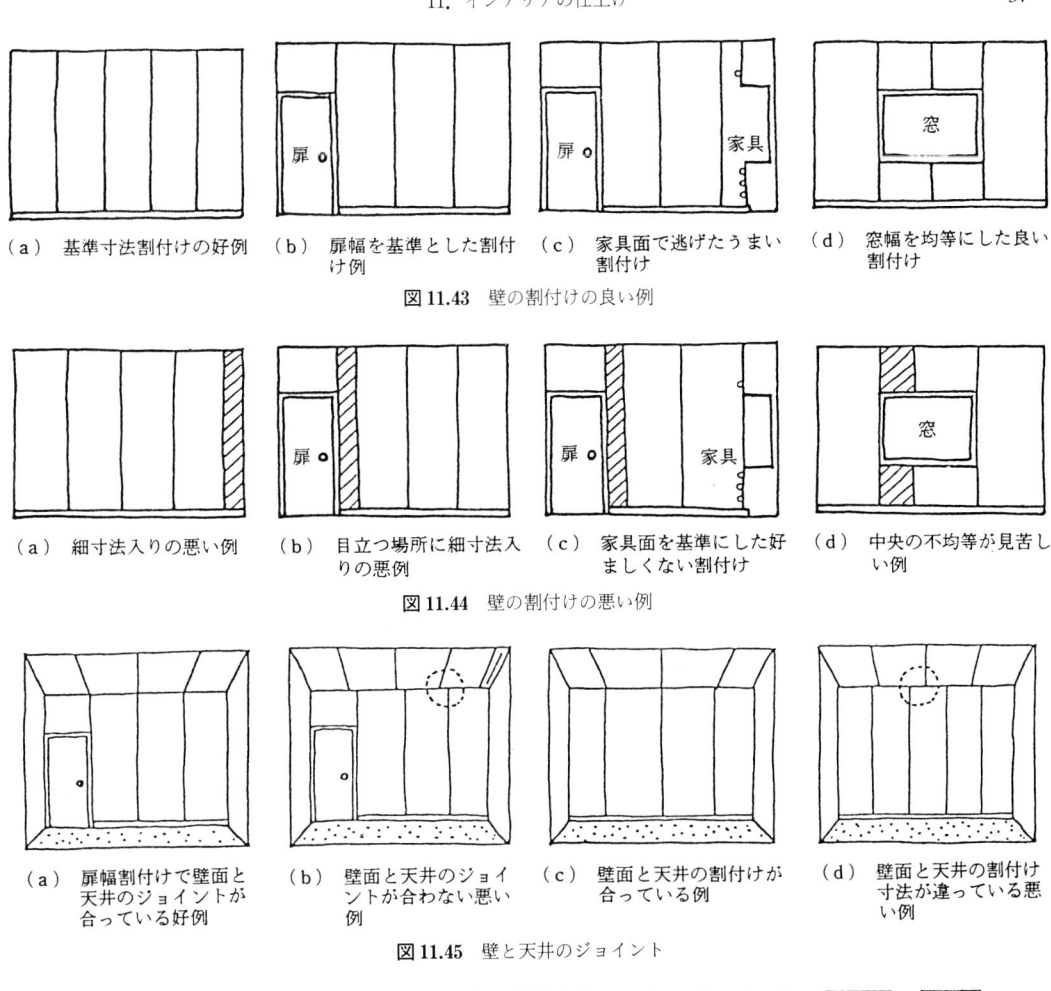

（a） 扉幅割付けで壁面と天井のジョイントが合っている好例　（b） 壁面と天井のジョイントが合わない悪い例　（c） 壁面と天井の割付けが合っている例　（d） 壁面と天井の割付け寸法が違っている悪い例

図 11.45 壁と天井のジョイント

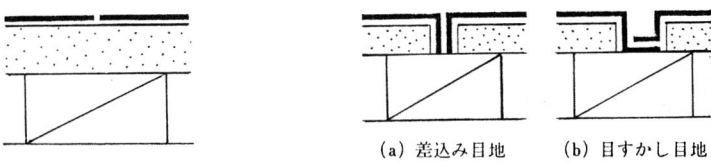

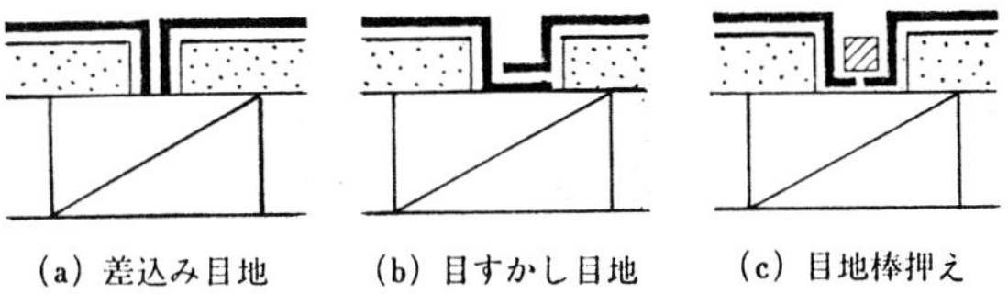

図 11.46 壁紙の突付けジョイント

（a） 差込み目地　（b） 目すかし目地　（c） 目地棒押え

図 11.47 壁紙のジョイント目地

ような差込み目地（ねむり目地），目すかし目地，目地棒押えの3種類がある（図 11.46, 11.47）．

（2） 壁と天井の納まり（図 11.48）

壁紙の壁と天井の納まりは，見切る場所によって天井目地，壁目地および突付けの3種類がある．目地の幅や深さ，目切縁の断面は，部屋のデザインに相応したディテールにすることが好ましい．

（3） 各種壁紙の特徴

壁紙の種類には紙壁紙，織物壁紙，ビニル壁紙，木質系壁紙，無材質壁紙などがあり，デザインも無地や色柄，各種テクスチャーなどたいへん多くの品種にわたっている．上張りの施工に際しては，壁紙の特徴をよく知り，素材やデザインに適応した下地を作り，取り扱いに注意することが大切である．

① **紙壁紙**　欧米からの輸入壁紙は，530 mm 幅の小幅のものが多く，デザインや柄は素晴らしい．小幅なので，柄合わせは2幅だけでなく，3幅，4幅と広く並べて，全体を見て行う．下地は特に平滑さを必要とする．

② **織物壁紙**　伸び縮みによる寸法精度が低く，表面の汚れや糸のほつれがあるので，取り扱いには注意する．

薄手のものや，繻子織，ガラス繊維布は，下地の凹凸や色むらが壁紙の表面に表れるので，平滑な下

③ **ビニル壁紙** 薄手のビニルの壁紙は，下地の凹凸や色むらが目立つので注意する．厚手のものや発泡ビニル壁紙は，比較的粗面の下地でも影響が少ない．ただし発泡ビニル壁紙は，表面が弱くエンボスがつぶれやすく，汚れやすいので慎重に扱う．

④ **木質系壁紙** 厚くて硬いシート状の壁紙なので，下地を平滑にし接着性を良くするために，必ずシーラー処理をする．

⑤ **無材質壁紙** ひる石壁紙は，なで付けや折り曲げの際に粒子が剥離しやすいので，取扱いに注意する．また金属箔壁紙は，下地の凹凸が表面に出やすいので下地調整をよく行う．

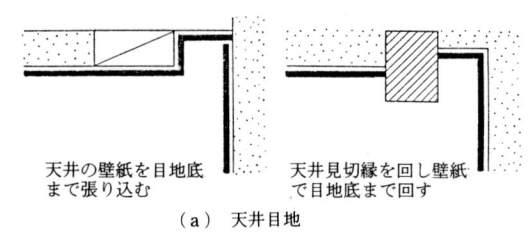

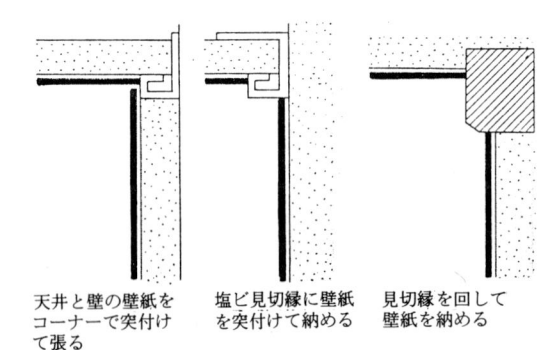

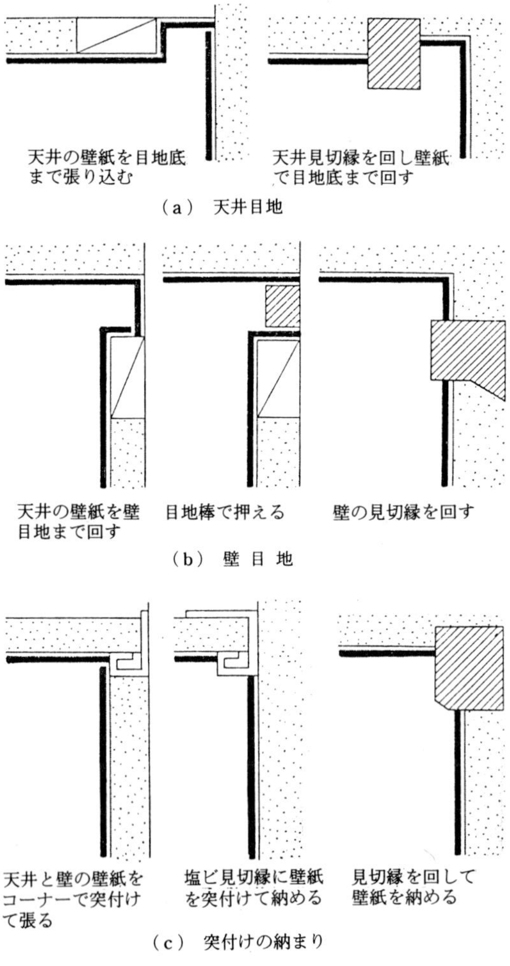

（4） 上張り施工

上張りの手順を図11.49に示した．

下地の点検は，上張りの施工に当って最初になすべき重要なことがらで，特に直張りの場合には下地の良し悪しが上張りのできばえを左右するほどである．割付けは，設計と照らし合わせながら，必ず施工現場の寸法をチェックしながら行い，張り出しのための墨打ちを実施する．

壁紙材料の点検は，品種，数量，ロットの確認や色，柄などもチェックする．特に見落しがちなのがロットであり，同一現場では必ず同じロットの壁紙を使用する．ロット違いは，若干色合いの違うケースが多いので注意が必要である．

ついで壁紙の裁断，のり付け，上張り，柄合わせ，突付け（ジョイント），切落しの順で上張り作業が進められ，幅木や回り縁に付いたのりをきれいに拭き取り，張り付け後の養生を行う．

11.15 防火壁装の施工

壁紙は下地との組み合わせで，防火性能を認定する仕組みになっていて壁紙単体では防火性能認定の対象にはならない．つまり，防火下地（基材）の防火性能によって，表面材としての壁紙の防火性能も決まる．

（a） 壁紙そのものについては，業界の自主規制による防火性能を保証するための検定を行っており，壁装材料協会によって，5段階に級別された検定証票と検定マークが設定されている（図11.50）．

この壁紙の級別と，防火下地基材との組み合わせ

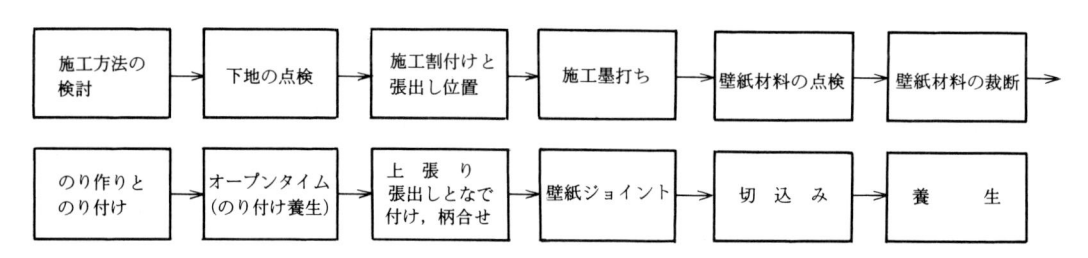

図11.48 壁と天井の納まり

図11.49 上張り手順

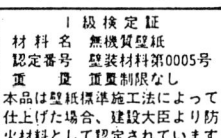

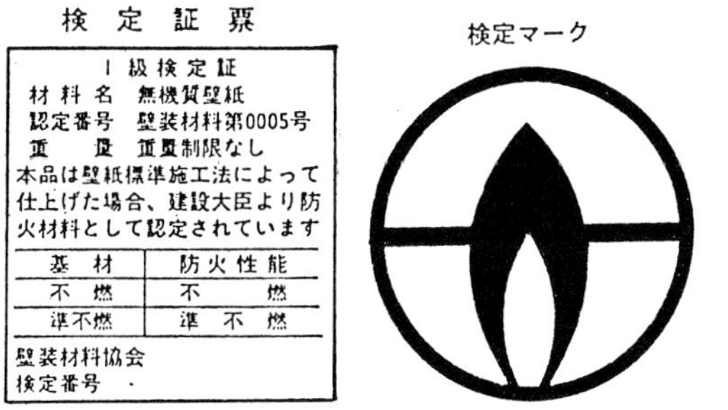

11. インテリアの仕上げ

図 11.50 検定証票と検定マーク

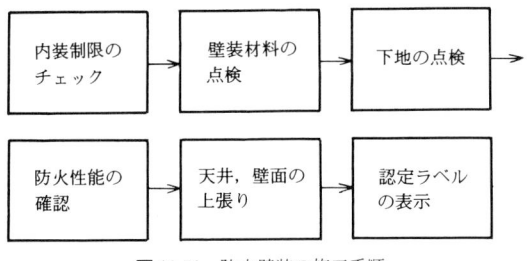

図 11.51 防火壁装の施工手順

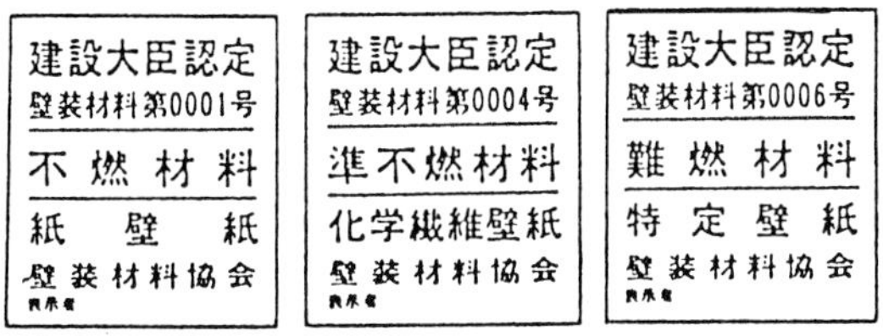

図 11.52 認定ラベルの例

表 11.19 壁紙の検定級別による防火性能

基材の防水性能	級別				
	1級	2級	3級	4級	5級
不　　燃	不燃	不燃	準不燃	不燃	準不燃	難燃
準 不 燃	準不燃	準不燃	準不燃	難燃	難燃	難燃

により，表 11.19 に見られるような防火性能が法により認定されている．

（b）防火下地基材については，建築基準法に規定された内装制限によって防火材料の認定が行われ，不燃材料，準不燃材料，難燃材料の3段階に定められている．

① 不燃材料：コンクリート，モルタル，しっくい，れんが，石綿スレート，鉄鋼，アルミニウム，ガラスなどで，通常の火災時に燃焼せず，防火上有害な煙やガスが発生しない材料がこれに該当する．

② 準不燃材料：木毛セメント板，石膏ボードなどで，不燃材料に準ずる防火性能を有する建築材料がこれに該当する．

③ 難燃材料：難燃合板，難燃繊維板，難燃プラスチック板などで難燃性を有するもの．

次に，防火壁装の施工手順を示すと図 11.51 のようになる．

（c）施工の手順を解説すると次のごとくである（図 11.51 参照）．

① 壁紙の点検：防火壁装材料かどうかを，貼付されている検定証票と検定マークで確認する．

② 下地の点検：防火仕上げとしては，不燃または準不燃材料の下地（基材）でなければならない．

（i）下地は法定防火材料（不燃および準不燃）であること．

（ii）難燃材料は，防火壁装の下地としては認められない．

（iii）法定不燃石膏ボードおよび準不燃石膏ボードは，準不燃以下の防火仕上げ下地として認められる．

（iv）防火仕上げとして認められる下地とは，防火壁装材料が直接張られる（直張りの）下地（基材）を対象としている．

③ 防火性能の確認：下地の防火性能と壁紙の検定級別をチェックし，両者の組み合わせが防火性能に適合しているかどうかを確認する（表 11.19 参照）．

④ 防火壁装の上張り：

（i）壁，天井とも，防火材料下地に直張り施工を行う．

（ii）織物壁紙の1級検定品は，下張り工法の袋張りとべた張り下地が認められている．

（iii）ビニル壁紙の2級と4級品は，下張り工法のべた張り下地が認められている．

⑤ 認定ラベル：図 11.52 のような認定ラベルを，防火壁装を張ってから現場の所定の場所に貼付して，防火性能の表示を行う．

引用文献

"壁装ハンドブック"，壁装材料協会．
"インテリアと家具の基礎知識"，鹿島出版会．

〈写真協力〉

東洋リノリウム(株)．エーダイ(株)．丸西商事(株)．壁装材料協会．トミタライブラリー．

12. インテリアのコストコントロール

インテリアの設計は，全般的な建物の設計と同様に施主の要求品質の把握から始まり，企画設計・基本設計・実施設計を経て，見積-契約-施工の手順をふむことになる．これらの工程をスムーズに遂行させるためには"予算に見合うデザイン"をコントロールしていくことが肝要である．

デザイナーは概して，創造力には富んでいるが，経済的な面に関してはやや疎いものである．そこで以下に，デザインと予算という意味合いから，設計段階における，コスト把握の方法について述べることにする．

12.1 予算に見合う設計

初期段階で，まず設計者が把握すべきことは，要求品質はもとより，施主の考えている予算がいくらかをボーリングすることである．もし施主がまったくの素人の場合には，過去の実績資料による単価を推定し，施主に，どのくらいのコストがかかりそうかを提示することが必要である．ただし，住宅を除いて建物用途が収益性のある物件の場合には，施主側に専門知識を有する技術者がいる場合が多いので，予算をいわなくとも，あらかじめ決まっていることも通常ありうることである．

なお収益性のある建物とは，たとえば，飲食・物販・ホテル・医療・アスレチックなど，収益を得る目的でつくられる建物があげられる．

企画設計段階ともなれば，使用目的に見合う面積配分はほとんど決められつつあるので，パブリック部分（ロビー・廊下・便所・階段など）と主要各室部分に区分して，各々の把握をすべきである．

ここで注意しなければならないのは，設計者のコスト把握の方法と施工者のそれとは異なることである．前者は専門工事業者に直接発注しない立場であり，設計内容のやりくりのためにコスト把握をするのであるから，これに対応した方法でよい．つまり部分別見積りで区分し，単価は合成単価（表層仕上げだけでなく下地までも含めた単価）を使用した方が手間ひまが省ける．なお，五会連合協定の部分別見積科目表については表12.1を参照されたい．

具体的なコスト把握の方法としては，あらかじめ建物用途別に，室仕上げ合成単価（床単価＋天井単価＋（天井高－幅木高）×壁長率×壁単価＋壁長率×幅木・廻縁単価）・間仕切り下地合成単価（間仕切り下地長さ×（階高－版厚）×単価）・建具合成単価（N カ所／床面積×建具合成単価）・雑合成単価（床面積当り雑合成単価）をコストテーブルとして常備し，○○室床面積×○○室仕上げ合成単価……対象床面積×間仕切り下地合成単価・対象床面積×建具合成単価・対象床面積×雑合成単価を合算し，これらの合計に諸経費率を掛けて総合計する．ただし新築工事ではない場合は，解体費用も含める．

以上述べたことをわかりやすく示すと次のようになる．

```
○○室床面積×室仕上げ合成単価  = 0 000 000
  …
  …
ロビー床面積×室仕上げ合成単価  = 0 000 000
廊下  床面積×     〃       = 0 000 000
階段  床面積×     〃       = 0 000 000
便所  床面積×     〃       = 0 000 000
対象床面積×間仕切り下地合成単価
                          = 0 000 000
対象床面積×建具合成単価      = 0 000 000
対象床面積×雑合成単価        = 0 000 000
対象床面積×仮設合成単価      = 0 000 000
    計（A）               = 0 000 000
   （A）×諸経費率           = 0 000 000
    合    計              0 000 000
```

表 12.1 部分別見積科目表

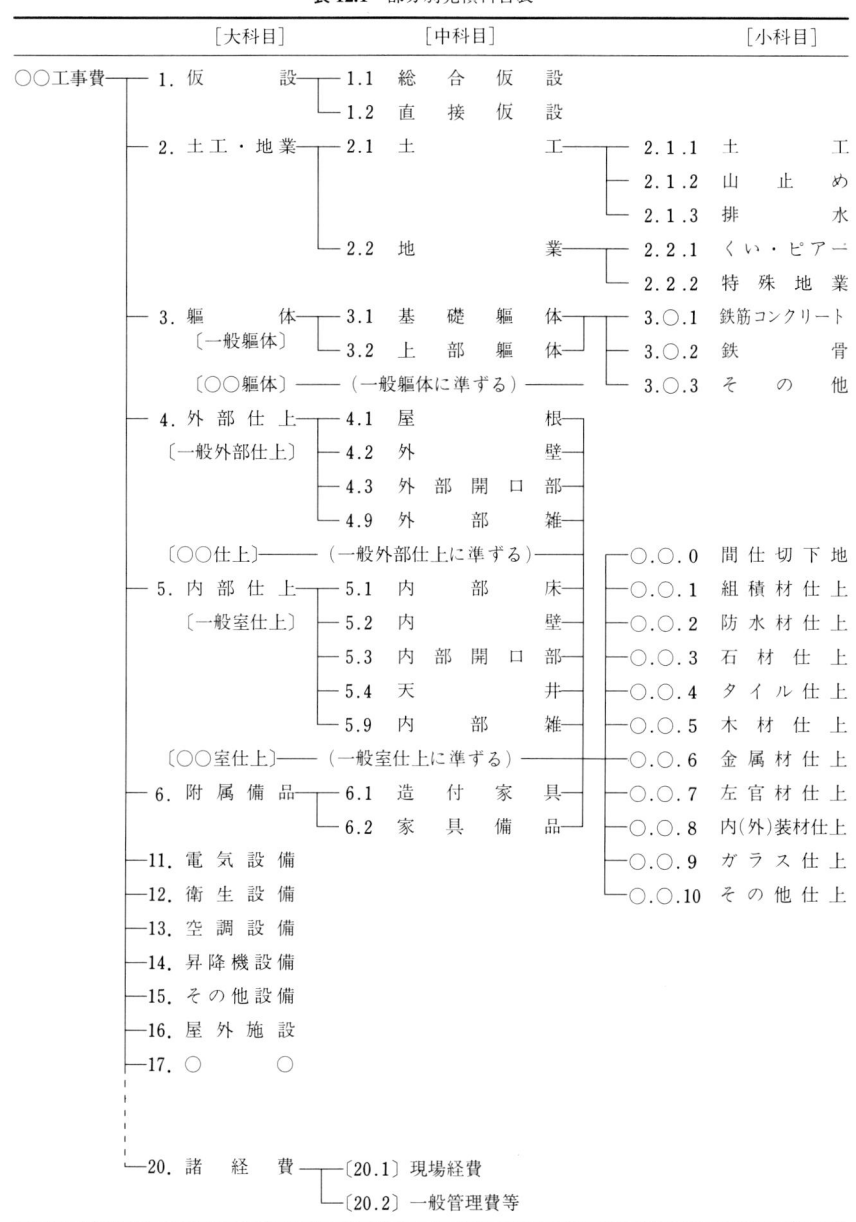

	[大科目]	[中科目]	[小科目]
○○工事費	1. 仮　　　　設	1.1　総　合　仮　設	
		1.2　直　接　仮　設	
	2. 土工・地業	2.1　土　　　　　工	2.1.1　土　　　　工
			2.1.2　山　止　め
			2.1.3　排　　　水
		2.2　地　　　　　業	2.2.1　くい・ピアー
			2.2.2　特　殊　地　業
	3. 軀　　　体〔一般軀体〕	3.1　基　礎　軀　体	3.○.1　鉄筋コンクリート
		3.2　上　部　軀　体	3.○.2　鉄　　　骨
	〔○○軀体〕	（一般軀体に準ずる）	3.○.3　そ　の　他
	4. 外　部　仕　上〔一般外部仕上〕	4.1　屋　　　　　根	
		4.2　外　　　　　壁	
		4.3　外　部　開　口　部	
		4.9　外　　部　　雑	
	〔○○仕上〕	（一般外部仕上に準ずる）	○.○.0　間　仕　切　下　地
	5. 内　部　仕　上〔一般室仕上〕	5.1　内　　部　　床	○.○.1　組　積　材　仕　上
		5.2　内　　　　　壁	○.○.2　防　水　材　仕　上
		5.3　内　部　開　口　部	○.○.3　石　材　仕　上
		5.4　天　　　　　井	○.○.4　タ　イ　ル　仕　上
		5.9　内　　部　　雑	○.○.5　木　材　仕　上
	〔○○室仕上〕	（一般室仕上に準ずる）	○.○.6　金　属　材　仕　上
	6. 附　属　備　品	6.1　造　付　家　具	○.○.7　左　官　材　仕　上
		6.2　家　具　備　品	○.○.8　内(外)装材仕上
	11. 電　気　設　備		○.○.9　ガ　ラ　ス　仕　上
	12. 衛　生　設　備		○.○.10　その他仕上
	13. 空　調　設　備		
	14. 昇降機設備		
	15. その他設備		
	16. 屋　外　施　設		
	17. ○　　　　○		
	20. 諸　経　費	〔20.1〕現場経費	
		〔20.2〕一般管理費等	

12.2　コスト把握の実際

　基本設計段階は，企画設計段階よりも設計仕様が明確となってくるため，前段階のコスト把握方法ではあらすぎ，設計内容のやりくりには役立たなくなる．この段階のコスト把握方法は，室仕上げでいえば，具体的な形状により壁長率（壁長／床面積）を考慮する．

　一般に矩形の部屋であれば，X方向とY方向との比率（細長比）は 1.5 前後である場合が多いので，図 12.1 に床面積が変化した場合の壁長率の状態を表す．室仕上げ単価は，この壁長率の変化により高くもなり安くもなることに注意したい．間仕切り下地は，それぞれの種類ごとに（階高－版厚もしくは軀体の梁成）×長さ×間仕切り下地合成単価を算出する．

　建具は各々の種類ごと・大きさごとに建具合成単

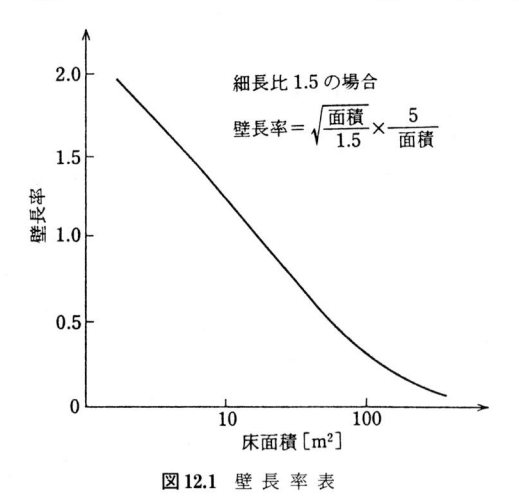

価×建具本数で算出する．

この段階の建具合成単価は，建具本体・枠まわり単価・シール単価・塗装単価・ガラス単価を含む単価となる．雑は，従来の工種別見積り方法と同様である．

以上，建築の内装工事コスト把握方法の基本について述べた．要は実績として残る単価は，平面計画の密度あるいは設計仕様の組み合わせ・時系列・立地条件などの条件による総合的な価であることを認識し，設計段階ごとにその都度コスト把握をすることが望ましい．

細長比 1.5 の場合

$$\text{壁長率} = \sqrt{\frac{\text{面積}}{1.5}} \times \frac{5}{\text{面積}}$$

図 12.1 壁長率表

13. インテリアの関係法規

インテリアデザインを行う上で，避けて通れないものに法規制がある．

インテリアには，その使用用途，規模，構造，計画地域などにより多くの法令および条例などによって複雑に制限を受けている．これらの関係法令は，注文主からのいろいろな条件と同様，あるいはそれ以上に重要であり，適法でない部分があれば成果物そのものが否定される．

13.1 建築物の法規制とその種類

インテリアデザインに関する関連法規を記述するに当り，最初に建築物の法規制から説明する．

建築物に関係深い法規制を計画から竣工まで，工程順に分類すると図13.1のようにかなりの数の法律が関係している．少しでも関係のある法律を数えてみると，実際には100以上の数になる．

このように多くの法規制が必要なのは，建築物がきわめて社会的なものであり，地域の環境，入居者や利用者の衛生安全を確保する必要があり，建築物の所有者や管理者は維持管理に努めなければならないからである．

これらの法規制を理解する上で，必要な仕組みについてインテリアデザインに関係の深い建築基準法を例にとってまとめると表13.1のようになる．

建築基準法は建築物に関する基本的な法律で，その目的は，第1条に「建築物の敷地，構造，設備及び用途に関する最低の基準を定めて，国民の生命，健康及び財産の保護を図り，もって公共の福祉の増進に資する」と定めている．

最近では法の基準があまり詳細にわたり厳しくなっているので，最低の基準ではなく，これだけ満足すればよいという設計基準となる傾向にある．法の主旨はあくまでも最低基準であることを忘れてはならない．

以下，インテリアの関係法令から解説し，ついで建築基準法の中からインテリアデザインに関係の深い項を中心に説明するが，文中，「法」は建築基準法を，「令」は同法施行令を示すものである．

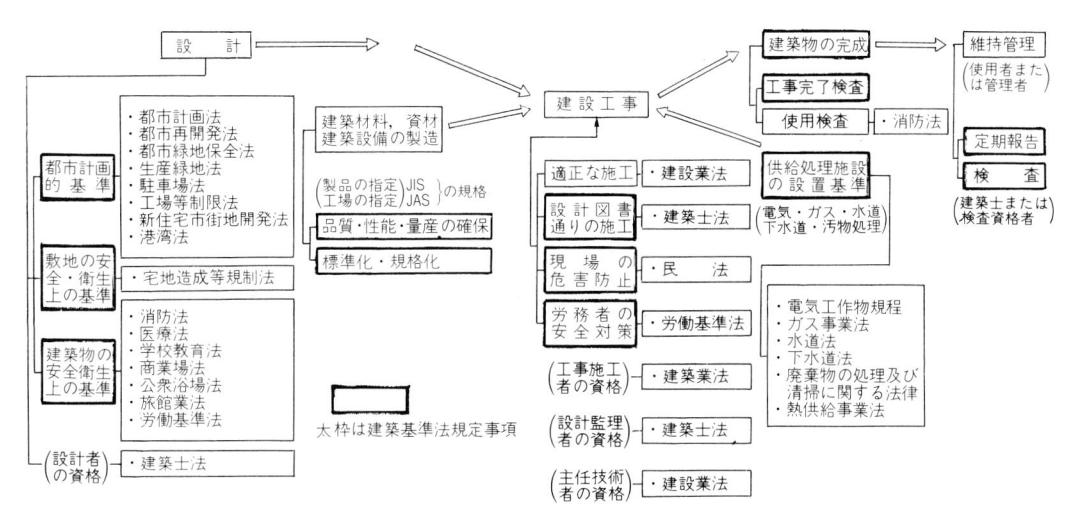

図 13.1 建築の経過と建築関係法規

表13.1 法規制の仕組み（種類）

全国に適用	法　律	国会の議決を経て制定される．憲法に次いで上位を占める．	建築基準法
	政　令	内閣によって制定される．法律の規定を実施するための事項，または法律によって委任された事項について規定する．	建築基準法施行令
	省　令	法律または政令の委任により，各大臣の発する命令．	建築基準法施行規則
	告　示	公の機関が指定，決定など，一般に知らせるためのものである．それには，政令の内容の補足，政令の指定，委任した事項や，緩和措置などがある．	建設省告示
	通　達	上級官庁が下級官庁などに対して法の運用，解釈について知らせるためのもの．	
地方公共団体の地区地域に適用	条　例	地方公共団体（都道府県または市町村）がその地方議会の議決を経て制定する（東京都建築安全条例にはインテリアデザインに関する規制が多く含まれている）．	東京都建築安全条例
	細　則	地方公共団体の長（知事，市町村長）が法律や条例を施行するために補足的に発する命令．	東京都建築基準法施行細則
	要　綱	議会の議決がなくて，役所の立場で決めたもの（強制力なし）．一般に行政指導といわれる．	
	内　規	議会の議決がなくて，役所の立場で決めたもの（強制力なし）．非公開の行政指導指針．	

表 13.2　契　約　方　式

契約方式			
①	競争契約方式	公入札（＝一般競争契約）	公告をして，業者が入札し1人を選定（応札する業者の制限をしない）
		指定入札（＝指名競争契約）	数人の業者を指名，これらに入札をさせて1人を選定
②	随意契約方式	特　命	業者を1人指名，これに請負わせる
		見積合せ	数人の業者より見積書をとりよせ，その中より適当な業者を1人選定する

13.2　関連法規

インテリアデザインを行う上で考慮すべき関係法規について簡単に記述すると次のようになる．

（1）工事契約に関する事項（表13.2）

工事を受注するに際して避けることのできない事項である．大きく分けると次のようになる．

① 割賦販売に関する事項　売買代金を分割して支払うことを条件とする売買（割賦販売法）

② 建築物の安全に関する法律　建築基準法，消防法，土地区画整理法などがあるが，前者二法は関係項目について記述するので，土地区画整理法について説明する．

これは都市計画区域内で行われる市街地再開発事業の一つである．土地区画整理事業地区が指定され地主が土地を少しずつ提供し，金を使わずに街並を整備し，規則正しく道路がつけられ，土地利用価値を上げるのがねらいである．

③ 消費者保護法　粗悪品や危害を与える商品，誇大広告などから消費者を守ることを目的とする法の総称である（基本的な施策については消費者保護基本法がある）．

（2）規格，標示の適正化に関するもの

① JIS　Japanese Industrial Standardの略．日本の工業規格，鉱業製品の規格で，日本工業標準調査会が審査し，主務大臣が認定する合格品にはJISマークがつけられる．

② JAS　Japanese Agriculture and Forestry Standardの略．日本農林規格，農林水産（農林物質規格法）物とその加工品の品質に関する規格で，合格品にはJASマークが貼付される．

③ Gマーク　機能，品質，形状，安全性にすぐれ，全体的によくまとめられたデザイン．昭和57年以降，通産省はデザイン水準の向上を目的に毎年グッドデザイン商品を選定して〈Gマーク〉の貼付の許可をする．

④ 電気用品の安全マーク　国が安全と認めた電気用品につける安全マークである．

⑤ 危害防止に関する法律　電気用品取締法，食

品衛生法，有害物質を含有する家庭用品の規制に関する法規，消費生活用製品安全法などがある．

⑥ **物価安定に関する法律** 物価統制令，国民生活安全緊急措置法など．

（3） 税制関係の法律

消費税 物品を購入したりサービスの供与をうけたりした際などに課せられるもので，1989年4月より施行された．これにより従来の「物品税」は廃止された．なお，課税システムその他詳細についてはここでは省略する．

（4） そ の 他

民法，商法，借地借家法，都市計画法などがある．

13.3 建築基準法・用途地域
（法48条，49条，50条，他）

都市には種々雑多な用途の建築物があり，それらが無計画，無秩序に建築されたのでは都市機能が混乱して生活環境も破壊されかねない．そこで，建築

表 13.3 用地地域・地区内の建築用途制限（法別表第2）

用途地域 ＼ 建物の用途	卸売市場、と畜場、火葬場、ごみ焼却場、汚染処理場	危険性や環境悪化のおそれがある業種の工場	作業場の床面積の合計が150㎡をこえる工場で、危険性や環境悪化のおそれがややある業種のもの	作業場の床面積の合計が150㎡以下の工場で危険性や環境悪化のおそれが少ない業種のもの	ボウリング場、スケート場、水泳場等	パン屋、米屋、豆腐屋、菓子屋等の食品製造加工で小規模なもの	公衆電話所、巡査派出所、一定規模以下の郵便局	倉庫業を営む倉庫	車庫 大規模なもの	車庫 50㎡以下のもの	個室付浴場（トルコ風呂等）	風俗営業（マージャン屋、パチンコ屋、射的場）	待合、料理店、キャバレー、バー等	事務所 一般の事務所	事務所 住宅附属の小規模なもの	店舗 物品販売を営む店舗（百貨店含）飲食店	店舗 住宅附属の小規模なもの	ホテル、旅館、モーテル	劇場、映画館、演芸場、観覧場	病院	診療所、養育院、託児所、一般公衆浴場	神社、寺院、教会、公民館	図書館、博物館、自動車教習所	大学、高専、各種学校、研修所	小学校、中学校、高等学校	住宅、共同住宅、寄宿舎、下宿
第一種住居専用地域	×	×	×	×	×	×	○	×	×	×	×	×	×	×	○	×	○	×	×	×	○	○	○	×	○	○
第二種住居専用地域	×	×	×	×	×	○	○	×	×	○	×	×	×	×	○	×	○	×	×	×	○	○	○	○	○	○
住居地域	×	×	×	○	○	○	○	×	×	○	×	×	×	○	○	○	○	○	×	○	○	○	○	○	○	○
近隣商業地域	×	×	×	○	○	○	○	○	○	○	×	○	○	○	○	○	○	○	○	○	○	○	○	○	○	○
商業地域	×	×	×	○	○	○	○	○	○	○	○	○	○	○	○	○	○	○	○	○	○	○	○	○	○	○
準工業地域	×	×	○	○	○	○	○	○	○	○	×	○	○	○	○	○	○	○	○	○	○	○	○	○	○	○
工業地域	○	○	○	○	×	○	○	○	○	○	×	○	○	○	○	○	○	○	×	×	○	○	○	○	○	○
工業専用地域	○	○	○	○	×	○	○	○	○	○	×	×	×	○	×	×	×	×	×	×	○	×	×	×	×	×
特別工業地区、文教地区、その他の特別用途地区	地方公共団体の条例で定める																									

注: 原則的には都市計画で位置の指定を要する（第一種・第二種住居専用地域、住居地域の卸売市場等欄）

[注]
1. ×は建てることのできない建築物．○は建てることのできる建築物．
2. 第二種住居専用地域では上表にかかわらず，下記の建築物は建てられない．
   a. 3階以上の部分を第一種住居専用地域内に建築することができない建築物の用途に供するもの．
   b. 第一種住居専用地域内に建築することができない建築物の用途に供するもので，その用途に供する部分の床面積の合計が 1500 ㎡ をこえるもの．
3. 詳細は建築基準法第48条～51条および別表第二を参照．

物の用途別に地域を設定して類似の建築物を集め，都市を機能的，合理的な発展を図ろうというのがその目的である．

現行では，8種類の用途地域があり，特に住環境の保護を主眼として土地の利用が図られている．表13.3に用途地域の規制の一覧表を示す．

13.4 外壁の開口部のきまり

(1) 延焼のおそれのある部分の開口部のきまり

① 耐火建築物および簡易耐火建築物の場合（法2条9号の2，法2条9号の3，令109条）

火災に対する耐火性能をもった建築物のため，隣接建築物の火災から当該建築物への延焼防止を考慮した措置である．

延焼のおそれのある部分の当該建築物の開口部（窓，出入口，ガラリ，排煙口）は以下のいずれかの措置が必要である．

- 甲種防火戸
- 乙種防火戸
- 開口部に設けるドレンチャーで消防庁の行う検定に合格したもの

実際には，窓には乙種防火戸の認定を受けた網入りガラス窓を設置していることが多い．また，ガラリなどにはダンパーをつけるか可動ガラリで対処している．

② 防火地域および準防火地域の場合（64条）

火災の発生率の高い地域として，都市計画により指定されている地域のため，耐火建築物および簡易耐火建築物はもちろんのこと，それ以外の建築物にも外壁の開口部で延焼のおそれのある部分には，前述①の防火戸およびドレンチャーを設けなければならない．

(2) 採光のための開口のきまり（法28条，令19条，20条）

建築物内で人間がもっぱら使用する居室などは，衛生的な環境を確保し維持する必要がある．その対象とされている用途の居室の採光有効開口面積と床面積との関係を表13.4に示す．

天窓の採光有効面積は3倍あるものとして算定する．

なお，ふすま，障子，その他随時開放することができるもので仕切られた2室は，1室として算定できる．

(3) 換気のための開口のきまり（法28条，令20条の2～4，令129条の2の2）

居室には換気のための窓その他の開口部を設けなければならない．その開口部の面積は，その居室の

表 13.4 採光面積（法28，令19）

居室の種類		割合
住宅	居室	1／7
幼稚園，小学校，中学校，高等学校	教室	1／5
	その他の居室	1／10
その他の学校	居室	1／10
病院，診療所	病室	1／7
	その他の居室	1／10
寄宿舎	寝室	1／7
	その他の居室	1／10
下宿	宿泊室	1／7
	その他の居室	1／10
保育所	保育室	1／5
	その他の居室	1／10
児童福祉施設（保育所を除く）助産所 身体障害者更生援護施設 保護施設 婦人保護施設	主たる用途に供する居室	1／7
精神薄弱者援護施設 老人福祉施設 有料老人ホーム 母子保険施設	その他の居室	1／10
隣保館	居室	1／10

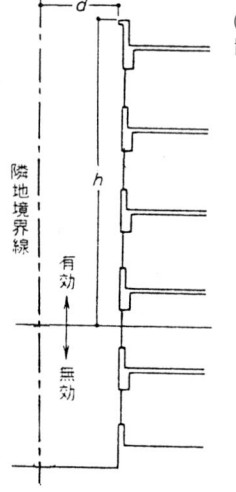

(1) 有効面積の算定（開口部の位置）

㋑ $\dfrac{d}{h} \geqq \dfrac{4}{10}$（第一種住居専用地域，第二種住居専用地域，住居地域）

㋺ $\dfrac{d}{h} \geqq \dfrac{2.5}{10}$（準工業地域，工業地域，工業専用地域）

㋩ $\dfrac{d}{h} \geqq \dfrac{2}{10}$（近隣商業地域，商業地域，用途地域の指定のない区域）ただし，㋺，㋩の地域・区域内の場合，$d \geqq 5$ m の部分または㋑㋺㋩の地域・区域内の場合，道，公園，広場などに面する部分は，すべての開口部面積が有効となる．

(2) 天窓，縁側などのある場合

㋑ 天窓の採光に有効な部分の面積＝天窓の面積×3

㋺ 縁側などがある場合の採光に有効な部分の面積＝開口部×7/10

ぬれ縁以外のもので幅が90 cm以上のものに限る．

図13.2 採光有効面積の算定方法（令20）

床面積の 1/20 以上としなければならない．しかし，機械換気装置を設けた場合にはその開口の必要はない．

また，火を使用する室などの換気は，床面積の合計が 100 m² 以内の住宅または住戸に設けた調理室で当該調理室の床面積の 1/10 かつ 0.8 m² 以上の有効開口面積を有する窓，その他の開口部を換気上有効に設ける必要がある．

ふすま，障子，その他随時開放することができるもので仕切られた 2 室は 1 室と見なせる．

（4） 外部避難階段に近接した開口部の制限（令 123 条 2 項）

5 階以上の階に通ずる外部の直接階段（避難階段）から 2 m 以内に階段の出入口以外の開口部（窓，換気口など）を設けてはならない．しかし，開口面積が各々 1 m² 以内で鉄製網入ガラス入りのはめごろし窓は設置することができる．

（5） 排煙開口のきまり（令 126 条の 2, 3）

火災時に屋内で発生した煙を拡散防止しつつ屋外に排出し，避難および消火活動を円滑に進め，窒息による事故を防ぐため，外壁に有効な開口を設置する必要がある．

排煙開口（排煙設備）の必要対象建築物の用途，規模および建築物の部分は表 13.5 に示す．

外壁に設ける開口の大きさは，表 13.5 の対象部分の床面積（500 m²）の 1/50 以上の面積を有効に設置する必要がある．

なお，排煙開口の位置を図 13.3 に示す．

（6） 非常用進入口のきまり（令 126 条の 6, 7）

災害時に，公共消防隊が建築物内の人達の救出および消火活動を行うための開口である．

① 適用範囲　次の両方に該当した場合．
・建築物の高さ 31 m 以下の部分にある 3 階以上の各階に設置する．
・道または道に通ずる幅員 4 m 以上の通路などに面する外壁面（室内の用途に関係なく）．

② 適用除外　以下のような場合は除外される．
・非常用エレベーターが設置されている場合．
・上記①の外壁面 10 m 以内ごとに所定の窓などがある場合．なお窓などの直径が 1 m 以上の円が内接できるもの，または幅 75 cm 以上，高さ 1.2 m 以上のもののいずれかで，格子など屋外からの進入を妨

表 13.5　排 煙 設 備（令 126 条の 2）

	排煙設備を設置しなければならない建築物	排煙設備を設置しなければならない居室	
対象建築物等	法別表第一(い)欄(一)項～(四)項の用途に供する特殊建築で，延べ面積>500 m² 階数≧3 で，延べ面積>500 m²	無窓の居室*	延べ面積>1000 m² の建築物で，居室床面積が>200 m²
免除される建築物および建築物の部分	（1）法別表第一(い)欄(二)項の用途に供する特殊建築物で，床面積 100 m² 以内ごとに耐火構造の床・壁または甲種・乙種防火戸で区画された部分（高さ31m以下部分にある共同住宅の住戸にあっては 200 m² 以内の部分） （2）学校，体育館，水泳場，スポーツ練習場 （3）階段の部分，昇降路の部分（当該昇降機の乗降ロビーを含む）など （4）機械製作工場．不燃性物品を保管する倉庫などで，主要構造部が不燃材料で造られたものなど	左欄(1)，(2)，(3)および(4)	左欄(1)，(2)，(3)および(4)

* 開放できる部分（天井または天井から下方 80 cm 以内の距離にある部分に限る）の面積の合計が，当該居室の床面積の 1/50 未満のもの．（令 116 条の 2, 1 項 2 号）

［注］建築物が開口部のない耐火構造の床，壁または甲種・乙種防火戸（常時閉鎖式のものまたは煙感知器と連動して自動的に閉鎖するものに限る）で区画されている場合は，上表の適用については，それぞれ別の建築物とみなされる．

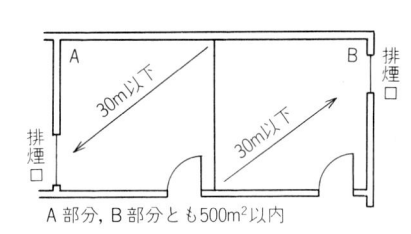

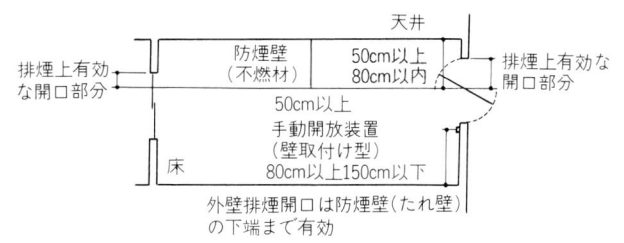

図 13.3　構　　造（令 126 条の 3）

げるものがないものとする．

また，当該の窓などには，非常用の進入口に代わる窓である旨の，赤色反射塗料の逆正三角形（1辺20 cm）を表示しなければならない．

③ 進入口の構造　以下のように規定される．
- 上記①の外壁面に間隔40 cm以内ごと．
- 大きさは幅75 cm以上，高さ1.2 m以上，下端から床までの高80 cm以下．
- バルコニー（奥行1 m以上，長さ4 m以上）を設ける．
- 赤色灯の標識，表示などの設備が必要である．

（7）民法等による窓や縁側の制限（民法235条，236条）

隣地に面した窓や縁側が隣接境界線より1 m未満の距離にある場合には，目隠しをつけなければならない．しかし上記とは別の習慣がある場合には，その習慣によることができる．

（8）その他

風俗営業などの用途に供する建築物の窓などに制限を受ける場合があるので注意を要する（例：旅館業法）．

13.5　建築物の内壁のきまり

（1）防火区画壁について（令112条）

① 面積区画（1項〜8項）　大規模な建築物内の延焼防止のため，一定面積以内ごとに耐火構造の床，壁で区画し，火災を局部的に止めるものである．
- 耐火建築物は1500 m²以内ごとに防火区画．
- 簡易耐火建築物で任意の場合は1500 m²以内に区画．
- 簡易耐火建築物で任意以外の場合は1000 m²以内に区画（柱およびはりを不燃材料）．
- 面積区画壁の開口部には，甲種防火戸で，開放状態に保持する場合には，熱感知器または煙感知器により自動的に閉鎖すること．

② 竪穴区画（9項）　火災が建築物内の縦方向に連続する空間を通って拡大しないようにするとともに，また，建築物内の人が階段を通って安全な地上に到達できるよう，他の部分と区画するためのものである．

対象は，耐火建築物で3階以上に，また地階に居室がある場合で，階段，吹抜けなどと他の部分とを区画しなければならない．

竪穴区画壁の開口部には，甲種防火戸（他の区画を含む場合）または乙種防火戸を設ける．開放状態を保持する場合には，煙感知器により自動的に閉鎖すること．

③ スパンドレル等の区画（10項目，11項）　防火区画の壁，床が外壁に接する場合の延焼防止が目的である．そのためには壁面90 cm以上，または，外壁から50 cm以上突出した耐火構造のそで壁，床および庇が必要である．

この区画に開口部がある場合には，甲種防火戸，乙種防火戸を設ける．なお，カーテンウォールのスパンドレルの部分には耐火構造壁などが必要である．

④ 異種用途区画（12項，13項）　多数の人が利用する用途，火災荷重の大きな用途，就寝の用途などの特殊建築物のいずれかに供する建築物で，それぞれの用途の安全を図るためのものである．そのためには，相互に防火区画が必要である．

この区画の開口部は甲種防火戸，乙種防火戸（12項）を設ける．また，開放状態に保持する場合は，煙感知器により自動的に閉鎖すること．

⑤ 避難区画（東京都建築安全条例7条の4）　避難階（通常1階）が火災になった場合は，階段から室内を通って外部まで避難することが不可能なので，上述②の竪穴区画を補足し安全避難を図ったものである．

この避難区画の開口部には，甲種防火戸，乙種防火戸を設けなければならない．また，それらの防火戸を開放状態に保持する場合は，原則として煙感知器により自動的に閉鎖しなければならない．

以上①〜⑤の規制の一覧を表13.6に示す．

⑥ 防火区画に設ける防火戸（14項）　防火区画に用いる甲種または乙種防火戸の機構は次のAまたはBによる．

A．常時閉鎖式防火戸　防火戸の1枚が3 m²以内で常時閉鎖状態を保持し，直接手で開けられ，かつ，自動閉鎖するもの．

B．随時閉鎖でき，通路に設ける戸に近接して常時閉鎖式防火戸を設ける場合を除き，くぐり戸の大きさは幅75 cm以上，高さ180 cm以上，床からの高さは15 cm以下で自動閉鎖式とする．

表 13.6 防火区画を必要とする建築物および建築物の部分（令 112）

種別	防火画を必要とする建築物および建築物の部分			区画する部分[注]	区画部分の構造	緩和その他の特例	
面積区画	主要構造部を耐火構造とした建築物（延べ面積＞1500 m²）			床面積 1500 m² 以内ごとに区画	耐火構造の床・壁または甲種防火戸	ⓐ劇場，映画館，演芸場，観覧場，公会堂または集会場の客席，体育館，工場などの用途上やむを得ないもの ⓑ階段室の部分または昇降路の部分（乗降ロビーを含む）で耐火構造の床もしくは壁または甲種防火戸*2 で区画したもの	ⓗスプリンクラー設備，水噴霧消火設備，泡消火設備その他これらに類するもので自動式のものを設けた部分は，区画基準の床面積の算定にあたってはその床面積の 1/2 を控除できる．したがって，全面的に自動式消火設備を設けた場合には「区画する部分」の欄の床面積の数値は 2 倍までよいことになる
	簡易耐火建築物	下欄の規定によらない簡易耐火建築物（延べ面積＞1500 m²）					
		法27条または法62条の規定によった簡易耐火建築物	不燃構造の簡易耐火建築物（延べ面積＞1000 m²）	床面積 1000 m² 以内ごとに区画		ⓒ体育館，工場などで，天井*1 および壁の室内に面する部分の仕上げを不燃材料または準不燃材料とした部分 ⓓ上欄ⓑの場合と同じ	
			外壁耐火の簡易耐火建築物（延面積＞500 m²）	床面積 500 m² 以内ごとに区画			
				防火上主要な間仕切壁	耐火構造または防火構造		
高層部分の区画	11階以上の部分で各階の床面積の合計＞100m²	下の欄外の場合		床面積 100 m² 以内ごとに区画	耐火構造の床・壁または甲種・乙種防火戸*2	ⓔ階段室の部分もしくは昇降機の昇降路の部分（当該昇降機の乗降のための乗降ロビーの部分を含む）または廊下その他避難の用に供する部分で耐火構造の床もしくは壁または甲種防火戸*2（左欄の上欄の規定により区画すべき建築物にあたっては，乙種防火戸*2 を含む）で区画されたもの	
		当該部分の壁*1 および天井*1 の室内に面する部分*1 の仕上げ，下地とも不燃材料または準不燃材料で造った部分		床面積 200 m² 以内ごとに区画	耐火構造の床・壁または甲種防火戸*2		
		当該部分の壁*1 および天井*1 の室内に面する部分*1 の仕上げ，下地とも不燃材料で造った部分		床面積 500 m² 以内ごとに区画			
堅穴区画	主要構造部が耐火構造で地階または 3 階以上の階に居室を有する建築物			メゾネット住戸，吹抜き・階段，昇降機の昇降路，ダクトスペースなど堅穴とその他の部分（直接外気に開放された廊下，バルコニーなどの部分は除く）	耐火構造の床・壁または甲種乙種防火戸*2	ⓕ避難階からその直上階または直下階のみに通ずる吹抜き部分，階段の部分等でその壁および天井*1 の室内に面する部分の仕上げ，下地ともに不燃材料で造ったもの ⓖ階数 3 以下，延べ面積 200 m² 以内の 1 戸建住戸における吹抜き部分，階段の部分その他これらに類する部分	ⓘ区画する部分からのみ人が出入りすることのできる公衆便所，公衆電話所等との区画不要 ⓙ区画する部分がⓐの用途で壁*1，天井*1 の室内に面する部分*1 の仕上げ，下地とも不燃または準不燃で造ったもので用途上区画できないもの
異種用途区画	建築物の一部が次の①から③までの一に該当する建築物 ①劇場・集会場等・学校・マーケット・公衆浴場 ②自動車車庫（床面積＞50 m²） ③百貨店・共同住宅・寄宿舎・病院・倉庫（階数2，床面積＞200 m²）			当該用途部分相互間，およびその他の部分	耐火構造もしくは両面が防火構造の壁または甲種・乙種防火戸*2		
	建築物の一部が法 27 条の一に該当する建築物				耐火構造の床・壁または甲種防火戸*2		

[注] この区画に接する部分の外壁部分は幅 90 cm 以上を耐火構造とするか，50 cm 以上突き出した耐火構造のひさし，床またはそで壁とすること．
*1 「天井」，「壁」，「室内に面する部分」はそれぞれ天井（天井のない場合は，屋根），壁（床面からの高さが 1.2m 以下の部分を除く），室内に面する部分（回縁，窓台その他これらに類する部分を除く）とカッコ書きを入れて読む．
*2 甲種防火戸および乙種防火戸の構造は，表 13.15 に定めるものとしなければならない．

表 13.7 界壁・隔壁等の防火措置（令114条）

建築物の用途等	長屋，共同住宅	学校，病院，診療所，ホテル，旅館，下宿，マーケット，寄宿舎	建築面積＞300 m² の建物（小屋組木造）	延べ面積＞各々200 m² の建物（耐火建築物以外）間の渡り廊下（小屋組木造）
部　　　　分	各戸の界壁	防火上主要な間仕切壁	小屋裏隔壁	渡り廊下の小屋裏隔壁（けた行＞4 m）
防 火 措 置	防火構造以上	防火構造以上	両面防火構造以上けた行12m以内ごと	両面防火構造以上

上記の防火界壁および間仕切壁は，小屋裏または天井裏に達せしめる．防火構造以上とは防火構造または耐火構造のこと．

表 13.8 長屋，共同住宅の界壁の遮音（令22の2）
（a） 遮音構造

(1) 間柱および胴縁その他の下地を有しない界壁	イ）RC造，SRC造，SC造——厚さ≧10 cm ロ）CB造，無筋コンクリート造，れんが造，石造——肉厚＋仕上材≧10 cm
(2) 間柱および胴縁その他の下地を有する界壁	両面を下記のいずれかの仕上げとし，厚さが13 cm 以上の大壁造とする． イ）鉄網モルタル塗または木ずりしっくい塗——塗厚さ≧2 cm ロ）木毛セメント板張りまたは石膏ボード張りの上にモルタルまたはしっくい塗——塗厚さ≧1.5 cm ハ）モルタル塗りの上にタイル張り——厚さ合計≧2.5 cm ニ）セメント板張りまたは瓦張りの上にモルタル塗り——厚さ合計≧2.5cm

（b） 遮音性能の要求値

振動数 [Hz]	透過損失 [dB]
125	≧25
500	≧40
2000	≧50

［参照］ 建設省告示No.1827 S.45；No.108 S.46

（2） 防火壁について（法26条）

耐火建築物，簡易耐火建築物その他一定の建築物以外の建築物で延面積が1000 m²をこえる大規模建築物において，火災が急速に建築物全体に及ばないようにするためである．

なお，詳細規定は令113条を参照のこと．

（3） 界壁および隔壁等について（令114条）

上記，防火区画や防火壁でカバーできない部分をカバーするための防火規定である．なお，規制内容は表13.7による．

これらの壁などを配管，ダクトなどが貫通した開口部は，防火区画の場合と同様とする．

（4） 界壁の遮音構造について（令23条）

長屋，共同住宅の各住戸のプライバシーを保護するために定められた規定である．詳細は表13.8による．

なお，遮音界壁は前述の（3）の規定による区画壁と遮音のための区画壁との両側面からその構造を選択する必要がある．

（5） 防煙区画壁について（令126条の2，126条の3）

排煙設備は次のような構造とする．

① 床面積500 m² 以内ごとに防煙壁（間仕切壁，天井から50 cm 以上下方に突出したたれ壁などで煙の流動を妨げる効力があり，不燃材で造りまたおおわれたもの）で区画（防煙区画）する．

② 排煙口の位置は，防煙区画から30 m 以内の壁に天井から80 cm 以内または天井に設ける．

以上のほか，詳細は図13.3，また13.4（5）項と表13.5を参照されたい．

なお，防煙垂れ壁の丈が50 cmの場合は排煙有効開口の高さは防煙たれ壁の下端までとする．

13.6　壁，天井の内装のきまり

（1） 内装制限について（法35条の2，令128条の3の2，128条の4，129条）

初期火災の成長を遅延させ，避難と消火活動の促進を図るため，建築物の用途，規模などに応じて内装材料を制限する規定である．なお，学校または体育館などの建築物が適用外になっているのは，一般に一定の管理体制下において，多人数を短時間に出入りできる構造なので内装制限をしなくても，避難上安全であるとしたためである．

特殊建築物などの内装制限を表13.9に示す．

なお，壁装材の場合は検定された壁紙と下地基材との組み合わせが，表13.10に示す検定級別による防災性能に合っていなければならない．

（2） 防火区画緩和を行うための内装強化（令112条）

① 面積区画の緩和を行うなどの内装強化　11階以上の部分，地下街などは通常梯子車などにより

表 13.9 内装制限一覧表

(建築基準法施行令第128条の3の2, 第128条の4, 第129条および第112条,)
(第128条の3等の内装制限に関する部分を要約して一覧表とした.)

特殊建築物等		対象となる規模等			制限	
		耐火建築物	簡易耐火建築物	その他の建築物	居室等	通路・階段等
特殊建築物	①劇場, 映画館, 演芸場, 観覧場, 公会堂, 集会場	客席の床面積の合計が400 m² 以上のもの	客席の床面積の合計が100 m² 以上のもの		壁・難燃以上(床面上1.2m以下除く) 天井・難燃以上(3階以上に居室を有するものは準不燃以上)	壁・天井とも準不燃以上
	②病院, ホテル, 旅館, 下宿, 共同住宅, 寄宿舎, 養老院, 児童福祉施設等	3階以上の部分の床面積の合計が300 m² 以上のもの(100 m² 以内に防火区画されたものの居室は除く. また, 高さが31m以下の部分の共同住宅の住戸で200 m² 以内に区画された部分は除く)	2階の部分の床面積の合計が300 m² 以上(病院はその部分に患者の収容施設がある場合に限る)のもの	床面積の合計が200 m² 以上のもの		
	③百貨店, マーケット, 展示場, キャバレー, カフェー, ナイトクラブ, バー, 舞踏場, 遊技場, 公衆浴場, 待合, 料理店, 飲食店または物品販売業を営む店舗	3階以上の部分の床面積の合計が1000 m² 以上のもの	2階の部分の床面積の合計が500 m² 以上のもの	床面積の合計が200 m² 以上のもの		
	④自動車車庫, 自動車修理工場, 映画スタジオまたはテレビスタジオ	全部			壁・天井とも準不燃以上	壁・天井とも準不燃以上
	⑤地階または地下工作物内に上記①, ②, ③の各欄の用途の居室を有するもの					
規模	⑥ 階数が3以上の建築物 階数が2の建築物 階数が1の建築物	延べ面積が500 m² をこえるもの 延べ面積が1000 m² をこえるもの 延べ面積が3000 m² をこえるもの	学校または体育館を除く. 上記2欄の用途のものの高さ31m以下の部分は, ②欄の制限のみを適用. 耐火建築物の事務所専用で31mの部分を100 m² 区画した部分を除く.		難燃以上壁(床面上1.2m以下除く)天井	準不燃以上(壁・天井とも)
無窓	⑦窓その他の開口部を有しない居室	床面積が50 m² をこえる居室で窓等開放できる部分(天井から下方80cm以内の部分に限る)の面積の合計が床面積の1/50 未満のもの(平均天井高が6mを超える居室は除く)			準不燃以上(壁・天井とも)	準不燃以上(壁・天井とも)
		温湿度調整を必要とする作業室等(法第28条第1項)				
調理室等	⑧調理室, 浴室その他の室で, かまど, こんろ, その他火を使用する設備または器具を設けたもの	主要構造部を耐火構造としたものを除く	階数2以上の住宅(事務所, 店舗兼用を含む)最上階以下の階に火を使う設備を設けたもの		壁・天井とも準不燃以上	
			住宅以外の建築物に火を使う設備を設けたもの			
防火区画	⑨建築物の11階以上の部分	100 m² 以内に防火区画		スプリンクラー等の自動式のものにも拡大できる	壁・天井とも準不燃以上	
		200 m² 以内に防火区画(乙種防火戸を除く)				壁・床面上1.2m以下除く
		500 m² 以内に防火区画(乙種防火戸を除く)		を設置すれば区画は2倍	壁・天井とも不燃	
	⑩地下街	100 m² 以内に防火区画				
		200 m² 以内に防火区画(乙種防火戸を除く)			壁・天井とも準不燃	壁・床面上1.2m以下除く
		500 m² 以内に防火区画(乙種防火戸を除く)			壁・天井とも不燃	

[注] 除外規定:上欄①~⑩の制限は, スプリンクラー等自動式のもの, および令126条の3の規定に適合する排煙設備を設けた部分には適用されない.
　　　学校, 体育館, またはスポーツ施設は適用されない.
(1) 回り縁, 窓台, その他これらに類するものは内装制限から除かれている.
(2) 法令の定めによって設けられる避難階段, 特別避難階段は, 下地とも不燃材で仕上げることとなる.
(3) 内装制限の適用が重複してかかる場合は, 法令で規定ある場合を除いて制限の厳しい方が適用される.

13. インテリアの関係法規

表 13.10 検定級別による防火性能

級別 基材の防火性能	1級	2級	3級	4級	5級
不燃	不燃	不燃	準不燃	不燃	準不燃
準不燃	準不燃	準不燃		難燃	難燃	難燃

〔基材の区分〕

不燃	金属および不燃石膏ボードを除く法定不燃材料
準不燃	法定準不燃材料（法定準不燃石膏ボードを含む）および法定不燃石膏ボード
不燃・準不燃*	金属を除く法定不燃材料および法定準不燃材料

* 不燃・準不燃の表示は，下地の種類が違っても同一の防火性能であることを表す．

表 13.11 直通階段までの歩行距離（令 120）

居室の種類	歩行距離		
	主要構造部が耐火構造であるかまたは不燃材料で造られている場合		その他の場合
	通路等の内装制限なし	通路等の内装制限あり*	
有効採光面積が1/20未満の居室 百貨店，マーケット，展示場，キャバレー，カフェー，ナイトクラブ，バー，舞踏場，遊技場，公衆浴場，待合，料理店，飲食店，物品販売店（床面積＞10 m²）の用途に供する特殊建築物の主たる用途に供する居室	30m以下 (20m)	40m以下 (30m)	30m以下 (20m)
病院・診療所（患者の収容施設があるものに限る），ホテル，旅館，下宿，共同住宅，寄宿舎，令第 19 条第 1 項第 1 号で定めている児童福祉施設等の用途に供する特殊建築物の主たる居室	50m以下 (40m)	60m以下 (50m)	3m以下 (20m)
上欄または中欄に掲げる居室以外の居室	50m以下 (40m)	60m以下 (50m)	40m以下 (30m)

［注］（1）15階以上の階の居室については（ ）内の数値とする．
（2）メゾネット型式などの共同住宅の場合は40m以下とする．
* 居室および避難経路の仕上げを準不燃・不燃材料としたもの．

外部から直接サービスを受けられない部分である．火災が発生してもそれを小面積に区画を限定し，内装の強化によって区画面積が緩和される．なお，表13.9の防火区画の項目を参照のこと．

② 竪穴区画の緩和を行うための内装強化　地階または地上3階以上に居室を有する耐火建築物の

表 13.12 防炎・防火対象物（構造規模に関係なく）
（消防法施行令 4 条の 3）

区分	用途
消火活動・避難活動困難なもの	高層建築物（高さ＞31m），地下街，準地下街
不特定多数が使用するもの	劇場，映画館，演芸場，観覧場，公会堂，集会場，キャバレー，カフェー，ナイトクラブ，遊技場，ダンスホール，待合，料理店，飲食店，百貨店，マーケット，旅館，ホテル，宿泊所，特殊浴場
老幼弱者を収容するもの	病院，診療所，社会福祉施設，幼稚園，養護学校など
多くの幕などを使用するもの	テレビスタジオ，映画スタジオ
工事用シートを使用するもの	工事中の建築物その他の工作物

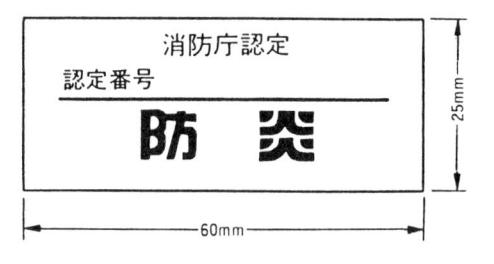

図13.4 防炎表示
色彩は，地（白色），防炎（赤色），消防庁認定（黒色），認定番号（黒色），その他のものを（緑色），横線（黒色）．

吹抜け，階段などで防火区画が不要な建築物およびその部分は次の通りである．
・避難階の直上階または直下階のみに通ずる場合で仕上げおよびその下地が不燃材料で造られたもの．
・階数が3以下で述べ面積が 200 m²以内の1戸建の住宅または長屋の住戸の吹抜きの部分や階段の部分．

（3）避難距離緩和を行うための内装の強化（令120条）

令120条には避難階（通常は1階）以外の階（地下街は除く）の，居室の各部分から直通階段（避難階まで）までの距離が規定されている．

緩和としては，主要構造部が耐火構造または不燃材料で造られていて，居室および廊下階段が内装制限がされている必要がある（表13.11）．

（4）カーテン，じゅうたんなどのきまり（消防法施行令4条の3）

特定の防火対象物内に設けるどん帳，カーテン，

13. インテリアの関係法規

表 13.13 段階の寸法等（令 23）

階段の種別	幅員	けあげ	踏面
小学校の児童用	140 cm 以上	16 cm 以下	26 cm 以上
中学校，高校の生徒用 物品販売店（床面積の合計＞1500 m²），劇場，映画館，演芸場，観覧場，公会堂，集会場の客用	140 〃	18 〃	26 〃
地上階（直上階の居室の床面積の合計＞200 m²） 地階（居室の床面積の合計＞100 m²）	120 〃	20 〃	24 〃
上の欄に掲げる以外の段階（住宅を除く）	75 〃	22 〃	21 〃
住宅用（共同住宅の共用のものを除く）	75 〃	23 〃	15 〃

［注］ 屋外階段の幅員は，法規で要求されているものは 90 cm 以上，その他は 60 cm 以上とすることができる．

(a) 回り階段の踏面の側り方（令23）

(b) 直階段の踊り場の位置および踏幅（令24）

$l \geq 1.2$ m，$h_1 \leq 4$ m（3m），$h_2 \leq 4$ m（3m），$H > 4$ m（3m）

（ ）内は 小学校の児童用，中学校，高校の生徒用，物品販売店（＞1500 m²），劇場，映画館，演芸場，観覧場，公会堂，集会場の客用．

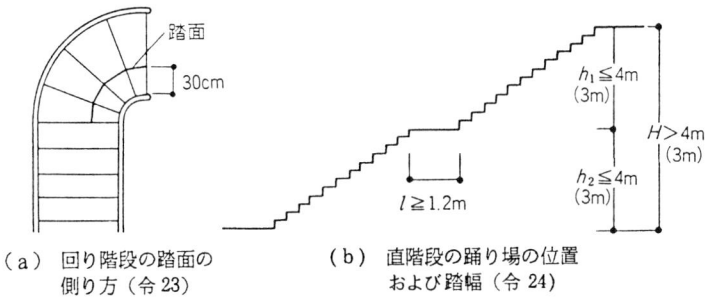

図 13.5 階段およびその踊場の幅（令 23）

じゅうたん，展示用パネルなどの防炎対象物品は，政令で定める基準以上の防炎性能を有することが必要である．

防炎物品の使用が義務づけられている防炎防火対象物は表 13.12 に示す．

防炎物品には防炎表示が必要である（図 13.4）．

13.7 居室の天井高，階段のきまりなど

（1） 居室の天井高について（令 21 条）

① 居室の天井高は 2.1 m 以上が必要．

② 学校（専修学校，各種学校および幼稚園を除く）の教室で床面積が 50 m² を超えるものの天井高は①にかかわらず 3 m 以上が必要．

③ 天井高は，1 室で天井の高さの異なる部分がある場合には平均の高さによる．

（2） 階段およびその踊場の幅（令 23 条）

階段各部の寸法は表 13.13，および図 13.5 を参照のこと．

まわり階段の踏面は，内側から 30 cm の位置で測った寸法とする．

また，東京都建築安全条例 10 条の 8 では，特殊建築物に設ける直通階段は「らせん階段としてはなら

表 13.14 非常用の照明装置
(a) 装置（令 126 条の 4）

設置対象建築物の部分	免除される建築物等
（1）法別表第一（い）欄（一）項から（四）項までに掲げる用途に供する特殊建築物の居室 （2）段数≧3 で延べ面積＞500 m² の建築物の居室 （3）無窓の居室（窓の有効採光面積＜床面積の 1/20） （4）延べ面積＞1000 m² の建築物の居室 （5）上記(1)から(4)までの一の居室から地上に通ずる廊下，階段その他の通路*1 （6）上記（1）から（5）までに掲げるものに類する建築物の部分*2	（1）一戸建の住宅 （2）長屋または共同住宅の住戸 （3）病院の病室，下宿の宿泊室または寄宿舎の寝室等の居室 （4）学校または体育館

*1 採光上有効に直接外気に開放された通路は除かれる．
*2 照明装置の設置を通常要する部分に限られる．

(b) 構造（令 126 条の 5）

(1)	照明は，直接照明とする
(2)	床面において 1 lx 以上の照度を確保することができるものであること
(3)	照明器具（カバー等を含む）は，主要部分を不燃材料で造り，またはおおうこと
(4)	予備電源を設けること
(5)	上記のほか，建設省告示 1830 号 昭 45

ない」と規定されているので注意を要する．

（3） 非常用の照明装置について（令126条の4，126条の5）

非常用の照明装置の設置が必要な建築物およびその部分を表13.14に示す．

13.8 用語の定義

（1） 建 築 物（法2条1号）
① 土地に定着する工作物のうち屋根および柱もしくは壁を有するもの．
② ①に付属する門，へい．
③ 観覧用の工作物（野球場のスタンドなど）．
④ 地下または高架工作物内に設ける事務所，店舗，興業場，倉庫など（地下街，高架下店舗など）．
⑤ ①～④の施設に設置される建築設備を含む．

（2） 特殊建築物（法2条3号）
① 不特定多数の者の用に供する，② 火災発生のおそれ，または火災荷重が大きい，③ 周囲に及ぼす公害その他の影響が大きい，などの特性がある．
以上3項目を勘案し該当用途が限定されている．
〔例〕学校，体育館，病院，劇場，観覧場，集会場，展示場，百貨店，市場，舞踏場，遊技場，共同住宅，工場，自動車車庫などこれらに類する用途に供する建築物の総称である．

（3） 居　　室（法2条4号）
居住，執務，作業，集会，娯楽その他これらに類する目的のため継続的に使する室をいう．
〔例〕居間，寝室，台所，食堂，書斎，応接室，事務室，会議室，作業室，病室，診察室，教室，屋内体育場，その他．台所は居室扱いしない場合もある．

（4） 延焼のおそれのある部分（法2条6号）
隣地境界線，道路中心線または同一敷地内の2以上の建築物（延面積の合計が500m²以内の建築物間は延焼のおそれのある部分が生じない）相互の外壁の中心線から，1階では3m以下，2階以上では5m以下の距離にある建築物の部分をいう．ただし，防火上有効な公園，広場，川などに面する部分を除く．

建築関係法令によく出てくる用語であるが，これは単に建築物の部分であるので，ただちにこの部分に防火措置する必要はない．耐火建築物，簡易耐火建築物，防火地域，準防火地域，または防火性能を必要とする開口部などに防火上有効な措置が必要になってくる．

この建築物の延焼のおそれのある部分は，図13.6に示す．

（5） 耐火構造（法2条7号令107条，告示1675号，昭和39年）
鉄筋コンクリート造，れんが造などの構造で，建築物の部位別，階別ごとに耐火性能が定められ，その性能を有する構造を建設大臣が指定するもの．

（6） 防火材料
① **不燃材料**（法2条9号，令108条の2）　　材料自体が燃焼せず，かつ，防火上有害な変形，溶融などがなく，室内面に用いる場合は有害な煙，ガスを発生しないもので建設大臣が指定するもの．
〔例〕コンクリート，れんが，瓦，石綿スレート，鉄，アルミニウム，ガラスなど．

② **準不燃材料**（令1条5号）　　一定の時間は燃焼しはじめない材料で，不燃材料に準ずるものとして建設大臣が指定するもの．

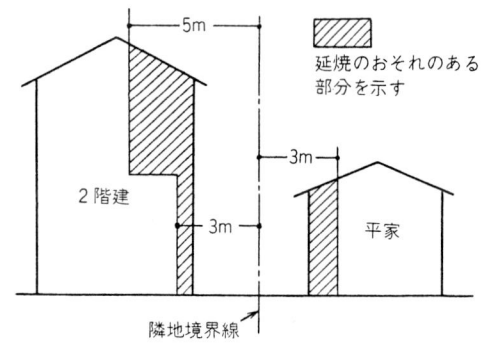

図13.6 延焼のおそれのある部分（法2条6号）

13. インテリアの関係法規

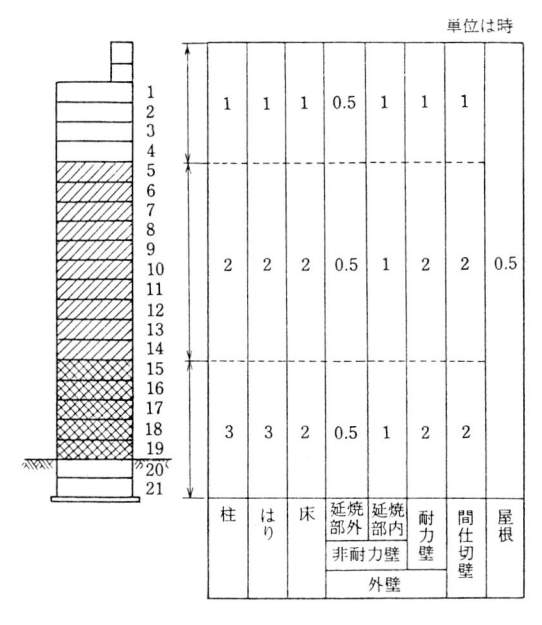

図 13.7 耐火時間（令 107 条）

単位は時

階	柱	はり	床	延焼部外 非耐力壁	延焼部内	耐力壁	間仕切壁	屋根
1〜4	1	1	1	0.5	1	1	1	
5〜14	2	2	2	0.5	1	2	2	0.5
15〜21	3	3	2	0.5	1	2	2	

（外壁）

〔例〕木毛セメント板，石膏ボード，その他．

③ 難燃材料（令1条6号）　難燃性を有するものとして建設大臣が指定するもの．発火性状のみでなく発煙性状についても試験が行われる．

〔例〕難燃合板，難燃繊維板，難燃プラスチック板など．

〔注〕壁紙と下地基材との組み合わせで防火材料の認定を受けたものは，その材料，包装などに表示マークを1室の天井，壁に2枚ずつ貼付けなければならない．表示マークは p.98 に示した図 11.51（認定ラベルの例）を参照のこと．

（7） 防火戸（令109条，110条）

甲種防火戸と乙種防火戸の2種類があり，ともに開口部に設け火災の延焼防止を目的とする．

防火戸の仕様は次の通りである．

① 建設大臣が認定したもの（個別認定）　例：アルミサッシと網入りガラスの乙種防火戸．

② 鉄材仕様の防火戸は，不燃材料で作られた開口部に取り付けなければならない．

防火戸の使用位置は次の通りである．

1）耐火建築物，簡易耐火建築物の開口部および防火地域，準防火地域内の建築物の開口部などで延焼のおそれのある部分．

2）防火区画壁に設ける開口部（壁の性能により甲，乙種防火戸の区別がある）．

なお，表 13.15 の防火戸の表面に化粧のために布貼りなどを施した場合は，再度大臣の認定を受ける必要がある．

（8） 耐火建築物（法2条9号の2）

火災時に主要構造部が破壊されることなく一部の修繕により再使用できることを目的とする建築物である．

・主要構造部は，耐火構造とする．
・延焼のおそれのある部分の開口部には，甲種防火戸，乙種防火戸またはドレンチャーなどを設ける．

耐火建築物が要求される条件は以下に示す．

・特殊建築物で法27条，別表第1に該当する場合．
・防火地域，準防火地域内の建築物で一定規模以上の場合（法61条，62条）など．

（9） 大規模の修繕，模様替え（法2条14号，他）

表 13.15 防火戸（令 110 条）の仕様

構造の種類		甲種防火戸	乙種防火戸
骨組鉄製	片面	鉄板 1.5 mm 以上	鉄板 0.8 mm 以上 1.5 mm 未満
	両面	両面 0.5 mm 以上	
鉄骨コンクリート製 鉄筋コンクリート製		厚さ 35 mm 以上	厚さ 35 mm 未満
鉄＋網入りガラス			合
骨組木製（防火塗料塗布）			屋外——亜鉛鉄板 屋内┬木毛セメント板 厚さ 12 mm　└石こう板 厚さ 9 mm 網入りガラス（開口面積 0.5 m² 以内に限る）
土蔵造		厚さ 150 mm 以上	厚さ 150 mm 未満
木造（防火塗料塗布）＋網入りガラス			0.5 m² 以内のみ

・主要構造部の1種以上について行う過半の修繕.2種以上にわたっても過半にならなければ大規模といわない.

・主要構造部の1種以上について行う過半の模様替え.

(10) 地　　階（令1条2号）

床が地盤面下にある階で，床面から地盤面までの高さがその階の天井の高さの1/3以上のもの（図13.8）．

(11) 床　面　積（令2条1項3号）

各階またはその一部で，壁またはその他の区画の中心線で囲まれた部分の水平投影面積をいう.

床面積はすべての基準であり，大変重要である．そこで地方公共団体において独自に「床面積算定基準」が定められているので注意が必要である．

(12) 延 べ 面 積（令2条1項6号）

各階の床面積の合計をいう．しかし，自動車車庫の部分は容積率の算定において敷地内の建築物の総延べ面積の1/5までは算入されない．

(13) 建築物の高さ（令2条1項）

一般的には，地盤面から建築物の最高部までの高さによる．ただし，次の場合はそれに定められた方法による．

① 道路斜線制限(法56条1項1号)は，前面道路の中心からの高さによる．

② 避雷針(法33条)の場合，北側斜線制限(法56条1項3号または法58条)がある場合の高さは，ペントハウスも含めた建築物の最高の高さを算定する．

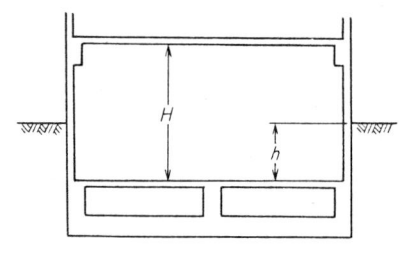

図13.8　地階の算定（令1条）

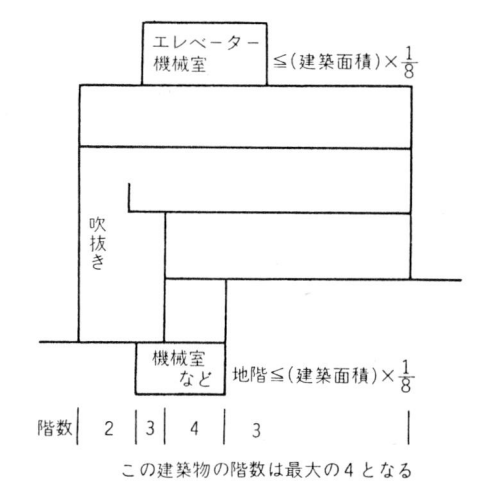

図13.9　階　　段（令2条8号）
この建築物の階数は最大の4となる

③ ②以外は，階段室やエレベーター機械室などでその屋上部分の水平投影面積の合計が建築面積の1/8以内の場合は，屋上から12m（第1種住居専用地域の場合は5m）までは高さに算入しない．

④ 棟飾，防火壁の屋上突出部は，高さに算入しない．

(14) 階　　数（令2条1項8号）

屋上部分（エレベーター機械室，装飾塔，物見塔など）または地階の倉庫，機械室などの部分で，その水平投影面積がその建築面積の1/8以下のものは算入しない（図13.9）．

(15) 地　盤　面（令2条2項）

建築物が周囲の地面と接する部分の平均の高さの水平面をいい，その接する位置の高低差が3mをこえる場合は，その高低差3m以内ごとの平均の高さをとる．

3m以内ごとの位置は任意である．

参考文献
建築法規用教材（1984）．
新しい建築法規の手引き（1977）．
"図解建築基準法令早わかり"，オーム社（1982）．

14. インテリアのメンテナンス

　快適な生活をするためには，常に清潔であるべきで，それには，つくり手側も，耐久性がありメンテナンスのしやすい材料を選定する必要がある．最近は，見ただけではわかりにくい性能の材料が出まわっている．施主へ提出する仕上げ表は，後々，だれでも判断しやすい記入を心掛けたい．

　建築内部の汚れは，早いうちに除去すれば，から拭き，水・湯拭き，ハタキ掛けで済むが，洗剤・薬品類を使ってのメンテナンスは，誤った使い方をすると思わぬ事故を引きおこすので注意を要する．汚れ落しには，強力なものをいきなり使わず，徐々に落していくようにする．

　また洗浄剤の酸素系のものとアルカリ性のものをむぞうさに混ぜたり，塩素系の漂白剤を加えたりすると，有毒ガスを発生することがあるので危険である．

14.1 床・幅木

（1） 化学タイル（プラスチックタイル・ビニルタイル・ビニル長尺シートなど）
・日常は，ごみをとり，乾布でから拭きする．
・月1回洗浄兼用のツヤ出しワックス（市販）で拭く．
・汚れのひどい場合は，中性洗剤を薄めた布で拭きとり，あと真水の堅絞り布でよく拭き，さらに乾いた布でから拭きし，薄くワックスを塗っておく．
・シンナーやベンジンを使用すると，変色したり，接着剤がとれてはがれるので注意する．
・水や結露水が裏側に回ると剥離の原因になる．水気をみたら手早く拭きとる．
・さびは，酢またはレモンで拭いてみる．

（2） ラバータイル
・日常は堅絞りの水拭き．
・汚れを落すには，中性洗剤を薄くのばした堅絞り布で拭き，すぐ真水の堅絞り布で拭く．あと，乾いた布でから拭きし，ツヤを出す．
・ゴム質は油類に溶解し，ふくれるので，油性ワックスや洗剤およびアルカリ性のものは使用禁止である．

（3） リノリウム・リノタイル
・ごみをとり，堅く絞った布で水拭きし，月に2～3回は水性ワックスでみがきツヤを出す．
・汚れの激しいときは，中性洗剤を薄めた布で拭きとり，あと水拭き，さらにから拭きする．

（4） オイルフィニッシュ仕上げ
・日常は，ごみを掃除機でとるだけで十分．
・週1回ぐらいから拭きしてツヤを出す．
・何となく白茶けてきたら，中性洗剤を湯で薄めた布で汚れをよく拭き，乾燥させてから，植物性の乾燥油，一般にチークオイルと呼ばれている塗料を30℃くらいに暖め，刷毛塗りしてよくしみ込ませ，柔らかい布で拭き込む．最近では，油変性タイプのウレタン塗料で乾きを早くさせた塗料が出ている．

（5） オイルステイン仕上げ
・ごみをとり，乾布で軽く拭く．
・汚れがひどい場合，薄めた中性洗剤の布を堅く絞ってソッと拭き，あと乾布で軽く拭く．
・月1回ワックスをかけ，から拭きする．
・洗剤を用いた場合は強くこすらないこと．
・塗装を保護する意味でウレタンワニスを上にかけると摩擦に強くなる．

（6） ラッカー・ニス仕上げ
・ごみ・ほこりを掃除機でとるだけでよい．
・週2回くらいから拭きする．
・汚れのひどいときは，住まいの洗剤を薄めた水の堅絞り布で軽く拭き，すぐ真水の堅絞り布で拭き，さらにから拭きする．決して強くこすらないこと．
・ラッカー仕上げは，化学雑巾を常時使用すると塗料がとれることがあるので注意のこと．

- 熱湯，アルコール，ベンジンなどの使用は，変色したり，塗装がはがれるので禁物．
- この塗装は，塗膜として弱いので，本来床には不向きであるが，保護塗装をするとよい．

（7） 天然木練付合板
- 日常は，ごみ，ほこりをとるだけでよい．
- 時々から拭きする．
- 汚れた場合，真水の堅絞り布で拭きとり，あと乾いた布でから拭きする．
- 床に使われるこの材はほとんど合成樹脂系の仕上げが施されているので，ワックスを塗る場合，その種類に合うワックスを使用のこと（ワックスを市販している会社の消費者室に問い合わせると，よく説明してくれる）．

（8） 白木
- 日常は，ごみを除去し，から拭きする．
- 全般に薄汚れてきたときは，住まいの洗剤を薄めて清潔な柔らかい布で拭き，真水の堅絞り布で洗剤をよく拭きとり，そのあとから拭きする．
- シミがついたら，汚れた部分に10〜15倍に薄めたシュウ酸で，その部分が目立つことのないよう周りをぼかしながら落し，あと十分に温水で洗い拭きとる．
- シミ抜きの簡単な方法として過酸化水素系のものが市販されている．
- 一般的によく行われるのは酢酸による除去法で，シミの濃度に合わせて酢酸液を塗布し，数分後，清水で洗い落す．そこだけ抜けたように真白になってしまわないように注意しながら行う．シュウ酸と同様，急に強いものを使うと木肌を傷めるので，徐々に行うこと．
- 一度シミをつけるとなかなか元に戻すことが困難なので，新しいうちに，白木用固形ワックスで拭き込んだり，ワトコーオイルなどをシンナーで薄めて塗るなど，汚れのつかないうちに膜をつくっておくとよい（いずれの場合もトノ粉を十分除去してから行うこと）．
- 貼物材は下地のシミが出ることがあるので，シミの大きいときは専門業者に依頼する．

（9） テラゾー
- 中性洗剤で洗ったあと，よく水洗いし，乾燥したら薄くすべり止めワックスをかけてよく拭きとる．
- 油やインクなど，シミになるので注意のこと．

写真14.1 床

- 酸に弱いので，汚れ落しに塩酸の使用は禁止．表面が荒れて汚れがつきやすくなる．

（10） タイル
- 床のタイルは摩耗に強く吸水性も少ないので，ブラシやタワシで水洗いしたあと，水分をとっておくだけで十分である（ただし2階以上で床に防水のないところは，水洗いは厳禁．ぬれた雑巾で拭きとること．
- 浴室の床など釉がけタイルは，金物の洗面器などで傷がつくと地の色が出てくる．こうなると補修の方法がないので注意のこと．

（11） 大理石
- 一般的に吸水性はないと考えられているが，意外に吸収するので，さびなどがしみ込むととれなくなるので，注意を要する
- 真水を流して洗ったらすぐに水分をとり，から拭きする（2階以上の床は防水をしてあるか調査のこと）．水性のワックスを薄くかけておく．火気を近づけないこと．
- 日常はごみをとって，から拭きのみとする．
- ブラシ，タワシなどでこすらないこと．美しいツヤがだんだん失われてしまう．

（12） 玄昌石
- 日常はごみをとり水洗いし水気を拭きとる（2階以上は防水がしてあるか注意）．
- 汚れたときは，中性洗剤で洗い，水洗いしてよく

拭きとる.
・ワックス掛けは，低温期には行わないこと．

(13) 畳

・箒で掃いて，から拭きする（電気掃除機は，細かい埃もとれてよいが，キャスター（車）が畳の表面を傷つけるので，週1回ぐらいにする）．
・埃のひどいときは，掃除をしたあと，住まいの洗剤を薄めたぬるま湯に浸した布を堅絞りにし，畳の目にそって拭き，素早く乾布でから拭きする．
・畳のへりの汚れはブラシで静かにとる．
・本床以外の場合は，表面の汚れをとるだけで十分である．

14.2 壁

（1）壁　紙

一般に壁紙と呼ばれている中には，紙，ビニル，織物（クロスともいう），不織布，フィルム状のもの，木質系，無機質系などを総称していることが多い．

① ビニル壁紙

・表面の埃をはたき，電気掃除機で清掃する．下貼り工法で貼ってある場合は吸引力を弱めること．
・軽い汚れは，住まいの洗剤をぬるま湯で薄めたものを布，スポンジに含ませて拭き，さらに真水の堅絞り布で十分に拭く．
・汚れのひどいとき，住まいの洗剤の原液（目立たないところで変色，退色をたしかめる）で拭きとり，真水の堅絞り布で十分に拭く．下貼り工法で貼ってある場合は注意のこと．

② 織物壁紙（裏打ちがしてあるので注意）

・月1回，風の強い季節は2～3回くらい表面の埃を，ハタキ，電気掃除機で清掃する．下貼り工法で貼ってあるので吸引力を弱める．
・ジョイント部分は特に埃が着きやすく，糸のほつれが出やすいのでていねいに行う．ほつれは早いうちにカッターで切りとっておく．
・シミが着くと，素人では除去がむずかしいので，水のかかりやすいところや窓，換気口の周囲，手の触れる部分などは，初めからフッ素樹脂系の表面保護スプレー（市販）を吹き付けておくとよい（光沢のある布には注意）．
・コンセントやスイッチ周囲などの部分的汚れは，汚れが目立たないうちに，食パンの柔らかい部分で

写真14.2　壁

ていねいにこする．
・通気作用があるため埃もつきやすいが，煙草のヤニなどの汚れや臭気がつくととれないので，汚れがつきやすい部分にあらかじめ表面保護スプレーを施しておくとよい．
・高価な布は袋貼り施工をするので，ハタキ掛け程度にし，汚れ，シミは専門業者に依頼のこと．

③ 紙壁紙

・表面をハタキなどで衝撃を与えないように埃を落す．他の壁紙に比して破れやすい．
・樹脂を被覆したり，フィルムをラミネートしたりして水に弱い欠点をカバーしているが，撥水加工をしてないものもあるので，水を用いてのメンテナンスは避けること．
・紙のエンボスは腰が弱いので，から拭きも力を入れないこと．
・上等な和紙などは貼壁工法になっていることがあるので，下地に十分注意のこと．

④ 木質系壁紙　高級天然木をスライスして裏打ちをし，表面処理をしたもの．

・表面の埃をハタキで軽く落す．
・ときどきから拭きをする．
・汚れたとき，真水の堅絞り布で拭きとり，素早く乾いた布で拭きとる．

- 表面処理はしてあるが，高価なうえに極薄なので衝撃を与えないこと．

⑤ **無機質系壁紙**　アスベスト紙，ひる石，ガラス繊維，アルミ箔など．
- いずれもハタキなどで埃を除去するくらいで，洗剤を使ったり，水分を与えないこと．
- 手の脂をつけないこと．

⑥ **紙布，葛布類**　紙布は紙紐を織ったもの，葛布は植物の茎やつるを乾燥したものを緯糸に織り込んだもの．
- 表面が平滑でないので埃がつきやすく，いたみやすいので，ハタキ掛けはていねいに注意深く行う．
- 汚れがついても，洗剤や水分を使っての清掃は禁物である．
- 表面には触れないこと．
- 耐色性もないので，直射日光を避けること．

（2）**プラスター塗壁**（しっくい塗もほぼ同じ）
- 日常は，ハタキ掛けで十分である．
- ハタキでとれない汚れが付着した場合は，消しゴムか目の細かいサンドペーパーで軽くこする．
- スイッチ，コンセント周囲の手垢は，消しゴムか食パンで気長にこすり落す．決して強くこすらないこと．
- セロハンテープの跡は，目の細かいサンドペーパーでこすり落す．
- クレヨンの汚れは，脱脂綿にクレンザーをつけて，壁の方を傷つけないよう行う．
- しっくい塗は水に弱いので，決して水分のあるもので拭かないこと．
- あまりひどい汚れや傷，シミなどがでたり黄変した場合，全面ペイントで上塗りするか，壁紙などを貼ると気分が変わってよい．貼り物の場合は，清掃したうえ，シーラーを十分しみ込ませて壁を固め，パテ処理をしてから貼ること．

（3）**ペンキ塗装**
- ハタキでむらなく清掃するか，乾布でから拭きする．
- 汚れが目立つときは，中性洗剤をぬるま湯に薄めた布で拭き，さらに真水の堅絞り布で拭く．
- 洗剤を使用するときは，目立たない部分で試し拭きをすること．
- 熱湯やシンナー，ベンジンなどの使用は禁物である．

（4）**透明塗料仕上げ**
① **オイルステイン仕上げ**
- 日常はハタキ掛け．
- 月1度くらい乾布で拭く．その他は床に同じ．

② **クリヤーラッカー仕上げ**
- 日常はハタキ掛け．
- 汚れたときも，中性洗剤をぬるま湯で薄め，堅絞り布で拭いたあと，軽くから拭きする．

（5）**水性ビニル塗料**
- ペンキ塗装と同じ要領でよい．

（6）**化粧合板**
- 日常は，ハタキ掛けか柔らかい布でから拭き．
- 汚れたときは中性洗剤を薄めて拭き，真水の堅絞り布で洗剤を拭きとる．水気が残らないようによく拭く．
- ベンジン，シンナーなどの溶剤は禁止．

（7）**天然木練付合板**
- 床の項を参照のこと．

（8）**白　　木**
- 床の項を参照のこと．
- 壁の白木は，左官壁と接触する部分で塗り材の水分による事故がよくおこる．あらかじめチリ際に撥水性の塗膜やアク止め（市販）を行っておくこと．

（9）**大　理　石**
- 床の項を参照のこと．
- 石貼りのトロのあくは材質を変化させるので注意する．

（10）**テラゾー**
- 床の項を参照のこと．

（11）**タ　イ　ル**
- ハタキ掛け，または乾いた布で拭く．
- 汚れがついたら，中性洗剤を薄めた湯でブラッシングし，真水でよく拭きとる．目地の黒ずみは，洗剤の原液を柔らかいブラシにつけて，目地を傷めないようブラッシングする．
- 酸性の洗剤や塩酸を含むものは使用禁止．

（12）**土壁，繊維壁**
- 静かにハタキ掛け．汚れを落す確実な方法がないので，水分，シミなどをつけないこと．
- 初期に砂壁押えスプレーを行うとよい．

14.3 天　　井

　部屋の暖まった空気が上昇するとき，埃やすすも一緒に持ち上げて天井に付着させ，コーナー部分が影のような感じに汚れる．昆虫類の卵や糞も面倒な汚れである．

（1）　一般の天井
・週に一度，羽根箒またはハタキに柄をつけて静かにぬぐう．古ストッキングを細く切ってハタキ状にしてぬぐうと，静電気によって埃を吸着し，ハタキのようにごみや埃が舞うことなく清掃できる．

（2）　和室の天井
・以前はアク洗いをしたが，最近の材料は水分で剥離やふくれがおこるので，まず汚さないことを心掛けること．
・シミの黒いのは工事中の手脂が酸化したものと考えられ，中性洗剤を湯で薄めて拭く．なおとれないときは，塩素系の漂白剤をぬるま湯に薄めた液（10倍くらい）を刷毛塗りし，ぬるま湯の堅絞り布で十分に拭きとる．
・白いシミは，単板製作時の糊が白くしみ出た上に周囲が色やけして目立ってきたものと考えられる．このときは乾いた布でこすり落し，前記の漂白を行うが，全体が色やけしているのであれば，全般的に行わなければならない．くれぐれも処理後水分を残さないこと．
・天井板は材料が薄いので，大きなシミ，汚れは専門業者にまかせること．

15. インテリアと家具

　住宅をはじめとして各種建物のインテリアには、家具、照明器具、カーテン、カーペットなどのインテリアエレメントが装備されてはじめてその建物の使用目的が達成されるといえる。

15.1　インテリアと家具

　入居前の部屋などで家具が配置されていない室内は、がらんとしていて殺風景である。部屋の中にカーペットが敷き込まれ、ブラインドやカーテンが吊られ、さらに、家具が持ち込まれて使いやすく配置されると、にわかに生活の雰囲気が出てくるものである。そこにある椅子からは、人の気配さえ感じられるのがインテリアと家具との関係である。

　バランスのとれたインテリアに、使いやすくて感じのよい家具が置かれると、インテリアの機能やデザイン効果がいっそう高まるであろうし、そこでは心地よい作業や、満足できる生活のドラマが展開できるといえよう。

　インテリアデザインでは、目的にそったスペースの室内環境づくりと、デザインの雰囲気づくりのために、床、壁、開口部、天井など建築部位のデザイン、内部空間の仕上げや色彩計画、採光や照明計画、暖冷房や電気、衛生などの環境設備を行うが、さらに家具、照明器具、カーテン、カーペット、アートワーク、グリーンインテリアなどのインテリアエレメントが、それぞれ必要かつ重要な構成要素になってくる（写真15.1）。

　心理的にも生理的にも快適なインテリアをつくるためには、これらインテリアエレメントの中でも特に家具のデザインが大切である。椅子やテーブル、収納キャビネットなどいろいろな家具によって、その部屋のスタイルやインテリアの趣味、雰囲気などが左右されてしまう。それほどに家具はインテリアにとって重要な要素であるといえよう（写真15.2〜15.7）。

　家具が装備されるインテリアは、住宅をはじめとして、銀行やオフィスなどの業務空間、文化教育施設、医療施設、ホテルや宿泊施設、商業空間、スポーツ施設など種々な建築種別にわたるが、その際、それぞれの建物の目的に対応した、そのインテリアにふさわしい家具が装備されて、はじめて、その建

写真15.1

写真 15.2 リビングルーム

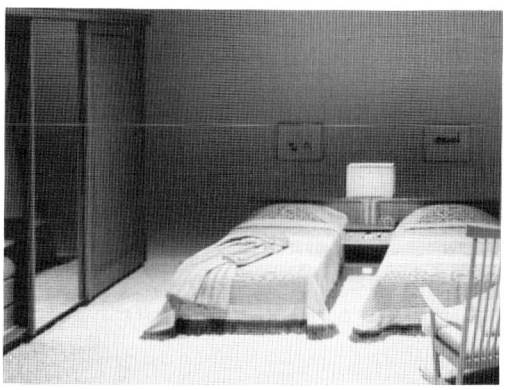

写真 15.3 ベッドルーム

写真 15.4 収納家具

写真 15.5 教育施設

写真 15.6 ホテル宴会場

写真 15.7 スポーツ施設

物が建築目的にそった機能と役割りを果たすことができるといえる．

このような観点から，インテリアと家具の関連について考察してゆくと，次の二つの事柄が重要になってくる．その一つは，空間目的にそった家具の選択の仕方の問題であり，他の一つは，選ばれた家具をどのように配置するかの問題である．

一般に家具は工場生産によって作られるので，品質や価格が安定しており，商品形態としては完成品としての家具がインテリアに搬入される．特別注文の家具を除いて，一般市場にはデザイン的にも種類的にも数多くの既成品家具が流通するネットワークになっている．

このように，多品種でかつ機能的にもバラエティのある既成品家具のうちから，上述のような種々の目的を持った建物のインテリアに，それぞれどのような家具が選ばれるべきであろうか．家具のデザインや品質をどのような基準で決めたらよいのだろうか，このような問題の答えとして，その選択を可能にするためには，まずなによりも深い専門知識とよ

き感性とが必要なことはいうまでもないが，家具を商品評価の側面から考えてみると次のようになる．つまり家具は，機能性やデザイン性は特に大切ではあるが，さらに生活文化にそくした時代性，使用中の安全性，適格な品質，価格，メンテナンスが容易であることなどが重要な項目になってくるということである．

いずれにしても家具は，人に最も身近なインテリアエレメントとして存在し，椅子の場合には当然ながら人が腰掛けたり，テーブルなら，その上で作業をしたり，衣食住に必要な物を収納するなど，いろいろ機能的な役割りを果たすとともに，インテリアに装備されれば家具自身の存在がデザイン的な楽しみを見せてくれるし，さらにインテリア空間への働きかけと共鳴作用，造型的なインパクトを与え，よりよきインテリア空間の演出をするものである，といえよう．

以上に述べた視点から，インテリアに装備する家具選択のキーポイントを整理して見ると次のようになる．

〔デザインイメージ〕　デザイン性，造型性，素材，色，生活様式，インテリアイメージや使用目的に合致した家具デザインを選択する．

〔使いやすさ〕　機能性，使い心地，使用目的にかなっているか，満足して使えるか，メンテナンスは容易か，などの使いやすさ．

〔美 し さ〕　形が美しい，雰囲気がよい，空間性がある，素材や色仕上げが美しい，気品がある．

〔品　　質〕　適格な材料，加工技術がよい，仕上げや色がよい．

〔丈 夫 さ〕　構造的に強い，使用材質が適正，仕口や加工技術が適格，丈夫な仕上げ．

〔寸　　法〕　全体の寸法が適正．幅，高，奥行，座高，ディテールと寸法，インテリアの寸法的バランスがよい．

〔価　　格〕　適正な価格，安く手に入る，流通マーケット．

〔納　　期〕　必要なときに入手できる．

家具は，上述のようないくつかのチェックポイントによって合目的的に選ばれるが，そうやって選ばれた家具類は，さらに上手な家具配置をすることが重要である．なお，家具配置の手法については次項を参照されたい．

15.2　インテリアと家具配置

インテリアデザインの設計フローでは，計画のもっとも初期に行うデザインイメージの検討にともなって，家具配置（ファニチャーレイアウト）の作業がスタディされる．

インテリアの家具配置は，建物やその部屋の使用目的を考慮して進めるが，レイアウトの手法は室内平面の形，出入口の場所，窓からの採光，主要壁面の位置などインテリア平面の条件に従って行われる．具体的には，椅子やテーブルのグループと，その組み合わせ形式に従って配置される．その際問題になってくるのが配置形式と配置寸法で，この二つの事項がたいへん重要である．

家具配置の形式には，後述のようないくつかのタイプとバリエーションがあるが，その部屋の使用目的，ライフスタイル，インテリアのデザイン方針によって決めるのが妥当であろう．配置する際の寸法は，人間工学的な動作寸法や動作空間を基本にして進めるが，その場合気くばりすることは人と人との距離である．この距離が人間の心理面に微妙な影響を及ぼすことを念頭において進めることが大切である．この人と人との距離の問題については，人間工学の解説を参照されたい．

以下住宅の場合の家具配置について，リビング，ダイニング，ベッドルームおよびキッチンについて順を追って述べる．

（1）　リビングルームの家具配置

現代の生活空間では，リビングルームが住まいの中では最も大切な部屋であるといわれ，リビングルームのデザインや部屋の趣味，規模によって，その家全体のイメージや印象が把握できるともいえるほどである．リビングルームは，家族全員が日常生活を楽しむスペースで，団欒，休息，接客，TV，音楽，読書，編物，ゲーム，ダイニングルームへの通路など，1日の時間帯やライフスタイルの変化によって多目的に使用される．

いろいろな目的に使われるリビングルームの家具配置は，生活の振る舞いの変化に対応可能なレイアウトが好ましく，そこに装備される家具の種類は，自由に動かせるものが便利であるといえよう．

リビングルームの家具配置は，このように変化あ

15. インテリアと家具

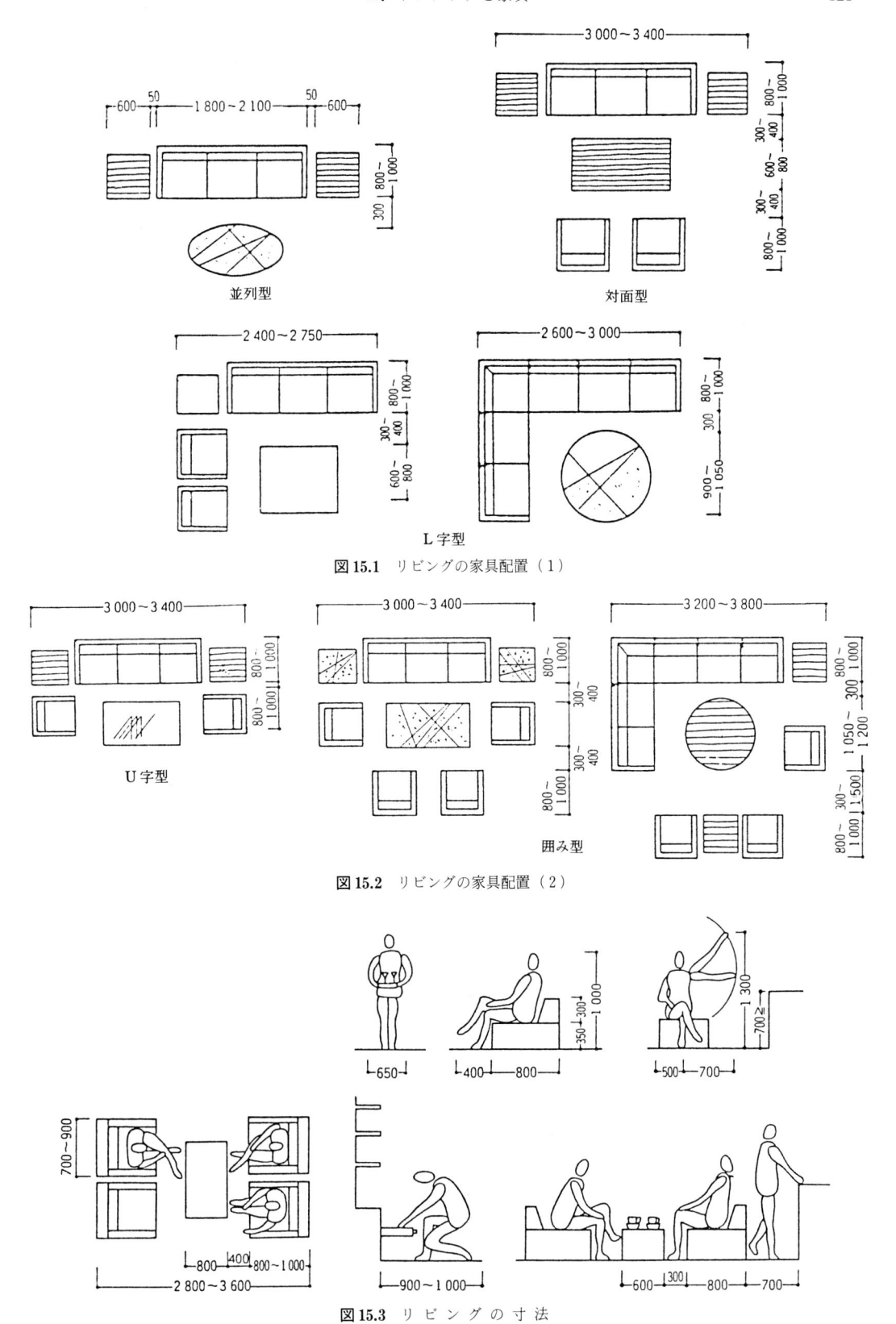

並列型

対面型

L字型

図15.1 リビングの家具配置（1）

U字型

囲み型

図15.2 リビングの家具配置（2）

図15.3 リビングの寸法

る自由な配置が好ましいのではあるが，一応生活のパターンに即応したいくつかの基本的な配置形式があるので，それを述べる．

図15.1, 15.2でみられる家具配置を，単純な配置から順に挙げると並列型，対面型，L字型，U字型，囲み型などである．

配置は，リビングルームでのくつろぎ，リビング生活，ファミリールームの場合などはゆったりとした寸法にしたい．また応接や接客が主の場合には多少つまった寸法配置となる（図15.3参照）．

（2） ダイニングルームの家具配置

ダイニングルームの椅子やテーブルの標準寸法はJISによって整備されているが，テーブルの大きさとダイニングの家具配置は，図15.4のように人数によっておのずから決まってくる．

ダイニングルームにおける家具配置で注意することは，配置する家具周辺のインテリア寸法である．それは，図15.5で示すように，出入口までの距離やサービス通路の幅，壁までの間隔，食器戸棚との距離などである．このインテリア寸法の取り方で，ダ

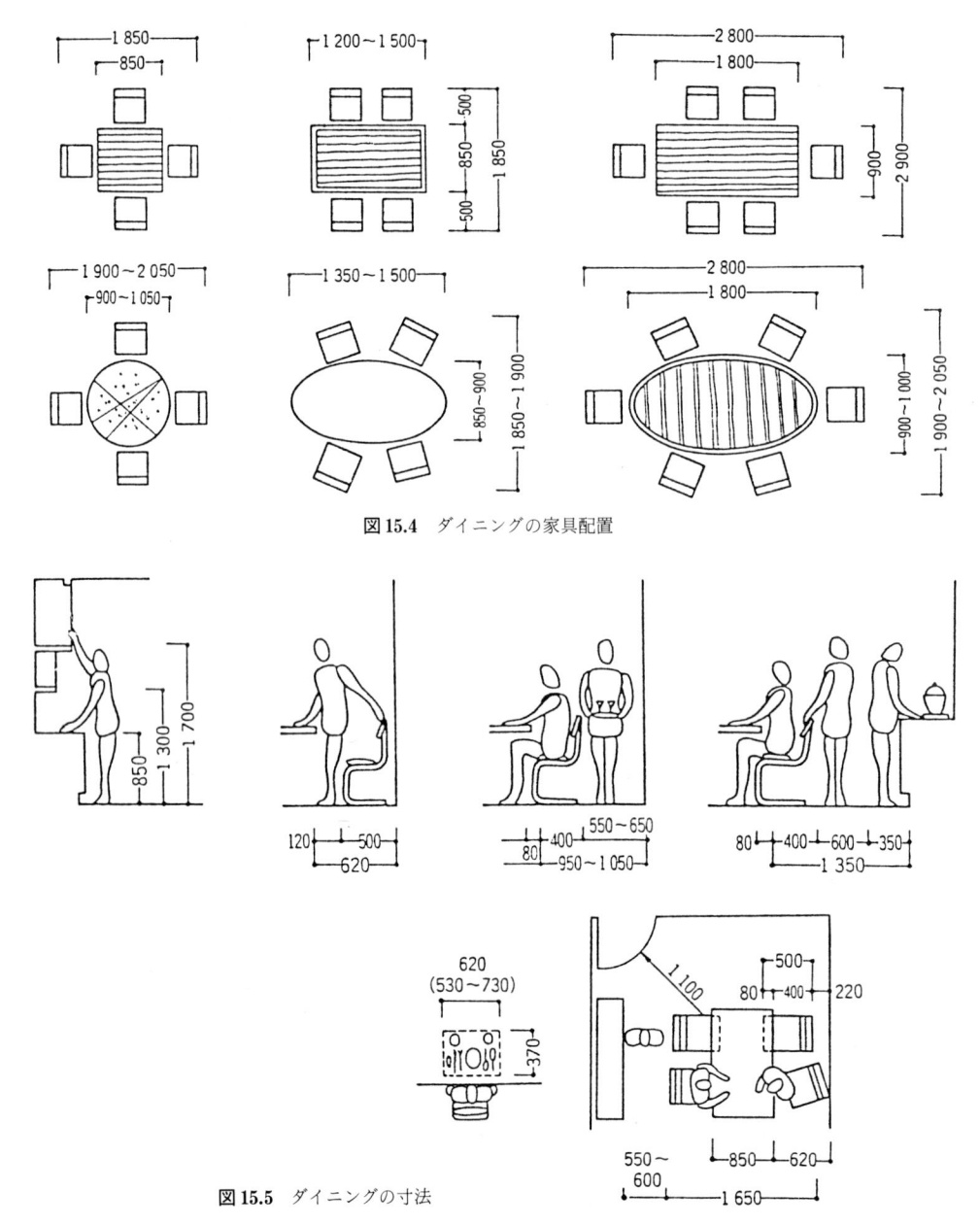

図15.4 ダイニングの家具配置

図15.5 ダイニングの寸法

イニングルームの使い勝手や快適性が左右されてしまうほどである（図 15.5）．

（3） ベッドルームの家具配置

ベッドの標準寸法は JIS によって整備されている．寝室の家具配置は，部屋の形状や方位，窓面を考慮してレイアウトする．

通常ベッドのヘッドボードは壁面に接して配置するのが好ましく，出入口の場所，採光，ワードロー

図 15.6　ベッドの配置と寸法

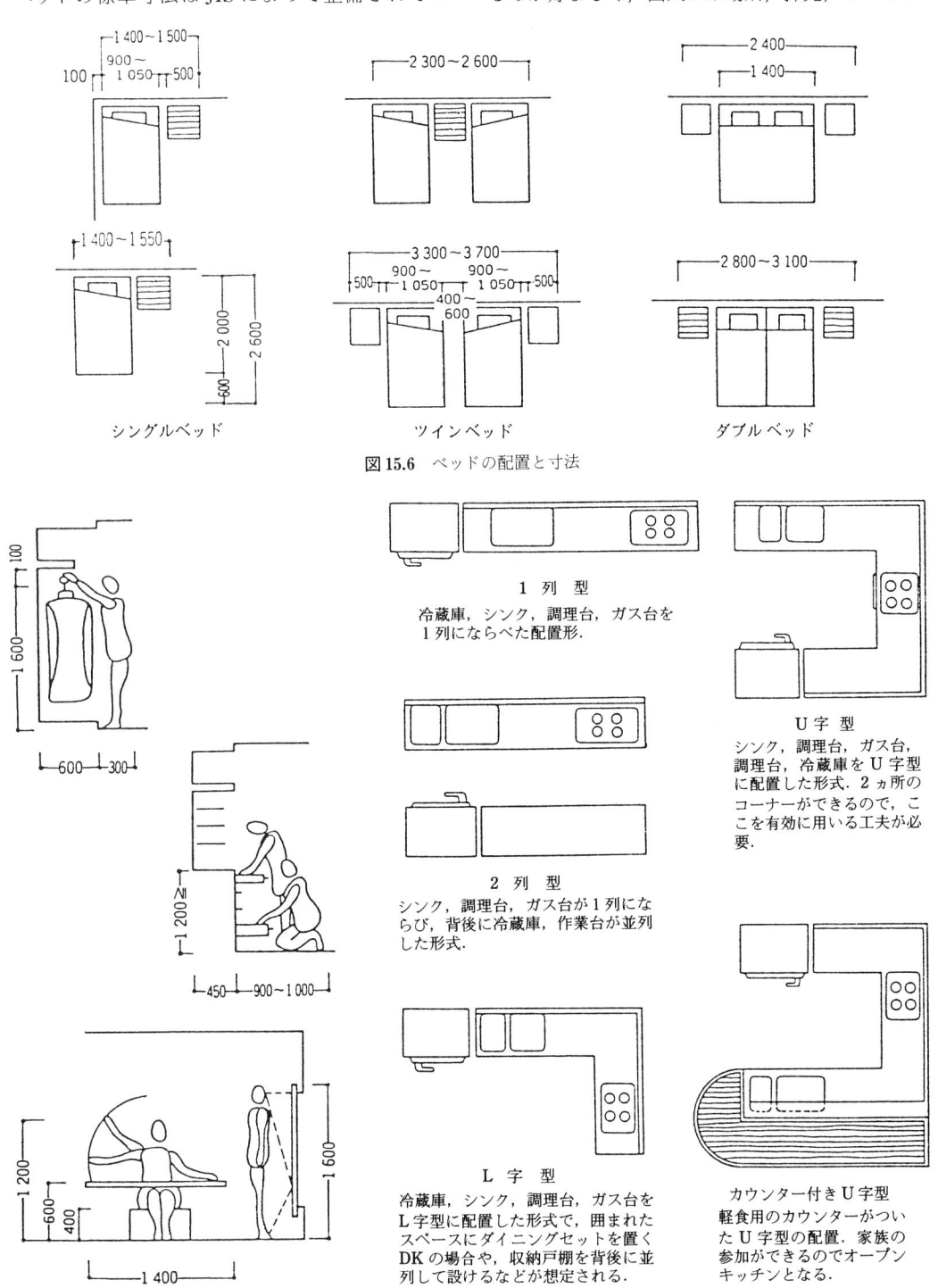

図 15.7　衣類や物の収納，化粧動作の基本寸法

図 15.8　キッチンの配置

1 列 型
冷蔵庫，シンク，調理台，ガス台を 1 列にならべた配置形．

2 列 型
シンク，調理台，ガス台が 1 列にならび，背後に冷蔵庫，作業台が並列した形式．

L 字 型
冷蔵庫，シンク，調理台，ガス台を L 字型に配置した形式で，囲まれたスペースにダイニングセットを置く DK の場合や，収納戸棚を背後に並列して設けるなどが想定される．

U 字 型
シンク，調理台，ガス台，調理台，冷蔵庫を U 字型に配置した形式．2 ヵ所のコーナーができるので，ここを有効に用いる工夫が必要．

カウンター付き U 字型
軽食用のカウンターがついた U 字型の配置．家族の参加ができるのでオープンキッチンとなる．

プなど収納家具との位置関係などからベッドルーム全体の家具配置を決める．シングルベッド，ダブルベッド，ナイトテーブルとを組み合わせた家具配置の形式を示すと図 15.6 のようになる．

ベッドの配置についてはベッドメーキングのための寸法も大切である．衣類や物の収納，化粧動作の基本寸法などについては図 15.7 を参照されたい．

（4） キッチンの家具配置

キッチンに配置される厨房用機能ユニットとしては，準備台，調理台，ガス台，作業台，冷蔵庫，調理器具および食料品などの収納がある．

これら各種の機能ユニットをレイアウトする場合には，部屋の大きさ，出入口，ダイニングへの通路，窓の位置，設備配管などを考慮して計画されなければならない．先に挙げたいくつかの厨房用機能ユニットは，住宅の規模や家族構成，ライフスタイルに応じて装備され，最低のユニットの組み合わせから軽食用カウンター付きまで，多くの機能を持ったいろいろな配置が考えられる．それらの配置形式は，図 15.8 のように 1 列型，2 列型，L 字型，U 字型，カウンター付きおよびアイランド型などである．

〈写真協力〉

(株)コトブキ．(株)天童木工．(株)カンディハウス．

16. 家具の種類と発達

　人間は歴史時代以前から石器や土器などの道具を使って生きてきた．農耕時代になると籾（モミ）や食料を保存するため，かめやつぼを使うようになった，これが収納具の始まりである．労働の合間の休息には石や木の根に腰掛けたり，草で編んだ薦（こも）に座った，これが座具の始まりである．

　国家が成立するような階級社会になると，支配者の権威を高めるため，造形的表現をもった道具が作られるようになった．この頃が家具の始まりといえるだろう．ここではその主な種類の発達史を見てゆこう．

16.1　権威の座

　古代の支配者たちは，身分の権威を表現するために，少しでも高い位置に座ったり，寝たりすることを考えた．これが王座や権威の寝台を生むことになった．

（1）王　　座

　王座は紀元前14世紀頃すでにエジプトやメソポタミアで作られ，ギリシヤ，ローマに伝わり，中世には，キリスト教の法王や司教の座となり，近世は西欧諸民族の王の王座となった．

　これらに共通することは，立った人から見おろされないように座を高くすることで，通常足をのせる台をつけるか，また椅子全体が高くなる段上に置かれた．

　この系統を代表するものとしては，ツタンカーメン王の謁見の椅子（紀元前14世紀．図16.1）がある．これは木部に金箔を張ったもので，権威を示す太陽神やライオンの脚の装飾がほどこされ，彩色されている．

　中世の教会の椅子としては，マクシミニアス（6世紀）の椅子がある．これは彫刻された象牙で飾られている．またゴチック時代の司教の椅子も，神の権威を示すためハイバックになり天蓋もついた．図16.2はフランスの15世紀のもので，座は櫃を兼ねている．

　近世のものとしてはナポレオンの王座（図16.3）がある．これは深紅色のビロードに金糸でNのイニ

図16.1　ツタンカーメン王の謁見の椅子（エジプト，BC 14）

図16.2　司教の椅子（フランス，AD 15）

図16.3　ナポレオンの王座（フランス，1810）

シアル文字を刺繍し，脚部にはヘレクレスの頭とライオンの足をつけている．

この流れとは別にインドの胡座（図16.4）がある．結架扶座（座禅の座法）するのは兜卒天上の菩薩で，中国・朝鮮・日本へ伝来した．

この型式のものは座が水平で，結架扶座できるよう間口が広い．日本には正倉院の赤漆槻木胡床（図16.5）が残っている．この椅子は，親王以上のものだけが座ることができ，紫宸殿にある黒柿製が天皇の座として最高の権威である．

中世の仏教には，結架扶座するハイバックチェアー大師倚（図16.6）がある．寺院が土間である間は，履物を置く台がついていたと思われる．

室町時代になると禅宗の行事も管長などの住居，方丈で行われるようになり，あまり椅子を使わなくなった．近世の書院造になると床の高低で権威を示すようになり，その境の框（かまち）が重要な役割を果たすようになった．現代では国会の議長，最高裁判所判事の椅子がこれにあたる．

（2） 寝台と帳台

寝台もまた権威を示す座具で，古くはアッシリアなどにあり，紀元前7世紀ごろにすでに始まっている．図16.7のコスロウ一世の杯の絵(6世紀)では，王が動物の脚のベッドに座り謁見している．こうした習慣は，イスラム教とともに中近東に広がり，ルネッサンス以後，西欧でも大きな帆立貝の装飾を背景にしたグリーンステートのベッド（図16.8）が謁見用寝台に使われている．

チッペンデールもこの習慣を利用し，図16.9のような中国風ベッドを新興資本家のためにデザインしている．ナポレオンの妻ジョセフィーヌの寝台（図16.10）もその一例で，白鳥の意匠が使われている．

図16.4 兜卒天上の菩薩
（インドの胡座，AD 2）

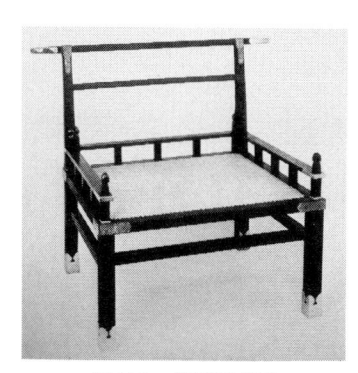

図16.5 赤漆槻木胡床
（正倉院，AD 8）

図16.6 大師倚

図16.7 コスロウ一世の杯（部分）
（AD 6）

図16.8 グリーンステートベッド
（イギリス，1722）

図16.9 チッペンデールの寝台
（AD 18）

図16.10 ジョセフィーヌの寝台（フランス，1810）

図16.11 長春宮東里間内の景和炕屏

図16.12 紫宸殿での明治天皇とオランダ公使ポルスブロックとのご対面（明治元年）（明治聖徳記念館蔵）

図16.13 三脚椅子（ツタンカーメン王墓より出土）（エジプト）

図16.14 腰掛け（山木遺跡出土）（日本）

図16.15 折りたたみ椅子（ツタンカーメン王墓より出土）（エジプト）

東の方に伝わったものには，清代の長春宮東里間内の景和炕屏（図16.11）などがある．

日本には正倉院の御床一対がある．これは一種のダブルベッドであるが，使い方はわからない．しかし平安時代になると帳台に発展し，皇族だけがあがれる権威の台，浜床になる．

明治天皇は，討幕にあたってオランダの公使を紫宸殿に招き，帳台の中で謁見（図16.12）し新政府への協力を依頼しているが，これも西欧と共通する礼法によったものであろう．

16.2 暮らしの座

土間で暮らすにはなんらかの座具がなければ困る．そこからは実用的な椅子が発生する．それは次のようなものである．

（1）腰掛け

織機を使い布を織ったり，ろくろで土器を作るには，腰掛けて仕事をした方が楽で効率がよい．エジプトの第18王朝（前1400年）の壁画にスツールで作業する姿が画かれているから，当時すでにスツールが普及していたことがわかる．便利なものはもちろん王や官僚も使った．図16.13はその一つで，ツタンカーメン王墓から出土した3本脚のスツールである．

日本では，山木遺跡（2世紀）から出土した腰掛け（図16.14）がある．

（2）折りたたみ椅子

旅行には折りたたみ椅子が便利だ．図16.15の折りたたみ椅子はツタンカーメンの王墓出土だが，高松塚古墳の壁画の従者が同種のものをかかえている．

折りたたみ椅子は戦国時代にも床几として陣中で広く使われていた．明朝の曲象（交倚）はこれに背をつけたもの（図16.16）で，日本には鎌倉時代に伝来し，仏事で広く使われた．イタリアのサボナロー

図16.16 曲象（中国，明時代）
図16.17 サボナローラ（イタリア，AD 16）（京都工芸繊維大学蔵） 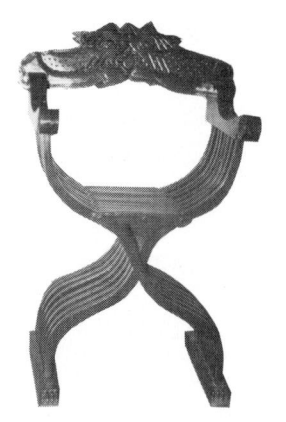
図16.18 クリスモス（ギリシャ，BC 5） 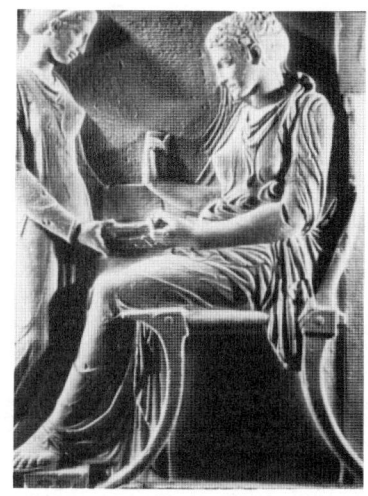
図16.19 セッツルのある室内（ゴチック，AD 14頃） 
図16.20 ルイ15世式肱掛け椅子（AD 18） 

ラ（図16.17）やダンテスカも折りたたみである．

（3） 西欧の椅子

椅子式生活が15世紀頃から発達した西欧では，さまざまな椅子ができた（16.5節（1）項参照）．座りやすさを配慮したものとしては，アテネの墓碑に彫刻されたクリスモス（前5世紀．図16.18）が古く有名である．この椅子は軽くて持運びができ，主婦に愛用された．座面は革ひもで，その上に絹のクッションをのせている．まだ低い足のせ台が残るが，座り心地のよい曲面となっている．

ゴチック時代にはベンチに転換式の背がつく長椅子セッツル（図16.19）が考案され，マントルピースの前に置いて，身体の前後から暖まるようにしている．

しかし，何といっても文芸復興と人間開放を訴えたルネッサンス以降が暮らしの椅子の時代で，その代表がルイ15世式の椅子（図16.20）であろう．椅子張法が発達し，馬のたてがみや白鳥の毛が入ったゴブラン織の座と背の座り心地は貴婦人たちを満足させた．そして19世紀のビクトリア時代にはコイルスプリングが発明され，安楽椅子が生まれている．

18世紀後半，産業革命で中産階級が生まれ，木工機械が発達すると家具は大衆のものとなった．それにふさわしいデザインがヘップルホワイトとシェラトンである．かれらはアパートなどに住む人のために様々な機能を持った可変家具を考案し製作した．木工旋盤を多用したものとしてはウィンザーチェア（図16.21）があり，アメリカで流行した．またシェーカー教徒の椅子（図16.22）にも生活の椅子が持つきびしさがある．

(4) 床子 (しょうし)

一方，インドや中国も土間生活であるから椅子はなくてはならない．そこで主に使われたのが床子である．

図16.23は2世紀のインドの釈迦像であるが，その座は独床子(ひとりしょうし)であり，中国の北宋の学者(10〜11世紀．図16.24)が座るのが大床子である．

大床子は組み合わせてベッドにもなるが，図のように会合にも使われた．左の婦人が持っている狭軾(きょうしき)は座した人の前に置かれ，両肱をのせたりして休息している．正倉院にもこの種の狭軾が現存している．また，法隆寺五重塔の維摩居士(ゆいま)の座像(7世紀．図16.25)では，U字型の狭軾が使われている．老人用のものかも知れない．

図16.21 ウィンザーチェア (イギリス，19世紀頃)

図16.22 シェーカー教徒の椅子 (アメリカ，1830)

図16.23 釈迦像 (独床子) (インド，AD 2)

図16.24 北宗の学者 (大床子) (中国，10〜11世紀)

図16.25 維摩居士座像 (法隆寺五重塔．AD 8)

図16.26 道詮律師像 (法隆寺夢殿．奈良時代)

図16.27 笠森稲荷の縁台 (鈴木春信筆．AD 18中期)

図 16.28 居庸関（中国）の農家の炕（オンドル）

図 16.30 桂林の竹椅子

図 16.29 上海玉仏寺の椅子

図 16.31 ポロネーズベッド（ゴチック，AD 14 頃）

図 16.32 ブルタニュー地方の二段ベッド（フランス）

　法隆寺夢殿の道詮律師像（8世紀，図 16.26）の礼盤（らいばん）も礼拝用の床子で，奈良時代の寺院では中国と同様広く使われた．しかしながら平安中期から和様が流行すると，床は板敷になり，置畳を使うようになった．屋外用は縁台となり，近世には国民に広く普及した．図 16.27 は浮世絵の笠森稲荷の図（18世紀）である．

　中国では床子の伝統は現在でも生きている．図 16.28 は，北京郊外の居庸関の農家一室である．炕（オンドル）は大床子と同じような使い方で，ベッドであるが，履物をぬぎこの上に上がりこむ．

（5）アジアの椅子

　中国でも，食事には小椅子や肱掛け椅子を使っている．ただ床子の影響が強いためか，西欧と違い座は水平で，背板は垂直に近い形のものが多い．図 16.29 は上海玉仏寺の唐木の椅子で，卓子をはさんで壁ぞいに置いている．庶民が使う椅子としては，南部に多い竹椅子（図 16.30）や中部の柳椅子がある．

　日本では，土間と板の間の境にある上り框（あがりがまち）や縁側の段差が椅子の役割を果たしたが，わら製のスツール"わらとん"や竹のベンチなども使われている．また中世の社寺参詣者用に作られたベンチ，拝木（はいぼく）も椅子である．

（6）寝　床

　支配者の寝台は 16.1 節の権威の座でのべた通りだが，民衆の寝方はあまり明らかでない．ただいず

れの国も，古代は土間に草・わら・こも・むしろを敷き，開口部を小さくして裸で雑魚寝した．

近世になって暖房が発達すると，西欧では上流階級からポロネーズベッド（国 16.31）や壁のくぼみを利用したアルコープベッドに寝るようになる．図 16.32 はブルタニュー（仏）地方の農村の二段ベッドで，ボックスベッドの型式が残っている．

日本の古代では畳が貴族達の寝具であり，源氏物語絵巻や病草子（12 世紀．図 16.33）では，みな畳に直接寝て衣服を掛けている．

民衆が畳に寝たり布団を持つようになるのは，江戸時代の後半から明治にかけてのことであり，それまでは，農家の寝部屋のような密室にわらやむしろを敷いて雑魚寝していた．

16.3 机・卓子

人間社会も発達してくると，座具以外にも，神や権力者に捧げる物をのせる台や，食物や食器をのせる台が必要になる．前者は神や権力者の権威を示すにふさわしく高めであり，食事など実用に供したものは低めなことが多い．

（1）前　机

前机は神前や仏前に置く台で，玉串・香炉・燈明・生花などをのせたり，お経をそなえ読んだりもしている．図 16.34 の漆十八足几（正倉院）は，通常多足几といわれるもので神前で使われた．厚板に足を枘差し，甲板の収縮にたえるようになっている．図 16.26 の道詮律師像（法隆寺夢殿）でも前机が使われている．これは礼盤（床子）の高さにもあい机にもなる．筆返しがあるのは経巻が落ちないようにしたものだろう．平安時代になると図 16.35 の螺鈿平塵案（中尊寺）のようなスマートな鷺脚になっている．

また円覚寺の前机（図 16.36）は，禅宗様として鎌

図 16.33　病草子・不眠症の女（AD 12）

図 16.34　漆十八足几

図 16.35　螺鈿平塵案

図 16.37　朱漆塗高坏
（鎌倉時代 AD 13）
（京都国立博物館蔵）

図 16.36
前　机（円覚寺）

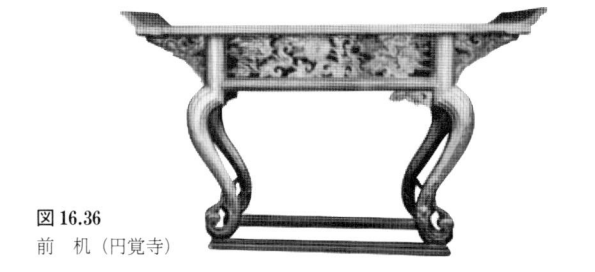

図 16.38　衝　重（室町時代）

図 16.39 懸盤（桃山時代）　　図 16.40 中宮の大饗（年中行事絵巻．原画：平安時代）

倉時代に日本に伝来したものである．鎌倉の建長寺にも同種のものがあり，脚は華足である．室町時代の長谷寺のものは和室用で低くなっている．
　ヨーロッパでこれに相当するのはキリスト教の祭壇であろう．

（2）膳　類

　食事の作法は料理とともに各民族それぞれ違いがあり，いろいろなスタイルが生まれてくる．
　日本の場合は個人別食卓として発達するのが特徴で，縄文晩期の高坏（たかつき）が青森県八戸市から発見されている（日本漆工の研究・沢口悟一著）．それ以来支配階級は，高坏や衝重（ついがさね）などの個人別食卓で食事をしてきたが，近世では膳・盆類として庶民にも普及して，和食事の原型になっている．
　なぜ中国や西欧ではテーブル食中心であるのに，日本が個人別食卓で通したのかよくわからないが，調理段階で食べやすくきざむ調理法や，近世になって「男女七歳で席を同じくせず」という男尊女卑の儒教の教えも影響していることは確かであろう．

　① 高坏（たかつき）　　縄文以来使用されてきたもので，ふたつきもあり食器でもあった．図 16.37 は鎌倉時代のものであるが，現存するものとしては古く，平安時代の様式を伝える．根来塗で，高さは 31.6 cm である．源氏物語絵巻の薫の五十日の祝の席では朱塗の高坏を 6 個並べ，おくいそめをしている．本来は実用食器であったが，近世になると神事に多く使われるようになった．
　② 衝重（ついがさね）　　図 16.38 のような，へぎ板を折り曲げて作った食卓の総称で，台にあける穴の数で三方，四方となり，穴のないものを供響

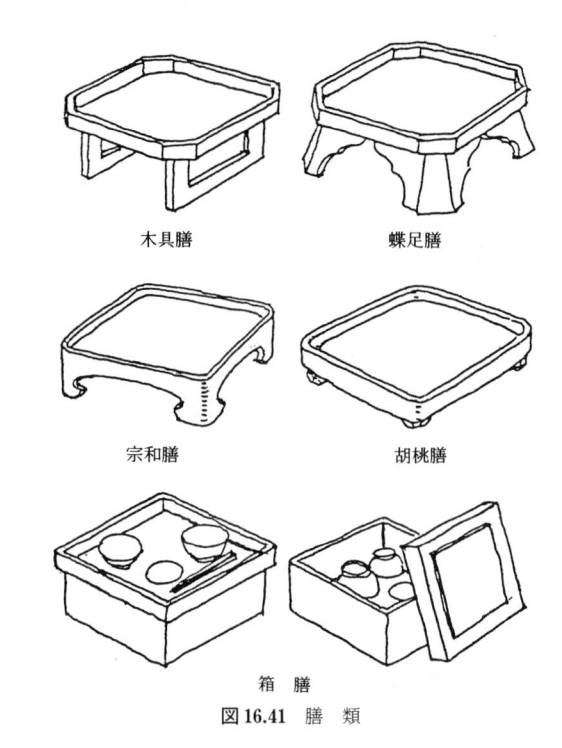

木具膳　　　蝶足膳
宗和膳　　　胡桃膳
箱　膳
図 16.41 膳　類

という．白木で使い，よごれが目立つようになると漆塗りにしたようである．
　③ 懸盤（かけばん）（図 16.39）　　これは本来台と盆が別製であった．伴大納言絵詞（12 世紀平安時代）では，高坏・盆・懸盤が並んでいる．
　④ 台盤（だいばん）　　台盤は中国式食卓で，京都御所の清涼殿に江戸時代の複製が残っている．図 16.40 は年中行事絵巻の中宮の大饗の図であり，几子（ごっし）に座って台盤で食事している．このような中国風の宴会は平安時代で終っている．
　⑤ 折敷（おしき）（盆）・膳類（図 16.41）　　近世になって

図 16.42 アッシリアのバニパル王と妻との饗宴（BC 7）

図 16.43 "最後の晩餐"（サン・アポリナーレのモザイク面, AD 6）

図 16.44 食　卓（イギリス，AD 17）

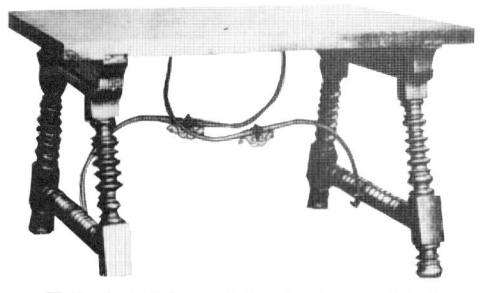

図 16.45 折りたたみ式食卓（スペイン，AD 17）

広く国民に普及していったものは，普通盆といわれる折敷である．二月堂で使われたといわれる．円形の日の丸盆は鎌倉時代，近世では図16.41のような木具膳・隅切折敷・入隅折敷が日常使用された．また来客のもてなしや正月の祝膳には蝶足膳が二の膳つきで使われた．このような席でも女性は次の間か板の間に座り，お給仕をするなど男女の差別があった．宗和膳・胡桃膳は茶人好みで，茶会の席などで使われたものである．また幕末から明治時代の庶民に広く使われたものに箱膳がある．これは食後のお茶で食器を洗い，箱に収めて水屋棚に入れた．食器収納を兼ねた膳である．

このため日本の食器には夫婦の別ができた．箸も中国伝来で，天孫降臨の神話にもでてくるから，古事記のできた7世紀以前にすでに相当普及していたものであろう．ただし奈良時代にはれんげ（スプーン）と併用し，料理も"かゆ"を食べるなど中国の影響が強かった．

現在の和食は禅宗の精進料理の影響が強い．

(3) 食 卓 類

① 寝台式食卓　　西欧では，古代から寝台によこたわって食事する習慣がある．

図16.42は紀元前7世紀アッシリアのバニパル王と王妃の食事のレリーフで，王はベッドに横たわったり低い食卓を使っている．また図16.43はサン・アポリナーレにある"最後の晩餐"のモザイク画（6世紀）である．発掘されたポンペイの食堂もおそらくベッドの上には布団が敷かれ，横たわった食事姿勢だったと思われる．しかしながらレオナルド・ダ・ビンチの名画"最後の晩餐"になるとテーブルを囲む食事が常識になり，誰も疑わなくなっているから，9世紀頃に食事姿勢が変わったものと思われる．

② 椅子式食卓　　中世の寺院や館では大広間で食事するようになり，大テーブルが使われるようになった．広間は就寝にも使うので，最初はA形脚2個の間に板をのせて食卓としていた．図16.44は英国のエリザベススタイルで，メロン形の脚は自立している．図16.45はスペインのもので折りたたみになっている．ともに17世紀のものである．

当時の食事法はパンをむしり，肉は骨つきのものにかぶりつくか，シチューにして食べていた．その貴族達が現在のようにナイフ，ホーク，スプーンを使うようになるのもこの頃である．

また食事椅子も櫃や板のベンチから，小椅子，肱

図 16.46 書記像（エジプト，BC 24）

図 16.47 書物机（ゴチック）

図 16.48 バーゲノ（スペイン，AD 16 後期）

図 16.49 ルイ 15 世式婦人用ビューロー（AD 18）

図 16.50 書斎机（AD 18）

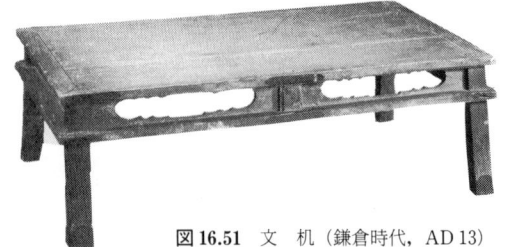

図 16.51 文机（鎌倉時代，AD 13）

掛け椅子へと変わって行った．

（4）書　机

現代人の生活は机が必需品であるが，これは紙が普及してからのことである．

西洋の場合，エジプトの書記像(第 5 王朝，前 2400 年．図 16.46)は，あぐら座でひざの上にパピルスの紙を置いている．厚く丈夫なので，これで記録できたのだろう．このパピルスや羊皮紙は 13 世紀頃イスラムから製紙法が伝わるまで使われていたから，古代では机はあまり必要がなかった．

図 16.47 はゴチックの書物机(15 世紀．イギリス)で，錠前がつき内部に書類が収納できる．図 16.48 は 16 世紀後期のスペインのバーゲノ(携帯式机)である．上部箱の扉を開き甲板にするもので，脚は取りはずして折りたためる．ライティングビューローの原型である．

18 世紀になると，家具師ピエール・マクレの婦人用ビューロー(ルイ 15 世．図 16.49)や，書記机(アダム式．図 16.50)などでき，書斎机の形が決まってくる．

これに対し日本では，奈良時代には紙が貴重品で木簡が使われている．そのため，硯・墨・筆は役所や寺院に普及したが机は少ない．図 16.26 の道詮律師の前机のほか，狭軾などに肱を置き手に持った木簡に書いたのではなかろうか．図 16.51 は鎌倉時代の文机で，この種のものは鎌倉時代の絵巻物にもよく見られる．障子の普及もこの頃からで，製紙の技術が発達したことによる．

室町時代には，出文机(図 16.52)が禅宗寺院の方丈などで使われるようになった．軒が深いため室内が暗く，庭に面して机を置き書物を読んだのが造作化したものである．書院造ではこれが座敷飾りの一

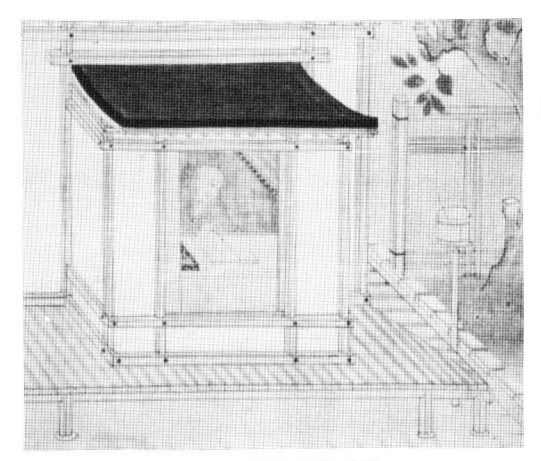

図16.52 出文机（室町時代）

図16.53 根古志形鏡台
（平安時代，AD 12）
（春日大社蔵）

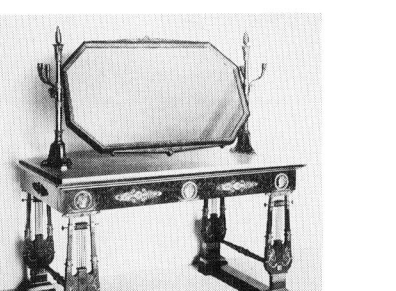

図16.54 髪結図（西川祐信筆）
（AD 18 中期）

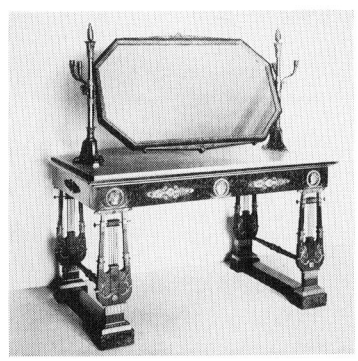

図16.55 ジョセフィーヌの化粧台
（アンピール，1805）

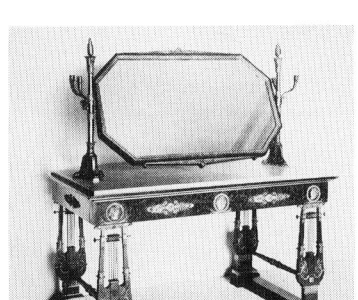

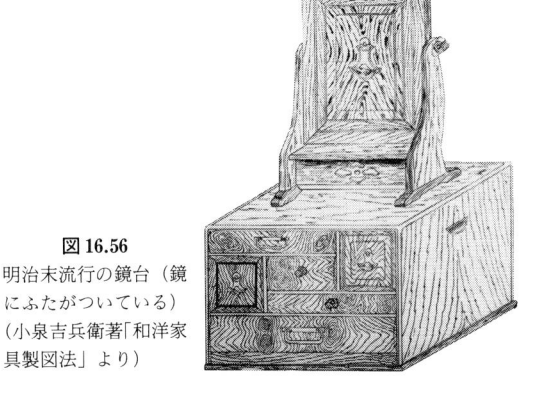

図16.56
明治末流行の鏡台（鏡にふたがついている）
（小泉吉兵衛著「和洋家具製図法」より）

つになるが，やがて文房具を飾る場になった．

江戸時代には二月堂机・寺子屋机・帳場机が使われるが施錠はなく，椅子式机は明治政府になってからである．

（5）化粧台

美しくなりたい，というのは人の人情であろう．そのため古代から化粧が行われている．図16.53の根古志形鏡台（春日大社）は平安時代のもの，鏡は銅鏡で，まだ柄がなく，御神鏡と同じ八弁の花形，"乳"（裏面中央の凸部）についた房を根古志に掛け，枕(まくら)を入れて傾斜させる．それが江戸時代になると図16.54の髪結図（西川祐信）のような柄のある手鏡に変わり，元禄の頃には大形になり，合鏡(あわせかがみ)も生まれている．

これに対しヨーロッパは鏡の発達が早い．紀元前2000年，エジプト第11王朝のレリーフには柄つきの手鏡で化粧する婦人がいる．また，ベルサイユ宮殿の鏡の間などには大量の鏡が使われている．図16.55はナポレオンの妻ジョセフィーヌの化粧台で，両サイドには燭台がついている．明治になっても日本は座鏡台が主流で，明治末になってようやく柱の間にガラス鏡をはさむ形式が生まれている．図16.56は大正初期のものであるが，まだ鏡は貴重でふたつきだった．

16.4 収納具

収納具の原型は箱である．したがって従者が多くいて，みずから物を出し入れする必要がなかった古代においては，収納は長く箱の段階にとどまり，あまり発展することはなかった．中世になり各地との物資の交流が盛んになると運搬具として発達し，収納物や使用目的による大小さまざまな収納具ができた．

棚や扉がある厨子は，最初は貴人の部屋を飾るものとして生まれ，効率よく使う必要性が増大する近

16. 家具の種類と発達

図 16.57 彩画付櫃 (エジプト, BC 14)

図 16.58 柳筥

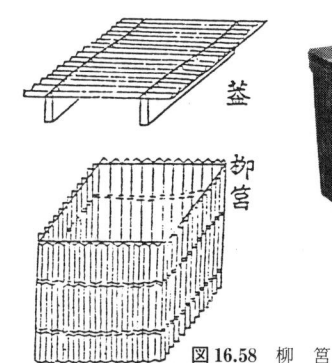

図 16.59 唐櫃 (正倉院, AD 8)

図 16.60 大和櫃 (正倉院, AD 8)

図 16.61 甚目寺の施食 (遊行上人絵巻, 光明寺蔵)

図 16.62 櫃 (AD 14, ルーブル美術館蔵)

図 16.63 カッソネ (婚礼用櫃) (北イタリア, 1550)

世で発達した.

(1) 櫃 と 箱

箱は収納の原点で, 古墳時代の石棺も一種の収納具である. 最も古いのは図 16.57 のツタンカーメンの彩画付櫃 (紀元前 14 世紀) である. この櫃は木製でしっくいを塗り, 四面に戦争や狩猟の絵を描いている.

中世では櫃は座具にもなるが, 図 16.2 の教会の司教の椅子のように, 箱状の座面が物の収納にも使われた. これはムク板から框組工作法に発達し, 箱が作りやすくなったことによるものである.

これに対し日本では曲輪物や柳筥 (図 16.58) などが古墳時代から使われてきた.

仏教が伝来すると唐櫃が使われるようになった. 図 16.59 は正倉院のもので杉製である. 唐櫃の特長は土間で使うため必ず脚があるが, やがて脚のない大和櫃 (図 16.60) も使われるようになった. 中世の遊行上人絵巻 (図 16.61) を見ると, 大小様々な唐櫃や桶が運搬具として使われていたことがわかる. 図 16.62 は 14 世紀のフランスのチェスト, 図 16.63 は

図 16.64 赤漆文欟木厨子（正倉院，AD 8）

図 16.65 棚厨子（正倉院，AD 8）

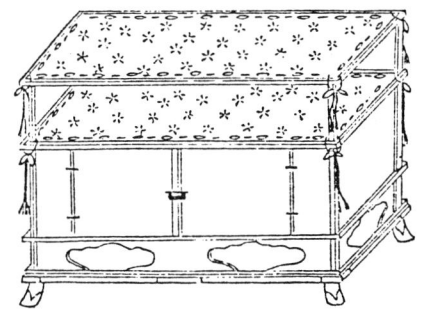

図 16.66 御厨子棚（宮殿調度図解）

図 16.67 二階棚（宮殿調度図解）

図 16.68 カップボード（食粧庫）（イギリス，16 世紀頃）

図 16.69 コモド（ルイ 15 世式，AD 18）

16 世紀のイタリアの婚礼用のカッソネで，家紋をつけた立派なものだが，櫃であることは変わらない．

(2) 厨子と戸棚

厨子や戸棚は，中国や日本では古代から貴人の座右に置くなどして使われている．厨子は現在では仏像を入れる箱と解されているが，古代においては棚や戸棚の総称である．

図 16.64 の赤漆文欟木厨子(あかうるしぶんかんぼくずし)は正倉院の御物で，けやきの玉杢製である．天武天皇から考謙天皇まで 7 代にわたって使われてきたといわれるから，7 世紀の製品でわが国最古の収納家具になる．脚部に格狭間(こうざま)があるのは中国の様式である．また図 16.65 の棚厨子(たなづし)（正倉院）も実用的な棚で，中世の絵巻物の厨などにたびたび出てくるから，広く使われたのであろう．

平安時代になると，寝殿で使う家具として御厨子棚（図 16.66）と二階棚（図 16.67）がある．前者は貴人の座右に置いて身の回りの品や食物などを入れ，後者は廂間(ひきしのま)などに置き，出入のとき身づくろいをしたものである．

これに対し西欧で戸棚が発達するのはルネッサンス頃からである．図16.68はアーサ王子のカップボード（英国）として知られるものだが，ゴチックの意匠が残っている．

17世紀のバロックから18世紀のロココにかけてはフランス，イギリスなどの北欧の家具が急速に発達した時代で，立派な宝石たんすやルイ15世のコモド（衣裳たんす，図16.69）ができる．

また18世紀中頃のイギリスではクイーン・アンが全盛で，図16.70のような二つ重ねのトールボーイ

図16.70 トールボーイ（クイーン・アン，イギリス）

図16.71 アンピールの飾り棚（皇后ジョセフィーヌ用）

図16.72 帳場たんす（19世紀頃）（家具の博物館蔵）

図16.73 上開き二つ重ねたんす（19世紀）（家具の博物館蔵）

図16.74 たんす（19世紀頃）（家具の博物館蔵）

図16.75 厨子棚

図16.76 黒棚

図16.77 書棚

(背の高いたんす)ができ，アメリカで流行した．また，19世紀のフランスではアンピール様式が流行した．図16.71はナポレオンの王妃ジョセフィーヌが使った飾り棚である．

一方日本でも，17世紀中頃から商人達の生活が豊かになり，車長持の生活からたんすの生活に変わって行く．図16.72は商家の帳場で使った様式であり，図16.73と図16.74は18世紀から19世紀の日本のたんすである．ヨーロッパのたんすと違い，桐の二つ重ねになるなど火災時に持ち出せるよう考えられている．このほか，挾箱・柳行李・葛籠なども広く民衆の間で使われた．

また，将軍家の婚礼には図16.75〜16.77の大名調度，厨子棚・黒棚・書棚の三棚がある．これらは大名の格式によった工芸品で，主に化粧具・文具・遊具などを入れ，真行草の飾り方まで決められて使われた．

16.5 現代の家具の種類

現代の日本のインテリアと関係する家具はバウハウス以降のモダンなものが主であるが，最近は西欧のクラシック家具に関心を持つ人も増えている．しかし古典といっても，18世紀後期の産業革命以降，中産階級のためにデザインされたシェラトンやヘップルホワイトなどの家具が主である．これらの家具は表16.1のような連続した姿勢や形状によっていろいろな名称になるほか，様式や歴史的名称も使われている．

わが国で家具という言葉が定着するようになったのは，明治以降，西洋家具の製作が職業として確立する，明治末頃のようである．明治21年発行の「工芸志科」では，家具は漆工の中に含まれているのに対し，明治43年の「装飾図案法」（森田 洪著）で図案法の意義をとく文章に"欧米に於ては建築装飾術或は調度術，即ち家具等の装飾法に至るまで"と，解説しているから，「家具」はまだ新しい言葉で，一般には「調度」といわれていたようだ．そして大正に入ると，西洋家具に並ぶ言葉として，和家具という言葉が普及していった．

したがって，家具の範疇はきわめて漠然としている．そこで，人間工学の分類を応用して解説することにする．

人 体 系（アーゴノミー系）……椅子，縁台，座具，寝台など

準人体系（準アーゴノミー系）……テーブル，机，茶袱台など

建 物 系（シェルター系）……櫃，棚，たんす，ウォールキャビネットなど

（1） 人体系家具

人体系家具は椅子とベッドに大別され，椅子はその形状から次のようなものがある．

① **スツール**（腰掛け）　背のない椅子で，バーカウンターなどで使い，足掛けを必要とするハイスツール，安楽椅子と組み足をのせるオットマン，腰が止まる程度の背がある腰止めスツール，下部が箱

表16.1　人体系家具と準人体系家具の姿勢の変化

区分	作業 ←					→ 休息
姿勢	差尺					▲座位基準点 ●作業点
人体系家具		ハイスツール	サイドチェア (事務用) (食事用)	アームチェア	イージーチェア	ベッド
(座位基準点高)		650〜500	420〜370	380〜280	270〜210	400〜350
準人体系家具	調理台 カウンター	バーカウンター	事務机 食卓	コーヒーテーブル	サイドテーブル	ナイトテーブル
	1050〜800	1000〜850	720〜660	630〜450	440〜310	500〜350
差尺	1050〜800	350〜300	300〜270	250〜170	170〜100	100〜 0

で物が入る箱スツール，ピアノ用の高さや傾斜が調整できるピアノ椅子があるほか，特殊なものとして両肱があり背がないウィンドシート，ベルサイユ宮殿で貴婦人が座った✕形脚のプリアンがある．

② **サイドチェア**（小椅子）　背と座のある椅子で，事務・読書・食事・半休息など広い用途に適し，事務用椅子などと用途名でよぶこともある．移動することが多いので軽くする必要があり，車がついたり，スタッキングできるものもある．

③ **アームチェア**（肱掛け椅子）　サイドチェアに肱がついたもの．片方だけの片肱や，背と肱を兼ねた低い背がL型につくコーナーチェア（図16.78）もある．一般に食事用は肱が短い．

19世紀頃まで肱掛けは主人と主客用の権威ある椅子であった．この場合背は高めのハイバックに作られた．

図16.79のような馬蹄形肱掛けはキャプテンチェア，スモーキングチェアともいわれる．

④ **アームレスチェア**（肱なし椅子）　サイドチェアと同形だが休息度が高く，間口も広いものをいう．張りぐるみの三人掛け長椅子をセパレートした場合の中央部だけを指す場合もある．また，このようなシステムをシートユニットということもある．

⑤ **イージーチェア**（安楽椅子）　張りぐるみの椅子で，アームチェアより休息度が高く，スプリング入りのものが多い．

背の両側に耳がついたものはウィングチェア，グランドファーザーチェアなどともよばれる．これは背後からの風を防ぐ目的だがパーソナルチェア（個人用椅子）の始まりともいえる．

フロアライフを楽しむ若者の中には，脚がなく薄いマットレス状の座と背だけの椅子が流行しているようだが，これもイージーチェアの変形である．

⑥ **ソファー**（長椅子）　2人または3人掛けの椅子で，人が横になれる寸法の3人掛けが多い．その始まりは1680年頃のフランスといわれ，18世紀～19世紀に流行した．マントルピースに向き合い壁に沿って置かれ，上客の席になった．背と肱の形状は様式によって様々なデザインがある．

背と肱がS字形につながり逆方向から座るものはコンフィデンスといい，雑談に使われた．また2人掛けをラブチェアー，2個または3個に切断された長椅子はセパレート形ともいわれる．

図16.78 コーナーチェア（1760）

図16.79 キャプテンチェア

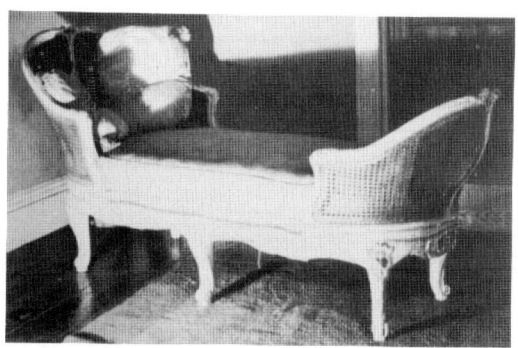

図16.80 カウチ（ルイ15世）

⑦ **ベ　ン　チ**　長い腰掛けのことで，板で背のないものが一般的だが，背のついたものもある．中世では大テーブルの横に置かれ，食事用などにも使われた．またゴチック時代に教会などで使われた背のついたベンチはセッツルともよんでいる．

⑧ **デーベッド**（寝椅子）　身体を横たえて休む椅子である．

片側の肱がやや高めで，上体をややおこした姿勢を保てるものはレストチェアともいう．カウチとい

う場合には，肱は一方で背が間口の半分ぐらいまでのものが多い．図16.80はロココ時代の婦人サロンで使われたものである．日本では畳があるためあまり使われない．

⑨ **ハイチェア**（子供用食事椅子）　食卓の高さを基準に座を高くつくり，足掛けのあるもの．

以上の椅子類には次のような機能を持っているものもある．

- ラウンディング＝座から上が回転する（スツール，サイドチェア，アームチェア）
- ロッキング＝椅子全体が前後にゆれる（アームチェア，ベビーベッド）
- リクライニング＝座・背の角度が変わる（グリーン車の椅子，イージーチェア）
- スタッキング＝積み重ねる（スツール・サイドチェア，小テーブル）
- ホールディング＝折りたたむ（スツール，アームチェア，小テーブル）
- カバリング＝上張りをカバーで覆う（イージーチェア，ソファー）

⑩ **ベッド**（寝台）　西欧の実用的ベッドとしては中世のボックスベッド（図16.32参照）があるほか，四本柱にキャノピ（天蓋）がつきカーテンが下がるポロネーズベッド，壁の入り込みを使うアルコーブベッドもある．これらのベッドは寒さを防ぐために考えられたもので，暖房が発達した現在では普通のベッドになった．

ベッドはクッション性が大切だが，ボトム（底板）にスプリングを使うようになるのはビクトリア時代（AD 19）である．

ボトムかマットレスのいずれか一つにバネを入れたものはシングルクッション，両方に入れたものをダブルクッションという．一般にはマットレスだけのシングルクッションが多い．

またベッドサイズは通常ボトム（基準面）で示しマットレス寸法はやや小さい．長さは190〜210 cmであるが幅方向はシングルは85〜100 cm，セミダブルは110〜130 cm，ダブルは150〜160 cmであり，シングルを二つ並べたものをツイン，特に幅の広いものをジャンボベッドという．また頭の板をヘッドボード，足の板をフットボードといい，フットボードのないものをハリウッドスタイルともいう．

そのほかにベビーベッド，二段ベッド，収納ベッド（下部引出し付き）などがあり，前二者には安全基準がある．

なお可変的な機構としては，壁などに収納するフォールディングベッドや，長椅子と兼用するソファーベッドがある．また新しい商品にウォーターベッドがある．

（2） 準人体系家具

準人体系家具は各種の作業をする台で，一部には作業にかかわる用具を収納する部分を持つものもある．これらは甲板の形状から，丸・長方・角テーブルなどの呼び方もあるが，ここでは主に機能別の分類に従った．

① **ダイニングテーブル**（食卓）　西欧では家庭に来客をよぶためにエクステンション装置が発達した．これを大別すると門扉のように脚を開いて甲板を受けるゲートレック式，垂れ下がった甲板を持ち上げ，持送りで受けるバタフライ式，甲板の下に入っている補助甲板を引き出すスライド式などがある．19世紀頃になると2倍以上に拡大する機械的なメカニックを持ったものもできる（図16.81参照）．また朝食室がある場合はブレックファーストテーブルが使われた．これは小形・低めで茶卓子に近く，家族の団らんにも使われた．

② **ティーテーブル**（茶卓子）　イギリスで紅茶（ミルクティー）をのむ習慣が広がるのは17世紀である．中国からの輸入品として貴重なので，最初はティー・キャディという小箱に入れ鍵を掛けた．また，テーブルの端にはふちがつき，茶碗が落ちることがないような配慮もされていた．

現在は椅子の座面と同じぐらいの高さで，長椅子の前などに置くセンターテーブルをティーテーブルということが多い．また甲板が上下するリフティング装置がついたものもある．

③ **サイドテーブル**（茶卓子）　長椅子の横に置くテーブルで，通常肱の高さに合わせる．

中国では，唐木など角形の椅子の間に卓子をはさみ茶碗を置く喫茶法が一般的で，せまい部屋では使いやすい（図16.29参照）．

このほか西欧の習慣では，奥行45 cm 高さ80 cmぐらいの台を壁につけて置き，配膳したり，ワインのボトルを置いたりする．これをサイドテーブルということもある．

④ **コンソールテーブル**（壁付飾り台）　ルイ15

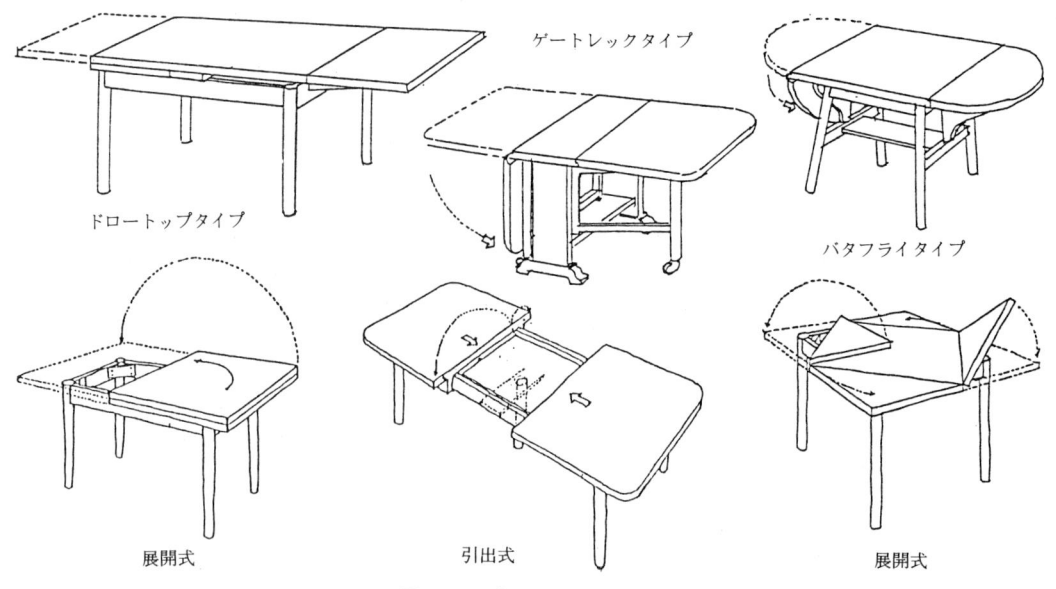

ドロートップタイプ　　　ゲートレックタイプ　　　バタフライタイプ

展開式　　　引出式　　　展開式

図 16.81　ダイニングテーブル

図 16.82　ドレッシングテーブル（18世紀）

世式スタイルで発達したもので，持送りで壁に固定され半円形が多い．主に花籠や胸像などの飾り物をのせる台（ペデスタル）で，テーブル自体が部屋のアクセサリーにもなる．置家具になったものもある．

⑤ **ネストテーブル**（組卓子）　2個または3個の同種の小卓子が，鳥の巣に入るように組み込まれたテーブルで，来客が多いときは別々にしてティーテーブルなどに使う．

⑥ **ナイトテーブル**（枕頭台）　ベッドサイドテーブルともいわれ，昔は尿瓶などを入れる扉があった．

ホテルでは，ルームランプ・テレビ・空調・ラジオ・目覚し時計・電話などの操作ができるようにな

ったものが多い．高さはマットレスより少し高めが一般的である．

⑦ **ドレッシングテーブル**（化粧台）　西欧の18世紀のタイプは，ライティングビューローを兼ねた図 16.82 のようなタイプが多い．現在のようにミラーが甲板の向うにつくのは19世紀である．

日本では明治以降，和鏡台や箱鏡台が主であり，椅子式の化粧台が広まるのは戦後である．最初は三面鏡が主であったが，姿見を兼ねる一面が多くなり，最近は水が使える洗面化粧台が多くなっている．

⑧ **デスク**（書机）　日本では各種の机をデスクといっているが，イギリスでは平らな甲板で平机・片袖机・両袖机に相当するものはライティングテーブル，上に箱がありドロップドアーを下ろし甲板にするタイプや，巻込戸を開くと甲板がでてくるタイプのものをデスクといっている．スペインのバーゲノ（図 16.48）などがその原形であろう．

日本で，書棚の一部にドロップドアーがあり机を兼ねるものをライティングビューローといっているが，イギリスではセクレタリーデスクという．

⑨ **ゲームテーブル**　トランプやチェスなどをする専用の小テーブルである．

⑩ **ワーゴン**　食事の配膳などに使う車つきの移動できるテーブル．18世紀頃にはダムウェーターという円形の3段の甲板の中央に柱を立て，下部の3

本脚に車をつけたものもある．
これらは黒人の召使いから秘密の話がもれるのをおそれ，セルフサービスするために考えられたといわれている．

⑪ **ペデスタル**（台類）　花・壺・胸像などをのせる台．

このほか帽子掛けや電話台・花台などがある．

（3）建築系家具（収納家具）

チェスト（櫃）が主であった収納も，15世紀後半頃から持物が増しキャビネット（収納家具）に発展した．現在使われているものは以下ようなものがある．西欧では書棚は台輪，それ以外は主に脚つきだが，日本では床の関係もあってほとんどが台輪になっている．

① **ワードロープ**（洋服タンス）　古くは衣裳部屋であったようだ．16世紀にファーシンゲールという腰の部分が大きくはり出した衣裳が流行した頃から家具になり，18世紀，ヘップルホワイトが始めて自分の作った洋服ダンスにワードロープという名をつけて普及させた．西欧のものは靴や傘も収納するようになっている．

② **チェスト オブ ドロア**（引出したんす）　普通は高さ1mぐらいで脚があり，引出し2～4杯ぐらい，上に物を飾れるようになっている（図16.69参照）．したがって日本のたんすほど引出しが多くない．フランスではコモドといっているが，ルイ15世式が代表的で，前面が曲面になり装飾の要素が強い．二つ重ねのものはチェスト オブ チェストといい，上部が扉になることもある．またこの種のものをアメリカではハイボーイとか，トールボーイとかいっている（図16.70参照）．

③ **ドレッサー**（化粧タンス）　チェストの上に鏡がつき化粧品が入るようになったもので，甲板の一部を開き鏡になるようなものもある．

④ **カップボード**（食器棚）　15世紀頃から食器や食品を収納する戸棚として使われ出している．主に板扉が多い（図16.68参照）．発音がつまってカバトということもある．17世紀頃になると，中国の陶器や銀器が貴重なので陳列棚型式の食器棚ができるが，これはチャイナキャビネット（図16.83）といわれた．洋食器のセットは飾りやすいが，和食器は種類が多く飾りにくい．

日本の食器棚は，収納が主目的の水屋棚や茶棚から発達した形式である．

⑤ **サイドボード**（食器棚・飾り棚）　食堂に置いてテーブルクロース・フォーク・ナイフなどを収納し，配膳サービスに使う台であるが，日本の家庭では食事中サービスすることがほとんどないので，飾り棚的な使われ方をしている．

⑥ **ブックケース**（本棚）　紙と印刷術が進歩するのは15世紀頃だが，17世紀ぐらいまでは造り付けが多く，現在のような形になるのは18世紀頃である．その頃にはガラスも普及しているので，上段はガラス扉が多い．

最近は，本が2列に入るスライド式も出まわっている．

ブックシェルフという場合は開放棚，ブックスタンドという場合は小形の本棚または本立てである．

（4）和　家　具

現在使われている和家具は，主に江戸時代に発生したものが多い．

① **た　ん　す**　17世紀中頃に商家で発生したもので，現在生産されているものは，桐の夜叉仕上げか黒漆の塗立て，またはけやきのふき漆が主である．大正中頃までは二つ重ねで高さ110cmぐらいであったが，大正末期から三つ重ねで，吊り洋服たんすとセットになった．

② **座　　卓**　和室に置く卓子で，4.5畳用・6畳用・8畳用などのサイズがあり，漆塗り（讃岐・輪島・木曽）と唐木（紫檀・黒檀・花梨・鉄刀木）

図16.83　チャイナキャビネット（アメリカ，AD18）

などがある．

③ 飾り棚　和室用の唐木の飾り棚である．主に台湾製が多い．

以上のほか，屛風・衣桁（和服を掛ける）・手拭掛け・衣裳盆・座鏡台などがあるが，需要は減っている．また下駄箱は造り付け化されている．

参考図書

Joseph Avonsor, "The Encyclopedia of Furniture".
崎山　直，崎山小夜子著："西洋家具文化史"．
"日本の美術"，住居・調度・木竹工芸・飲食器，至文堂．
鍵和田　務著："西洋家具集成"，講談社．

17. 家具用材

家具材料としては木材，金属，プラスチック，織物など多種多様にわたっている．そのなかで，ここでは特に一般に広く用いられている木材・木質材料について概説する．

家具材料としての木材は独特の杢や肌あい，色つやといったものをもち，他材にない人間味のある美しさがある．一方木材は，乾燥収縮によって反ったり，ねじれたり，また割れたりする欠点もある．木が反ると書いて板と読むあたり，わが先人達は事の中味を正確に把握していたわけである．狂いあばれる木材，腐朽する木材を上手に加工して製品化する……それが木材加工である．ここでは木材の諸性質を使う立場から概観したい．

17.1 樹木と木材

地球上に生育している植物は約35万7000種といわれている．このうち肥大・成長して樹木となり，その樹体を伐採し，さらに製材し木材として利用できるのは約25万種といわれている．

これらのうち，さらに国産材に限定すると約1500～1000種といわれている．これら木材が各時代にどのように使われたかについてみると，これはもっと少なく，たとえば正倉院の木工品（古代の宝物や宮廷用木工品）に使われている木材は約32種で，中でもスギ，ヒノキなどの針葉樹の利用が圧倒的に多い比率となっている[1]（図17.1）．

工芸志科[2]にみられる用材もほぼ上の傾向をたどるが，木材の工芸的利用[3]になると，これが一気に約158種となり，日用雑貨から指物，社寺などの用材の傾向は今日とあまり差異はなく，生活文化の多様化に沿った適材適所がいっそう進んだ様子がうかがえる．表17.1は，現在身近に利用されているもののうち主な木材の一般名である．しかしこれらのうち輸入材は政治，経済の諸条件によって目まぐるしく変動している．

表17.1 (a) 針葉樹の一般名

産地別	科　名	一　般　名
日本産材	マツ科	アカマツ，クロマツ，カラマツ，トガサワラ，エゾマツ，ツガなど
	イチイ科	イヌガヤ，イチイ，カヤ
	ヒノキ科	アスナロ，ヒノキ，サワラ，ネズコ，ビャクシン
	スギ科	スギ
	イチョウ科	イチョウ
北米材	マツ科	イースタンホワイトパイン，シトカスプルース，ダグラスファー，ウェスタンヘムロック，ホワイトファー
	ヒノキ科	ウェスタンレッドシーダー，アラスカシーダー
	スギ科	レッドウッド（セコイア）
南洋材	ナンヨウスギ科	アガチス，フープパイン
	マツ科	メルクシマツ

表17.1 (b) 広葉樹の一般名

日本産材	ドロノキ，オニグルミ，マカンバ，クリ，シイノキ，ブナ，ミズナラ，ケヤキ，カツラ，ホオノキ，クスノキ，カエデ，トチノキ，キリなど
南洋材	チーク，コクタン，レッドラワン，ホワイトラワン，カプール，アピトン，ラミン，シタンなど
北米材	ヒッコリー，ウォールナットなど
中南米材	マホガニー，バルサなど

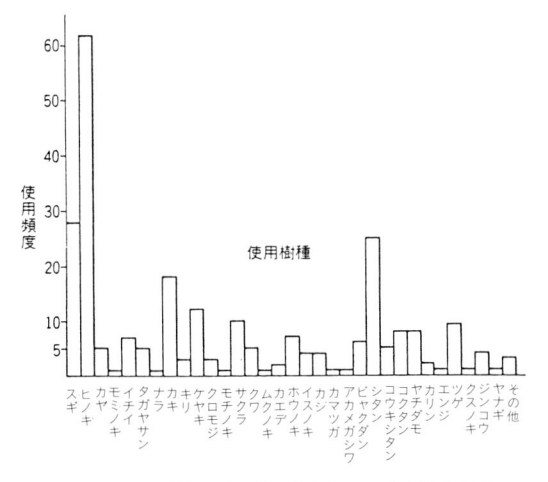

図17.1 正倉院の木工品に使われている木材の種類

17.2 木材の構造

ここで，樹木を伐採し工業的に利用する木材の一般的性質について少し見てゆくことにしたい．樹幹を三方向から見ると各面の組織は図 17.2 のようである．

(1) 樹幹の構造

木材を構成している基本組織は，有機質の細胞の集合体である．これは多孔質で弾力性に富み軽量の割に機械的強度が優れたものとなっている．表 17.2 は木材と代表的な工業材料の比強度その他の材質について示したものである．木材はこの有機質の細胞の集合体であることが他工業材料との決定的な差異となっており，木材利用にはたえずこの生物材料としての諸条件を考慮に入れておく必要がある．

次に木材の細胞構造について見てゆく．

(2) 針葉樹の細胞構成 (図 17.3(a))

針葉樹は全体の約 90% 以上を仮道管という管状細胞で占められており，他に柔細胞および放射組織などから構成されている．このうち仮道管は樹体を支え，水分の道通をつかさどるもので，柔細胞とともに木材の基本的素材をなすものである．

放射組織は髄心から樹皮側に向かって水平に走る細胞で，水平方向の水分の道通と樹幹を構成する細胞を束ねる働きを持つものである．針葉樹の細胞構成上の特色は仮道管がほぼ全体を占めており，均質で放射組織も比較的小さく均等に分布しているなど

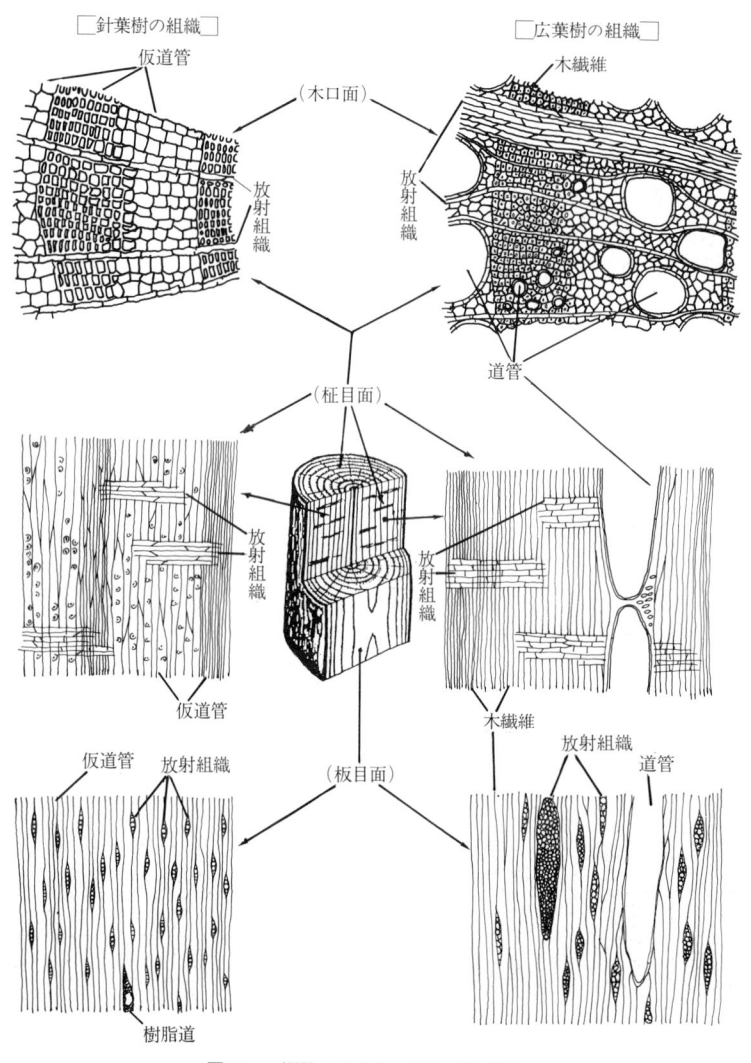

図 17.2 樹幹の三方向の組織 (模式図)

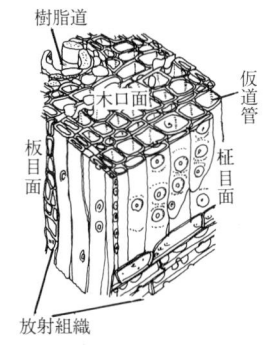

図 17.3 細胞組織
(a) 針葉樹材の模式図
(b) 広葉樹材の模式図

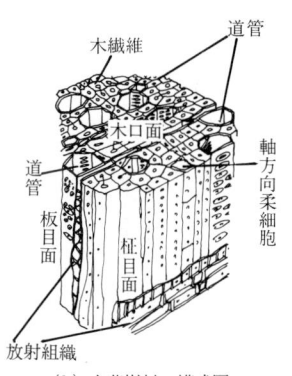

17. 家具用材

表 17.2 木材と他主要材料の材質の比較

項　　目	単　　位	木　　材 (アカマツ)	軽　量 コンクリート	普　通 コンクリート	ガラス	アルミニウム	鋼
比　　重		0.50	1.7	2.35	2.5	2.7	7.85
強　　度	kg/cm²	500 a)	200	250	1000	2000	4500
比　強　度	kg/cm²	950	120	110	400	750	600
ヤング係数	kg/cm²	8×10^4 b)	18×10^4	21×10^4	75×10^4	70×10^4	210×10^4

［注］ a) 平均圧縮強度（L方向），b) 圧縮ヤング係数（L方向）．　　　　　　　　（村山敏博：Plactic Age, 1978—9）

表 17.3 針葉樹の細胞構成[4]

樹　　種	材を構成する割合 [%]		
	仮道管	木柔細胞	放射細胞
イ　チ　ョ　ウ	92.7	0.3	7.0
オウシュウトウヒ	95.3	—	4.7
オウシュウカラマツ	91.2	—	8.8
オウシュウアカマツ	93.1	1.4	5.5
ス　　　ギ	97.2	0.8	2.0

表 17.4 広葉樹の細胞構成[4]

樹　　種	材を構成する割合 [%]			
	道　管	木繊維 または 仮道管	木柔組織	放射組織
セイヨウグルミ	12.0	63.8	8.0	16.2
オウシュウカンバ	24.7	64.8	—	10.5
イ　ヌ　ブ　ナ	49.1	33.8	4.6	12.5
オウシュウブナ	31.0	37.4	4.6	27.0
シ　ナ　ノ　キ	28.3	62.7	5.3	3.7
オオバボダイジュ	32.0	56.5	6.9	4.6
カ　ポ　ッ　ク	7.7	29.7	41.3	21.3
シ　オ　ジ	11.7	65.1	10.1	13.1
チ　ー　ク	11.6	66.3	6.6	15.5
キ　　　リ	17.8	41.2	36.9	4.1

で，このことが材を縦に割りやすい（割裂性が良い）という特性にもなっている．

たるやおけはヒノキ，サワラ，スギなどの針葉樹材を縦割して素材とするのは，この割裂性の良さを加工上利用したもので，柾目取り（後述）のスギ，ヒノキを割ばしとするのも同様である．縦挽鋸が未発達の中世までは，丸太に縦に楔を打ち込んで割っていたので，スギ，ヒノキが多用されたことは良く理解できる（表17.3）．

（3）広葉樹の細胞構成（図 17.3(b)）

広葉樹は木繊維，道管，仮道管，放射組織などからなり，このうち全構成要素の約半分を占める木繊維は細胞壁の厚い組織で，樹体を支える基本細胞である．道管は仮道管に比較して圧倒的に大きな孔径の細胞である．中でもタモ，ケヤキ，クリ，ラワンなどは大きく，塗装仕上げでは入念な目止めをしないと塗料の吸込みが多く，良い仕上げが得られないので注意が必要である．またナラ，ブナなどは放射組織が太く，これによる独特の紋様が材面に斑として表れる．放射組織の木口面の表れ方によって環孔材・放射孔材・散孔材・紋様孔材の別があり，ヤマグルマのように無孔材もある（図 17.4，表 17.4）．

（4）春材と夏材——年輪の構成（図 17.5）

木材の基本組織は細胞体であることは上述のとおりであるが，これをもう少し詳しく観察すると，管状の細長い細胞道管や仮道管，木繊維からなり，これは成長する樹幹の形成層で同心円状に生まれる．春材部の細胞は大きく細胞膜は薄い．夏材部の細胞は小さく膜壁は厚い．細胞の成長は1年間で粗密をくり返す．この両者は1年輪を示し，一般にこの境

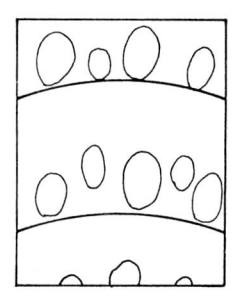

　　　（a）環孔材　　　　　　　（b）放射孔材　　　　　　　（c）散孔材　　　　　　　（d）紋様孔材
　クリ，ケヤキなど（年輪に　　アカガシ，イヌシデなど　　ブナ，ホオノキなど　　　ヒイラギなど（炎のよう
　沿った道管）　　　　　　　　（放射組織に沿った道管）　　（散在した道管）　　　　にみえる）

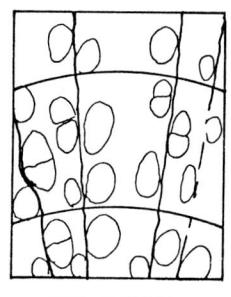

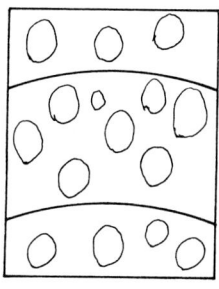

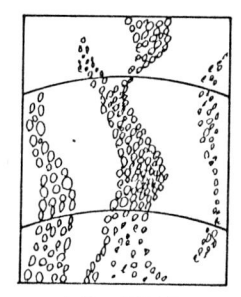

図 17.4　広葉樹の道管分布

図17.5 年輪

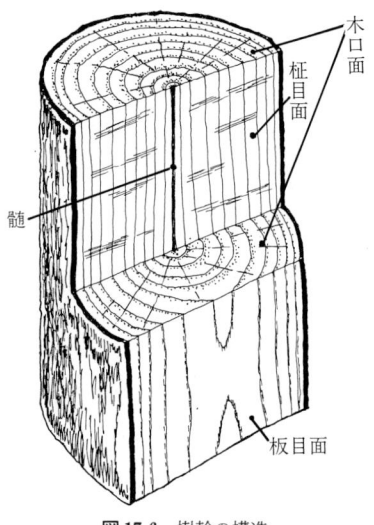

図17.6 樹幹の構造

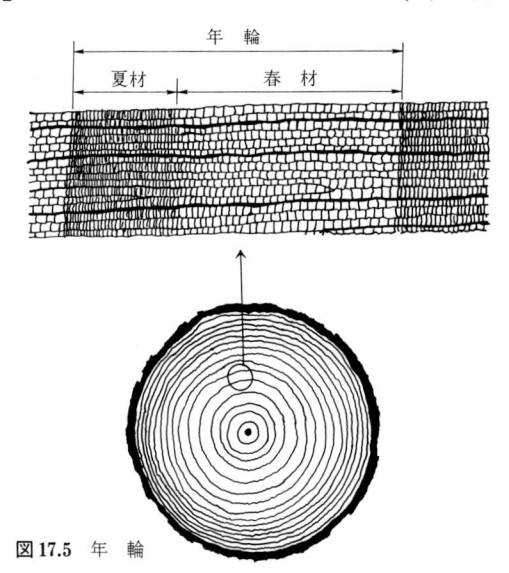

は明瞭で，これが年輪界である．カラマツ，アカマツ，スギ，クリ，ケヤキなどは年輪が特に明瞭だが，イチョウ，カヤ，カツラや，南洋材のラワン，アガチスなどほとんど判別できないものもある．

（5） 心材（赤身）と辺材（白太）

樹幹の横断面（木口面）を見ると，外周部は白色で，この部分は一般に代謝が旺盛で水分も多い．内側は含有水分が少なく，その細胞内腔には種々の物質を含有し，そのため全般に赤身ないしは褐色か黒味がかった濃色を示す（図 17.5）．両者の強度的性質は差がないと考えられているが[4]，樹心辺には未成熟材部を含むなどのため，曲げ強度（後述）ではやや劣るとの指摘もある．

（6） 木取りと材面の性状（図17.6）

製材で樹幹の断面をどの方向に取るかによって断面に現れる細胞，組織の配列方向が変わってくる．

樹幹軸に垂直な断面に木口面，平衡な断面で中心（髄心）を通る場合に柾目面，中心を通らない場合に板目面がそれぞれ現れる．板目と柾目の中間のものは追柾（おいまさ）という．

17.3　木理・紋理・肌目

木材を外観的に特色づけているものに，木理あるいは杢などがある．

木材を構成している細胞要素は，さまざまの配列様式や方向性を持っている．そのため材面にはさまざまな模様が表れる．これが木理あるいは木目である

る．木理はまた年輪幅の変化で杢の意味を示すこともある．杢理は年輪によって表現される模様なので樹種，樹幹の部分，産地などによって多くの変化に富んだ表情を示す．年輪界の明瞭なスギ，マツの類に対し，レッドメランチ（赤ラワン）などの南洋材は年輪がすこぶる不明瞭で表情にとぼしいものといえる．

木理の表れ方によって，繊維走行が樹幹に平行しているものを通直木理といい，目が通っている材ともいう．これは一般に精緻でおとなしい雰囲気がある．

繊維走行が樹幹に対して斜めとなっているものを斜走木理といい，家具やインテリア材としては特に目切れ材となり，隅の割れを誘発しやすいのできらわれる．

繊維走行が螺旋状に傾斜しているものを交錯木理といい，鉋削によってすじ状の逆目が表れる．逆目を鉋でよく押さえると，光の反射むらを生じて独自の紋様を示す．

紋理（杢）は材面となる組織が交錯していたり，放射組織が表れているために光沢を発する部分が点やすじ状にある場合や，年輪の変化に富んだ表れ方，色の濃淡などで表出される紋様を総称していい杢ともいう．

代表的な杢は次の通りである（図17.7参照）．

・玉　杢：　円環あるいは渦巻状の紋理，玉の小さいのが葡萄杢（ぶどうもく）である．ケヤキ，タモ，クワ，クスノキなどに表れる．装飾材として用いる．

葡萄杢
(カリン)

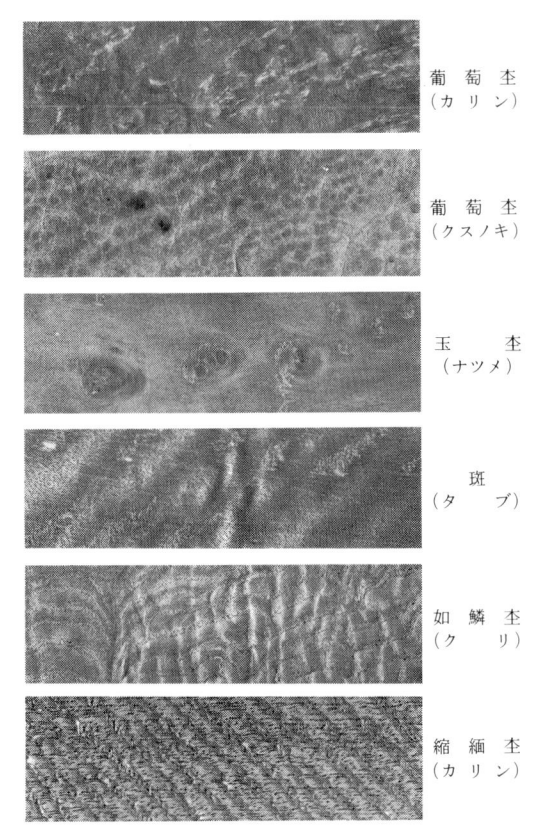

葡萄杢
(クスノキ)

玉杢
(ナツメ)

斑
(タブ)

如鱗杢
(クリ)

縮緬杢
(カリン)

図17.7 杢の種類

図17.8 パターンの一例（ヤマハ）

・波状杢： 広葉樹材の縦断面にみられる杢で柾目面に表れる．カエデ，マホガニーなどにみられる．
・鳥眼杢(ちょうがんもく)： 木繊維の配列で部分的に捩れたところに発生する．円錐状のくぼみが生じているようにみえるもの．カエデ類やトネリコ類にみられ，装飾材として貴重．

その他の杢として次のようなものがある．
・如鱗杢(じょりんもく)： 魚鱗(うろこ)状杢．ケヤキ，タモなどにみられる．
・舞葡萄杢(まいぶどうもく)： 葡萄杢の一種．ケヤキ，タモ，クスノキなどにみられる．
・牡丹杢(ぼたんもく)： 花状の杢，ケヤキ，タモ，クワなど．
・縮緬杢(ちぢみもく)： トチノキ，カエデなど．
・鶉杢(うずらもく)： ヤクスギ，神代スギなど．
・虎斑杢(とらふもく)： ナラ，カシなど．放射組織のまだら状斑．
・縞杢(しまもく)： ゼブラウッド，ブラックウォールナットなど．

そのほか，新素材の表出するカラーパターンは，パネル表面の性能，パターンの種類や今後の開発の可能性などの点から，杢以上に興味ある表面材である．これはヤマハが開発したパネル状新素材（フレームも可）で，木材チップとある樹脂および充填剤（増量剤）とを混和してパネル状に成形したものである．チップおよび樹脂は着色が自在で，パネル表面はポリエステル樹脂がコーティングしてあるようだ．図17.8はその一例である．

杢の利用は，木材の工芸的利用の一手段として長く続いてきた技法であるが，こうした新素材の登場は木材利用におけるデザイン的幅を広げ，仕上げ技術の一層の進展を予感させる．

また，木理に似た言葉に肌目がある．これは材面をみたときの感覚的表現で，表面の精粗の感じをいう．年輪の明瞭な針葉樹と道管孔径の大きいシオジやナラのような広葉樹材は肌目が荒いといわれ，材面の緻密なツゲやマユミは肌目が緻密という．針葉樹ではサワラ，ヒノキなども肌目が緻密といえる．彫刻材や指物材，挽物材などではこの肌目の良さが珍重される．

17.4 色

木材にはそれぞれ固有の色がある．これは細胞中にある種々の有機物質が沈積しているためである．これらは材の老成による，有機物質の蓄積や酸化などによって独特の色調を呈するものといわれる．寄木や木象嵌をはじめ木材の色は工芸的に利用価値が高い．樹種と固有の色について主なものを示すと表17.5のようである．

表 17.5 樹種と固有の色

色名	主な樹種名
白色	カエデ, マユミ, エゴノキ, トネリコ, サワグルミ, ハリギリなど
黄色	カヤ, ツゲ, イチョウ, アスナロ, ウルシ, ハゼノキ, ニガキなど
黄褐色	ニセアカシア, センダン, ケンポナシ, アカマツ, ヒノキ, カリンなど
淡紅色	スギ, トウヒなど
紅色	イチイ, ビャクシン, アカガシ, シタン, マホガニーなど
褐色	クヌギ, ケヤキ, シオジ, ヤチダモ, クリなど
灰褐色	ハンノキ, セン, シラガシなど
黒色	クロガキ, コクタン, シマガキ, タガヤサンなど

表 17.6 木材の欠点

欠点	概要
曲り	生育中の環境条件によって樹幹が曲ったもの. 短材として利用. 集成材にも利用.
ねじれ	繊維方向がねじれていて組織が不規則なもの. 狂いが激しい. 小工芸品に杢を利用.
目切れ	材軸に繊維方向が斜走していて狂い, 角の欠けの原因となる.
反り	不規則な組織に起因する. 長手方向と幅方向に反りあるいはねじれたりする. 小片材として用いるか, 加熱して修正する.
芯持	髄を持った材は年輪に沿って収縮し干割れを生ずる. 木彫では中ぐりで防止.
胴打, もめ	伐採・運搬中に幹部をぶつけて繊維に直角方向の破壊線が生じたものが胴打. 立木中風などで同様のキズを生じたものがもめでどちらも木取り中に除く. 練心材の利用可.
割れ	乾燥収縮で生じる木口割れ. 年輪に沿った目まわり, 樹心部から半径方向に生じる. 星割れ, 材軸に沿って材表面の表面割れがある. 乾燥と立木中の凍結, 風圧で発生.
入皮	生育中樹幹に損傷を受け癒合部樹皮が材中に巻込まれたもの. 木取りで除く.
あて	傾斜地に生育する樹木の湾曲部の組織の異常部分. 濃色で硬くもろい. 針葉樹は圧縮応力を受ける曲りの外側に, 広葉樹は引張側で内側にそれぞれできる.
節	生節, 死節, 抜節, 腐れ節がある. 節の回りは組織が交錯し, 硬くもろい. 加工もやっかい. 杢に変化がありデザイン上珍重されることもある. 引張力は劣る.

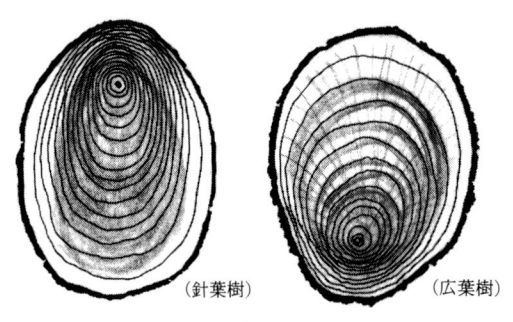

図 17.9 あて材 (濃色部)

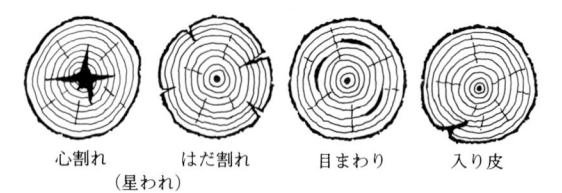

図 17.10 欠点材

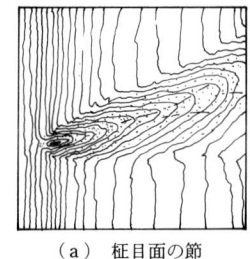

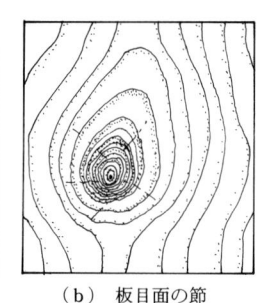

図 17.11 節の表れ方

17.5 木材の欠点

　木材の欠点には節, 色むら, 不規則な杢などのほか種々のものがある. これらのきずは生理的, 病理的, 人為的な原因によるものなどがある.
　こうした欠点は小短材に分割して再構成した木質材料として利用したり, それなりに特色を生かした利用法もある. 表 17.6 に主な欠点を示す. また図 17.9, 17.10 に, あて, 割れ, 入り皮など欠点材を示す.

17.6 木材の基本的性質

(1) 比重

　先に木材は細胞の集合体であることを述べたが, 木材の空隙部分を除いた細胞膜壁の実質の比重は真比重といわれ, 樹種に関係なくほぼ 1.50 である. 木材の比重は空隙を含んだ重量を容積で割った容積重で表す. したがってこの比重は空隙率の大小で決まる (表 17.7[4]).
　また, 材中の含有水分により重さ, 容積が変わるので, 含有水分の状態によって生材比重, 気乾比重に分けられる.

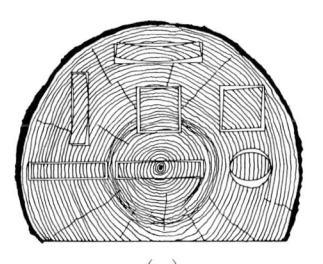

17. 家具用材

表 17.7 木材の空隙率[*1][%]（平均[*2]）

樹種	空隙率[%]	全乾比重	樹種	空隙率[%]	全乾比重
トドマツ	76	0.39	カツラ	74	0.40
ツガ	68	0.49	ホオノキ	72	0.43
スギ	74	0.40	キリ	83	0.26
ブナ	67	0.51	バルサ	94	0.10
ミズナラ	56	0.68	リクナムバイタ	48	1.23
ケヤキ	62	0.59			

[*1] 空隙率 $= \left(100 - \dfrac{全乾比重}{1.50}\right) \times 100$ [%]

[*2] 全乾比重 $= \dfrac{全乾材の重量}{全乾材の容積}$

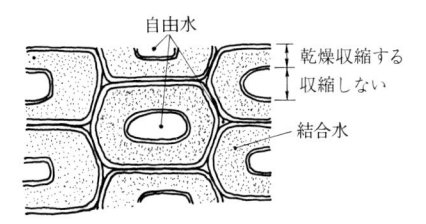

図 17.12 収縮と変形
(a) 年輪に沿った狂い→大きい　半径方向の狂い→小さい
(b) 乾燥収縮の一例　留入隅の乾燥による隙間の発生（見付と板目だと狂い大）

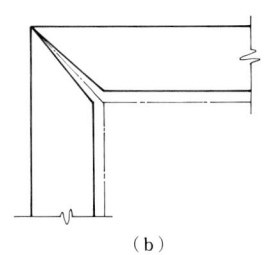

図 17.13 木材中の水分（自由水と結合水）

比重は材の強度，ヤング係数とほぼ比例関係にあるので，木製品設計の大切な指標の一つである．

（2） 含 水 率（図 17.12, 17.13）

伐採直後の材を生材という．生材を大気中に放置しておくと，材中の水分は徐々に蒸発して空気中の湿度とつり合う．この状態の材の含水率が平衡含水率である．平衡含水率は温度と関係湿度とによって変動するから，材中の水分は気候や地域で異なり，わが国の平均値は約15％，欧米など大陸性気候では約12％である．加工材の水分管理は室内での空気調和の条件なども考慮し，11～12％に調湿している．

木材中に含有されている水分は自由水と結合水とに分けられる．前者は細胞内腔や細胞間隔にあり，大気条件で移動しやすいが，細胞壁に含まれる後者は，自由水がなくなってはじめて移動を始める．細胞壁中の結合水の移動が起こる点を繊維飽和点といい，この点の含水率は約30％である．この繊維飽和点を境にして，細胞壁からの水分の出入により細胞壁の容積は増減し，材は膨張あるいは収縮する．こ

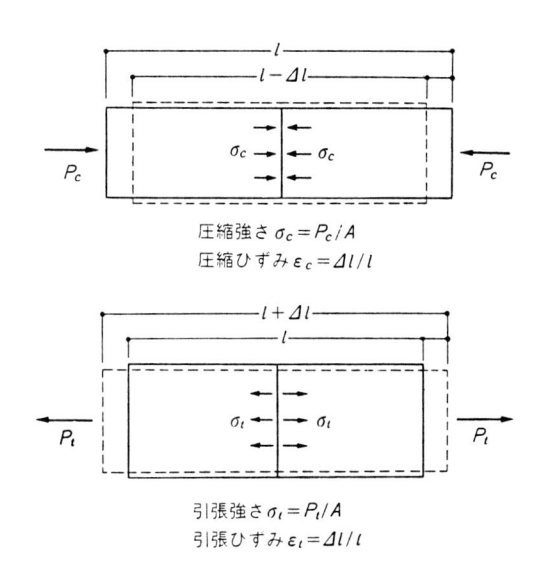

圧縮強さ $\sigma_c = P_c/A$
圧縮ひずみ $\varepsilon_c = \Delta l/l$

引張強さ $\sigma_t = P_t/A$
引張ひずみ $\varepsilon_t = \Delta l/l$

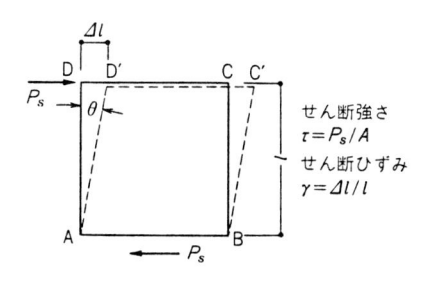

せん断強さ $\tau = P_s/A$
せん断ひずみ $\gamma = \Delta l/l$

図 17.14 応力とひずみ

のときの変化の度合は，木材の細胞配列の構造的特性によって繊維方向(材軸方向)，半径方向(放射方向)，接線方向(年輪方向)では 0.5～1：5：10 であるという．製品加工ではこの点を考慮した木取りが必要となる．

（3） 木材の機械的性質

① 応力とひずみ　物体に外から加える力を外力あるいは荷重という．物体に外力を加えると，物体の内部にこれと大きさが等しい向きが反対の抵抗力が発生する．これは外力（荷重）に対して内力または応力といわれ，外力を徐々に増やしていくと応力も増えて外力とつり合う．

物体に荷重をかけ，これを増していくと，物体は次第に変形する．この変形をひずみといい，圧縮，引張とも単位長さ当りの変形量で示され，せん断ひずみは図 17.14 で DD' と AD との比で表される．

一定荷重範囲内では応力とひずみは直線的に変化し(フックの法則)（図 17.15），この範囲内で荷重を除くと変形（ひずみ）はもとにもどる．このバネのような性質を弾性（elasticity）といい，木材も比例限度内では弾性を持った材料=弾性体である．図 17.15 で A 点は比例限度といい，A 点を越えると物体のひずみは徐々に増え，最後は破壊にいたる．この A 点を越えたひずみはもとにはもどらず残留するが，これを永久ひずみという．ひずみが永久に残る性質を塑性（plasticity）という．また，A 点以下の比較的小さな値の荷重でも長期間一定に保つとこれによって永久ひずみが生じる．この現象はクリープといわれる．クリープは棚板などでときどき見られる現象である．

② 応　力　度　単位面積当りの応力の大きさを示す応力度には垂直応力度（材軸方向の引張と圧縮）とせん断応力度（材軸と直角の一対の向う力），曲げ応力度（水平材を折曲げるような力）などがある．

③ 弾性係数（ヤング率）　図 17.14 で σ＝引張または圧縮応力，τ＝せん断応力といい，

$$\sigma = E \cdot \varepsilon, \quad \tau = G \cdot \gamma$$

の関係がある．ここで比例定数 E を弾性係数あるいはヤング率 G をせん断弾性係数といい，材料に応力が生じたときのひずみの程度を示す指標となるものである．

（2） 硬　　　さ

木材の硬さとは材表面から他物体のめり込みやすさを示すから，木製品の表面の性能の一つとして大切なものである．甲板材選定で大切な条件となる．

硬さを測定する方法には，材面に鋼球を圧入したときの一定くぼみに対する荷重で表す方法などがある．木材のように方向性のある材料では木口面が最も大きく，板目面と柾目面とは木口面よりは劣るものの差はみられない．表 17.8 は代表的日本産材の三方向の硬さについて，木口面を 100 とした場合の各面の硬さである．

（3） 割　裂　性

木材は繊維に沿って割れやすい性質があり，これを加工上は利用しているものもあることは前に述べた．木材の割裂性は割裂抵抗によって調べる．木理が通直で，放射組織の細い針葉樹は抵抗が小さく，木理が複雑に交錯し，うねりのある広葉樹は比較的抵抗が大きい．広葉樹の場合，割裂に対する抵抗性は板目＞柾目となっている．割裂抵抗は含水率との関係では，含水率 10％付近が最大となり，また比重にほぼ比例するといわれる．

割裂に対する抵抗性は仕口の設計では大切な要因

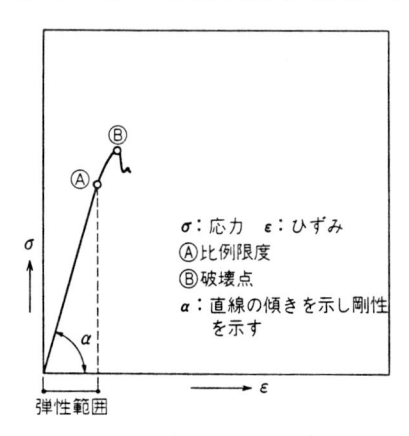

図 17.15　応力－ひずみ線図（木材）

σ：応力　ε：ひずみ
Ⓐ比例限度
Ⓑ破壊点
α：直線の傾きを示し剛性を示す

表 17.8　三方向の硬さ（比…木口面 100 とした値）

樹　　種	含水率[％]	容積重(比重)[g/cm²]	木口面	板目面	柾目面
ス　　　　ギ	気乾	0.26～0.27	100	31	31
ア　カ　マ　ツ	〃	0.46～0.48	100	27	36
ブ　　　　ナ	〃	0.63～0.65	100	37	28
エ　ゾ　マ　ツ	〃	0.46～0.50	100	33	33
ミ　ズ　ナ　ラ	〃	0.77～0.79	100	48	25
ナ　　　　ラ	〃	0.62	100	44	34
ナ　　　　ラ	全乾	0.62	100	38	29
ニセアカシア	15～16	0.73～0.77	100	50	40

資料："木材工学"，養賢堂（1961）．

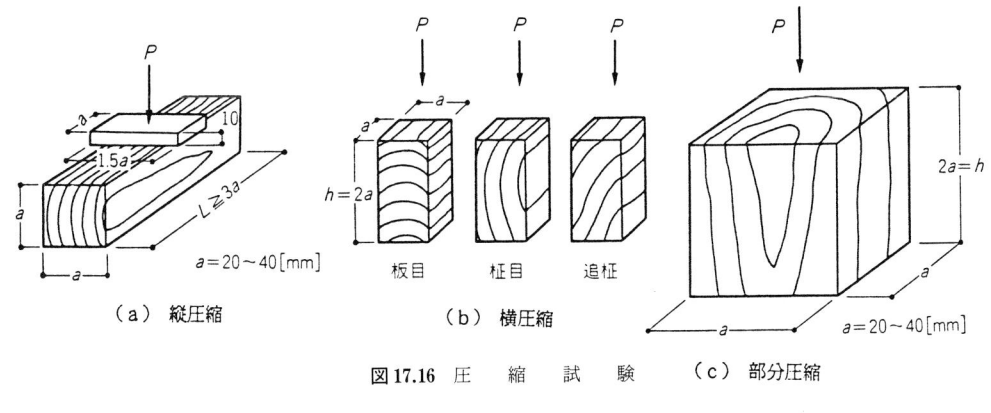

図17.16 圧縮試験　(a) 縦圧縮　(b) 横圧縮　(c) 部分圧縮

図17.17 引張試験[5]　(a) 縦引張試験体　(b) 横引張試験体

(4) 強　度

　強度は荷重の負担速度によって静的強度と動的強度とに分けられる．普通の材料試験では，ゆっくりした（静的）荷重で一方向に負荷する試験によって得られた値で，圧縮強さ，引張強さ，曲げ強さ，せん断強さなどがある．試験法は JIS Z 2111～2118 に定められている．次に主なものを示す．

　① **圧縮試験**（JIS Z 2111）：　繊維方向に平行に荷重を加える縦圧縮強さ，繊維方向に対して垂直に荷重を加える横圧縮強さ（柾目面荷重，板目面荷重，追柾面荷重），部分圧縮強さ（横圧縮）などの試験がある（図17.16）．

　木材の圧縮強さは引張強さの約 1/2～1/3 といわれている．また横圧縮の場合，その強度は材の年輪方向＞半径方向＞追柾，である．また比重と圧縮強さとは比例する．仕口などの接合部の設計には以上の点を考慮して作業を進める必要があり，強度に対応した繊細な作業が望まれる．

　圧縮強さ：$\sigma_c = P_c / A \,[\mathrm{kgf/cm^2}]$

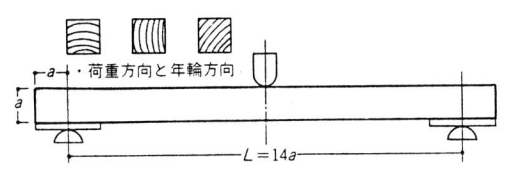

図17.18 曲げ試験

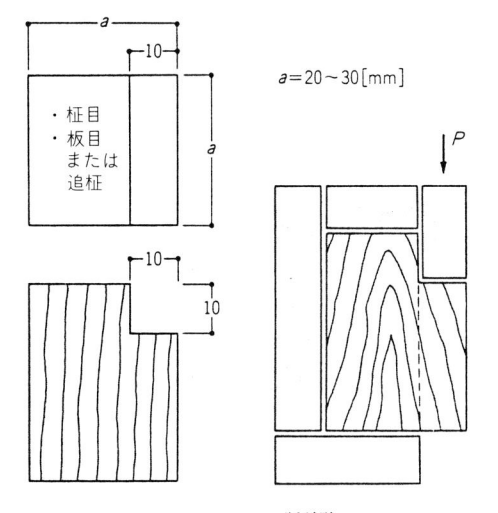

図17.19 せん断試験

P_cは，最大荷重［kgf］，A は断面積［cm²］．

② 引張試験（JIS Z 2112）： 縦引張と横引張がある．引張における縦，横の強度比は約20：1といわれている．また引張強さは含水率が 8〜10％で最大値を示すともいわれている．図 17.17 に試験体寸法を示す．

引張強さ：$\sigma_t = P_t/A\,[\text{kgf/cm}^2]$

ここに P_t は最大荷重［kgf］，A は断面積［cm²］．

③ 曲げ試験（JIS Z 2113）： 曲げ強さは次式で求められる（図 17.18）．

曲げ強さ：$\sigma_b = P_b l/4Z\,[\text{kgf/cm}^2]$

ここに P_b は最大荷重［kgf］，l はスパン［cm］，Z は断面係数で，曲げ材の断面の形状寸法による係数で単位が cm のときは cm³ である．

いま断面の幅を b，高さを h とすると，

$Z = bh^2/6\,[\text{m}^3]$

$M = P_b \cdot l\,[\text{kgf}\cdot\text{cm}]$

M は曲げモーメント，P_b は荷重，l はスパン．

④ せん断試験（JIS Z 2114）： せん断強さは次式で求められる．

せん断強さ：$\tau = P_s/A\,[\text{kgf/cm}^2]$

表 17.9 各種断面形と I，Z

断面形	I（断面二次モーメント）	Z（断面係数）
矩形（$b \times h$）	$\dfrac{bh^3}{12}$	$\dfrac{bh^2}{6}$
中空矩形	$\dfrac{bh^3 - b_1 h_1^3}{12}$	$\dfrac{bh^3 - b_1 h_1^3}{6h}$
円形（d）	$\dfrac{\pi d^4}{64} = 0.049 d^4$	$\dfrac{\pi d^3}{32} = 0.098 d^3$

表 17.10 主な木材の強度的性質

		樹種	気乾比重	縦圧縮強さ kg/cm²	縦引張強さ kg/cm²	せん断強さ kg/cm²	曲げ強さ kg/cm²	曲げヤング係数 10³ kg/cm²
針葉樹	I	アカマツ	0.52 0.42〜0.62	450 350〜550	1400 900〜2000	95 70〜120	900 700〜1150	115 85〜140
		クロマツ	0.54 0.44〜0.67	450 350〜600	1400 900〜2000	90 60〜110	850 650〜1100	105 75〜130
		ベイマツ*	0.49	470	—	80	800	115
	II	カラマツ	0.50 0.40〜0.60	450 300〜600	850 550〜1250	80 55〜100	800 550〜1050	100 70〜130
		ヒバ	0.45 0.37〜0.55	400 310〜510	1050 600〜1250	75 50〜100	750 600〜1000	90 65〜130
		ヒノキ	0.44 0.34〜0.54	400 350〜500	1200 900〜1600	75 55〜100	750 600〜900	90 60〜120
		ベイヒ*	0.47	450	—	75	800	115
	III	ツガ	0.50 0.45〜0.60	400 340〜550	1100 750〜1350	90 60〜110	750 500〜1050	80 60〜115
		ベイツガ*	0.47	440	—	80	710	105
	IV	モミ	0.44 0.35〜0.52	400 250〜550	1000 700〜1300	70 45〜90	650 450〜950	90 60〜125
		エゾマツ	0.43 0.35〜0.52	350 300〜430	1200 900〜1500	70 55〜90	700 550〜850	90 70〜120
		トドマツ	0.40 0.32〜0.48	330 250〜450	1100 700〜1400	65 45〜85	650 450〜800	80 60〜110
		ベニマツ*	0.41	305	1050	90	680	90
		スギ	0.38 0.30〜0.45	350 250〜450	900 700〜1200	60 40〜80	650 500〜850	75 55〜100
		ベイスギ*	0.37	350	—	60	540	80
		スプルース*	0.38	335	—	70	610	90
広葉樹	I	カシ	0.87 0.80〜1.05	550 400〜800	1500 900〜2000	150 100〜200	1200 800〜1600	140 100〜170
	II	クリ	0.60 0.44〜0.78	430 300〜550	950 500〜1200	80 55〜100	800 450〜1000	90 60〜110
		ナラ	0.68 0.45〜0.90	450 300〜550	1200 800〜1600	110 80〜140	1000 650〜1300	100 80〜120
		ブナ	0.65 0.50〜0.75	450 350〜550	1350 950〜1800	130 80〜180	1000 750〜1300	120 80〜150
		ケヤキ	0.69 0.47〜0.84	500 350〜650	1300 850〜1700	130 80〜190	1000 700〜1400	120 80〜150

［注］"日本の木材"（日本木材加工技術協会）より．＊は林業試験場編："木材工業ハンドブック"（改訂3版）より抜粋．

ここに P_s は最大荷重[kgf]，A はせん断面積[cm²]．
表17.10に主要樹種の機械的性質を示す．

17.7 木質材料

合板や集成材，あるいはパーティクルボードやファイバーボードなどの木材の二次加工品を総称して木質材料という．木質材料が生産される主な目的は①人工的に長大材を得る，②低質材，未利用材の活用，③木材の性質の改良，などである．

このうち①は厚く広面積の甲板を作り出すとか，小片材から断面の大きな角材や広幅のボードを作ることである．

②は工場廃材，曲り材，間伐材など低質材を再利用する．

③は木材の欠点を除去あるいは分散して材の再構成によって活用するなどにより，反張を防止したり力学的性質を改善する．

次に，個々の木質材料の特性を見てゆくこととする．

(1) 集成材

ひき板を主な構成要素として，繊維方向は互いに平行にし，接着剤で長手，幅，厚さの各方向に集成した材料である．家具用としてはテーブルの甲板，椅子の座板，引出前板や側板，パネルのコア材，収納壁の側板など広範囲に利用される（図17.20）．

集成材を製材品と比較すると，

① 短小材から寸法，形状をかなり自由に角・板材を再生できる
② 節，腐れなどの欠点を分散させ，強度性能でバランスの良いものを再生できる
③ エレメントの水分管理により狂いの少ない材を作る
④ 美観や強度，断面形状など要素の構成が自由
⑤ 治具により湾曲材製造も可能
⑥ 製造コスト，歩留を考えたり，接着剤が必要など負担がふえる点もある

などがあげられる．

(2) 集成材の種類

集成材は元来建築用構造材ないしは造作用材として，JASによる定義づけがされていて，家具用としてはこれに準じている．集成材は「ひき板または小角材を，その繊維方向を互いにほぼ平行にして，厚さ，幅および長さ方向に集成接着したもの」である．類似のものに，長さ方向のみ接着した縦つぎ材，ロータリーまたはスライス切削した単板を用いたLVL（laminated veneer lumber：単板積層材）などがある．

表17.11に集成材の種類別定義を示す．

図17.20 集成材の甲板（三井木材）

表 17.11 日本農林規格（JAS）による集成材の種類別定義

用 語	定 義	主 な 用 途
造作用集成材	ひき板もしくは小角材等を集成接着した素地のままの集成材．ひき板の積層による素地の美観を表わした集成材．またはこれらの表面に溝切り等の加工を施したものであって，主として構造物等の内部造作に用いられるものをいう．	階段の手すり，笠木，カウンター，壁材，パネルの心材
化粧ばり造作用集成材	上記素地の表面に美観を目的として薄板をはり付けた集成材．またはこれらの表面に溝切り等の加工を施したものであって，主として構造物等の内部造作に用いられるものをいう．	なげし，しきい，かもい，落し掛，上りかまち，とこ板，とこかまち
構造用集成材	所要の耐力を目的としてひき板（幅方向に接着して調整した板，および長さ方向にスカーフジョイント，フィンガージョイントまたはこれらと同等以上の接合性能を有するように接着して調整した板を含む）を積層した集成材であって，主として構造物の耐力部材として用いられるものをいう．	柱，桁，梁，わん曲アーチ，木造船の竜骨，橋梁，コンテナの床，柱，梁，桁，まぐさ根太などの枠組工法用材
化粧ばり構造用集成材	上記の表面に美観を目的として薄板をはり付けた集成材であって，主として構造物の耐力部材として用いられるものをいう．	木造住宅の柱，通し柱，半柱

17.8 合板

合板はロータリーまたはスライス切削した単板を繊維方向を直交させて奇数枚接着接合したものである（図17.22）．木材の乾燥収縮は，繊維方向：樹幹の半径方向：年輪方向＝0.5〜1：5：10であるから，上の構成によって狂いは防止される．このとき接着強度は重要な意味を持つから，これの性能によって合板の等級区分がなされている．

(1) 合板の一般的特徴

合板には次のような一般的特徴がある．
① 比重の割に強度が大きい
② 接着剤の種類で性能に幅がある
③ 単板構成，異方性の改善，任意の特性もだせる
④ 含水率，温度変化による収縮，膨張が小さい
⑤ 割裂を起こしにくい
⑥ 比較的安価に幅広，厚板ができる

(2) 合板の種類と分類

合板は接着層の耐水性の程度によって次のように分けられている．

① 特類合板： 72時間の連続煮沸試験に合格するもの．フェノール樹脂系接着剤使用．

② 1類合板（タイプⅠ）： 煮沸繰り返し試験に合格するもの．主にユリアメラミン共縮合樹脂使用．

③ 2類合板（タイプⅡ）： 温冷水浸漬試験に合格するもの．主にユリア樹脂接着剤使用．

④ 3類合板（タイプⅢ）： 常態接着力試験に合格するもの．

家具・内装用としては，空調の普及などから室内温湿度の変動が激しいことを考慮して1類合板を多用したい．

表17.12に特殊合板の分類を，また図17.23に合板製パネルの種類を示した．

表17.12　特殊合板の分類

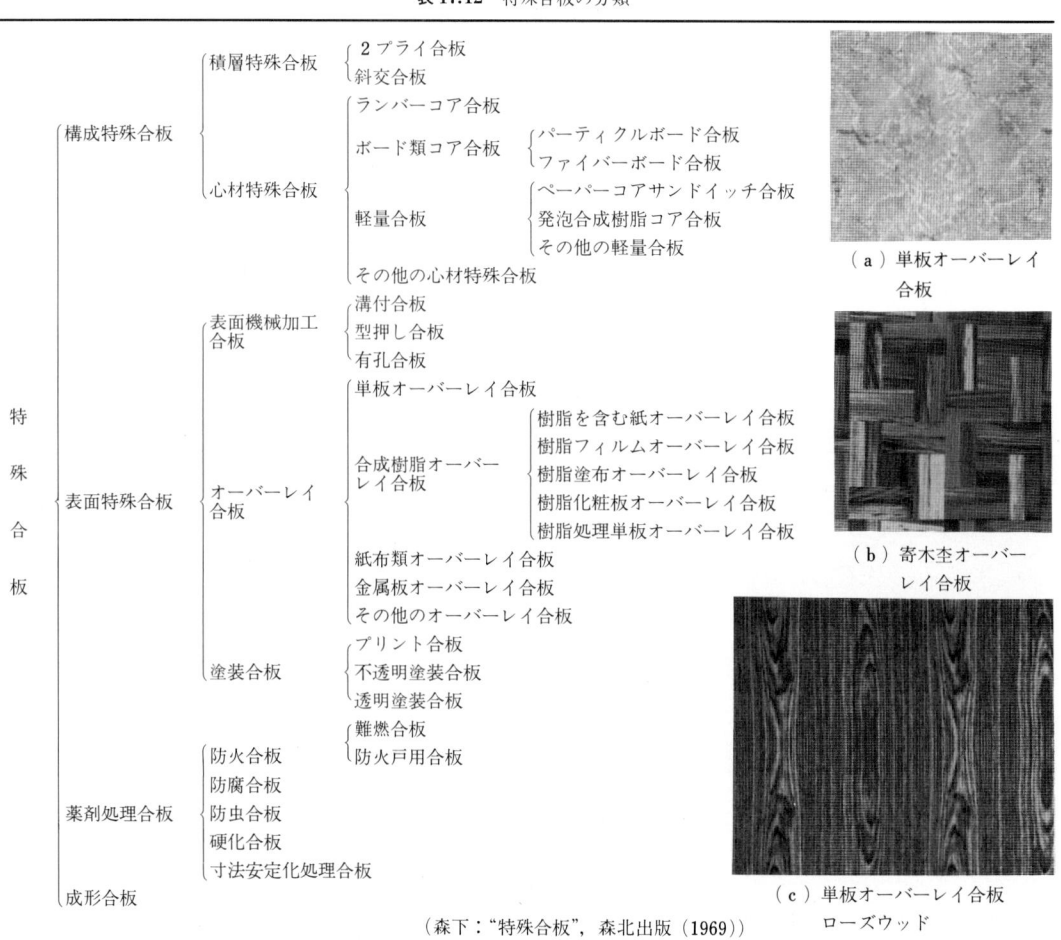

（森下："特殊合板"，森北出版（1969））

図17.21 ロータリー切削と合板の構成

図17.22 合板製パネル構造（家具用部品）

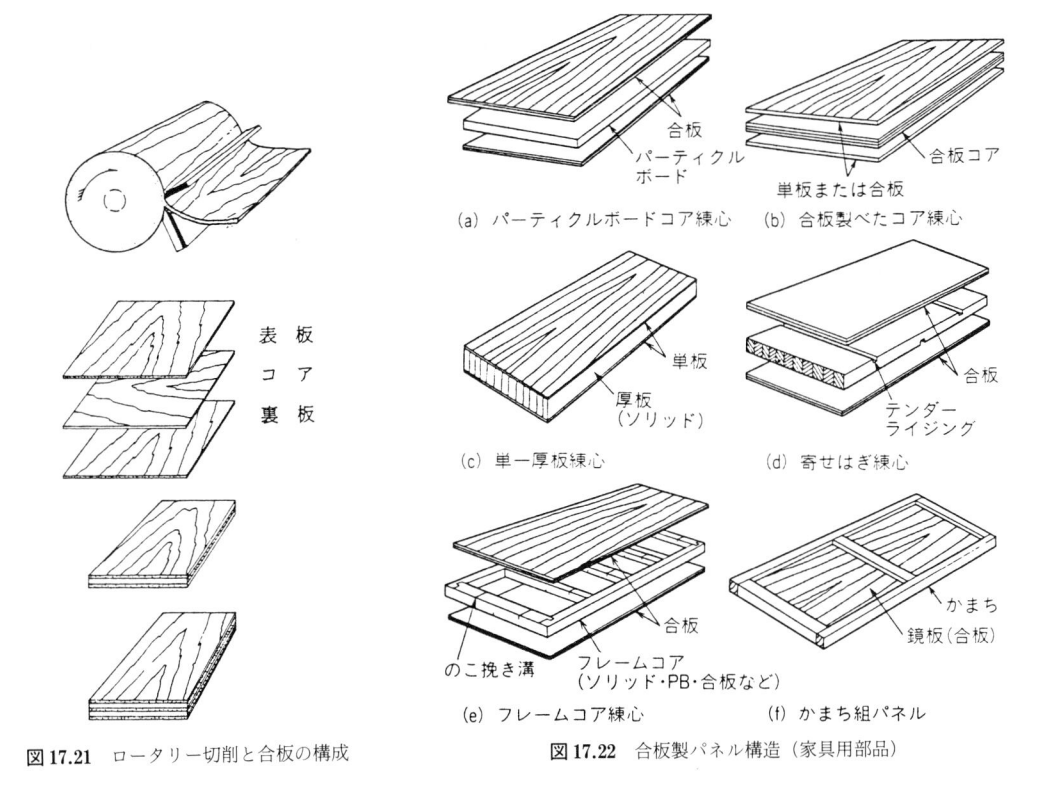

(a) パーティクルボードコア練心
(b) 合板製べたコア練心
(c) 単一厚板練心
(d) 寄せはぎ練心
(e) フレームコア練心
(f) かまち組パネル

図17.23 プラスチックシート類（左）と使用例（右）

特殊合板には構成特殊合板，表面特殊合板，薬剤処理合板，成形合板があり，JAS（日本農林規格）では表面特殊合板のうちのオーバーレイ合板，塗装合板について規定している．家具用としては単板オーバーレイ合板，合成樹脂オーバーレイ合板，プリント合板（合板上に木目，紋様を直接印刷したもの）などが多用される．図17.23は合板オーバーレイ用のプラスチックシート（塩化ビニル樹脂シート）の製品例とシート類を示したものである．

17.9 パーティクルボード，ファイバーボード

（1） パーティクルボード（PB）

パーティクルボード（particle board）は木材小片（チップ）に合成樹脂接着剤をスプレイ散布し，熱圧・成板した板状製品である．

（2） ファイバーボード（FB）

ファイバーボード（fiber board）は木材（他の植物繊維を加えることもある）を繊維化してから成板した板状製品である．JISではファイバーボードは

図 17.24 パーティクルボードの収納家具（遠藤総合装備）

密度によって次の3種類に分けられている．

① インシュレーションファイバーボード（IB, insulation FB, 軟質繊維板）： 密度 0.25～0.40 [g/cm^2] のもの．

② セミハードボード（semihard board, 半硬質繊維板）： 密度 0.4～0.8 [g/cm^2] のもの．

③ ハードボード（hard board, 硬質繊維板）： 密度 0.8～0.9 [g/cm^2] 以上のもの．

FB は PB とともに木材，合板に比較して異方性がほとんど改善されており，寸法安定性が良く，音響的特性も良いので，オーディオ機器用キャビネット材やミシンキャビネット，ミシンテーブル，その他用途が広い．大型の収納壁（ビルトインファニチャー，造り付け家具）やシステムキッチンなどの主要部にも PB と FB とが多く使われている．

引用文献

1) 正倉院事務所："正倉院の木工"，日本経済新聞社(1978)．
2) 黒川真頓著，前田泰次校注："増訂工芸志科"（東洋文庫254），平凡社（1974）．
3) 農商務省山林局編纂："木材の工芸的利用"，大日本山林会（1912）．
4) 北原覚一："木材物理"，森北出版（1966）．
5) 日本木材学会編："木材科学実験書"，中外産業調査会（1985）．
6) 柳下 正："特殊合板"，森北出版（1967）．

参考文献

浅野猪久夫編："木材の事典"，朝倉書店（1983）．
柳下 正："特殊合板"，森北出版（1969）．
日本木材学会編："木材科学実験書"（I．物理・工学編），中外産業調査会（1985）．
木質構造研究会編："ティンバーエンジニアリング読本"，オーム社（1985）．
柳 宗理，渋谷 貞，内堀繁生編："木竹工芸の事典"，朝倉書店（1985）．
平井信二監修："木工"（技術シリーズ），朝倉書店（1979）．

18.
家 具 の 構 造

18.1 椅子・ベッドの構造

椅子は休息，作業などに使われて人体を支える家具であり，ベッドとともに人体支持家具（アーゴノミー系家具）といわれる．伝統的なタイプは主に棒（角）材で基本構造が構成され棒状の脚で支えられる構造なので脚物といわれた．

椅子の主要構造部分は，人体を直接支持する座と背，これらを支える脚の部分から成り立っている．

椅子は家具の中でもっとも多様な形態を示しており，また素材面からみても多様性に富んでいる（図18.1～18.4）．ここでは，これらのうち木材，木質材による家具構造を見ていくことにしたい．

椅子は用途によって構造的特色を持っており，腰掛け（スツール）やベンチ，小椅子，肘掛け椅子，安楽椅子，寝椅子，ゆり椅子などがある．

このうちもっとも汎用性の高い小椅子についてその構成部材をみると図18.2（a）のようである．主な仕口の種類として図18.2（b）のようなものがある．

また，ベッドの基本構造は図18.5のようにマットレス，マットレスを支えるスノコとサイドフレーム，ヘッドボード（前立板か枠）とフットボード（後立板）とによって構成されている（図18.5）．

（1） 小椅子の構造

ここで形態，構造ともに一般的な小椅子の構造的特色について，もう少し詳しくみていくことにする（図18.2）．

部材の構成は，前脚，後脚，座枠（前台輪，側台輪，後台輪），笠木，背貫，背板，すみ木，脚貫などから成り立っている．これらのうち，4本の脚を連結して座の構造部分を固める台輪は平枘（小根付や三方胴付）としたり，枘首の十分な長さを確保して一層強固にするため2段枘と上下小根付の平枘とするほかに，太枘継ぎなどとする（図18.2（b））．

（2） 背の構造

後脚は上に伸して背とするのが一般的で，これの上端と笠木の接合は，普通は平枘の三方胴付としたり，笠木を左右にやや長く伸ばせば平枘のままでよい．高級なものになると留形隠あり継ぎや，他に留形三枚継，三枚継などとすることもある．椅子の接合構造はほぼ平枘とその変形で処理されるものとてよい．また背板は追入継ぎ，平枘三方胴付などとする．

簡単な方法としては太枘継も多用され，デザインによっては脚断面を丸や楕円とすることがあり，このときは胴付が曲面となるが，これは脚と胴付面のなじみが悪く空隙を生じやすく，十分な強度は得にくいので注意が必要である．このことは椅子各部の接合では重要である．

いずれにしても椅子の仕口は太枘に代替されることが多く，胴付面の加工精度と繊細な作業とが強度を保証することとなる．

（3） 肘 掛 け

図18.4のような肘掛け椅子の肘掛けは，肘板（肘木）と肘束とからなる．束は前脚を台輪上に伸ばすもの，束を台輪（座枠）の上に立てるもの，数本の束を座枠上に立ててその上部を肘板で連結するなどの方法がある．肘板と束の仕口は留形隠あり継ぎ，三枚組継ぎ，太枘継ぎなどによる．

肘掛けの高さは，機能的には座面上23～24 cmが必要だが，机，テーブルの幕板（後述，（8）項参照）の構造によっては肘部があたってじゃまとなるので，思い切って下げることもある．肘掛けは肘を乗せ，手で握る個所であるが，構造的には骨組の補強にも役立っている．

（4） ベッドの基本構造

ベッドの構造はマットレスとフレーム部分とからなる．マットレスはクッション構造で扱うので，まずフレームについて述べる．

18. 家具の構造

① ソリッドフレーム構造
チッペンデールスタイル

② 挽物脚とむく板（座）
コロニアルスタイルの
アームチェア

③ 挽物脚のコーナーアーム
チェア（座は薄張り）

④ 彫刻したフレーム
Victorian balloon
dining chair (1860)

⑤ 曲木構造（ブナ）
座は籐張り（トーネット
NO 14; 1859）

⑥ 板構造（タモ）
ジクザクチェア
D：リート・フェルト

⑦ スチールパイプ構造
（チェアシェル成形合板）
D：A. ヤコブソン，1952

⑧ スチールパイプによる
カンチレバー構造
座と背は籐張りパイプフレー
ムにビスどめ

⑨ ソリッドフレーム構造
（トネリコ）
スーパーレージェラ.
D：ジオポンテ

⑩ F.R.P. シェル
(Verner Pantons 1967)

図18.1 小椅子の材料と構造および
スタイル

ヘッドボードとフットボードとはサイドフレームによって連結されている．接合構造は専用の金具（図18.5）で緊結され，ノックダウンシステムとなっているものが多い．他に太枘継ぎやヘリサートによる接合もある．

ヘッドボードはパーティクルボードや合板の練心を用いた練付構造（17章の図17.23参照）とするほか，框材による框組構造とすることもある．他にヘッドボード部分に小さな収納スペースを組み込んだものやサイドフレーム部に引出しをつけたものもある．以上の枠体にボトムをつけて基本構造は完了する．ボトムは有孔のハードボードや桟木によるスノ

18. 家具の構造

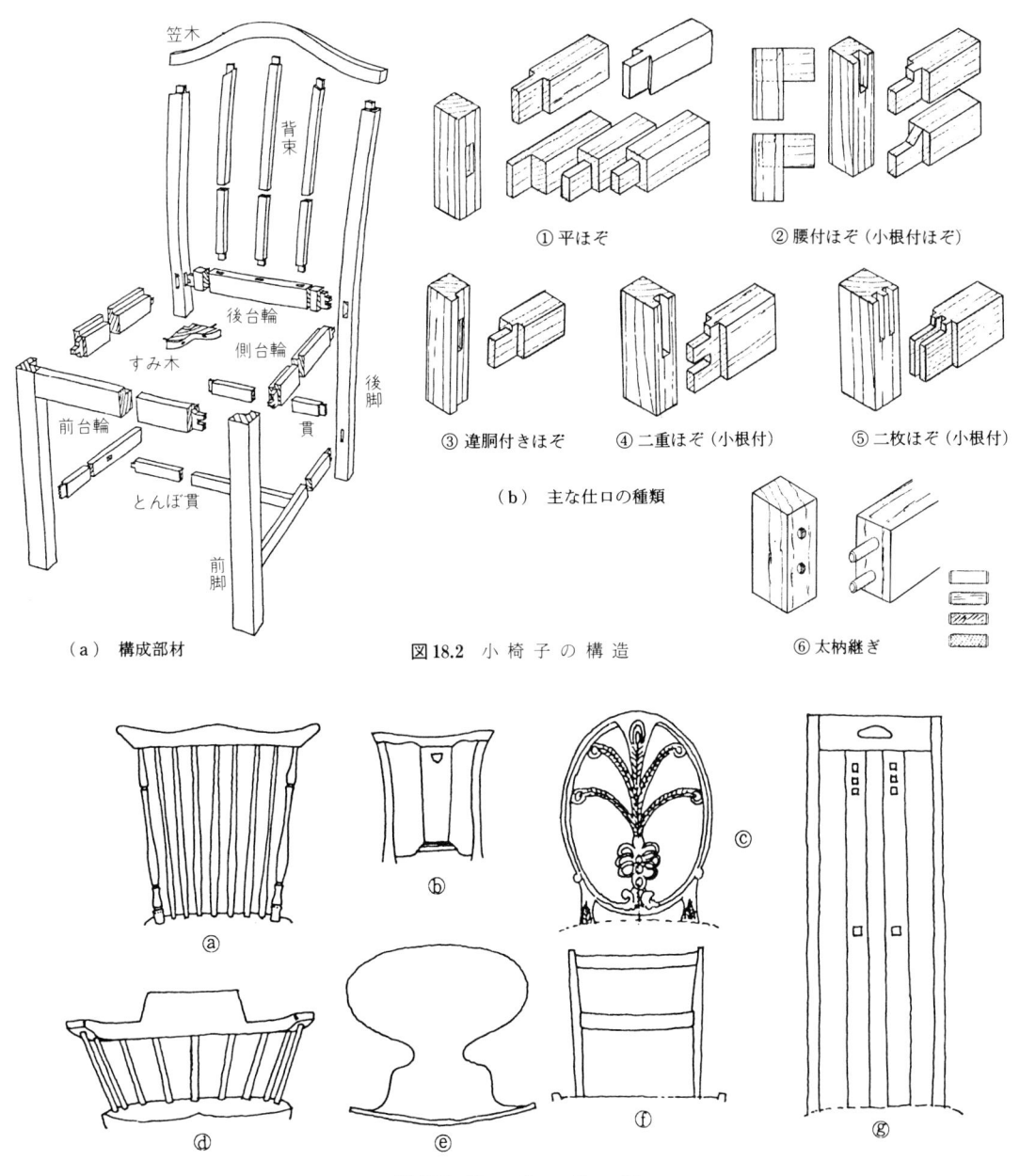

図中ラベル（図18.2 小椅子の構造）:
- （a）構成部材: 笠木、背束、後台輪、側台輪、すみ木、後脚、前台輪、貫、とんぼ貫、前脚
- （b）主な仕口の種類: ①平ほぞ　②腰付ほぞ（小根付ほぞ）　③違胴付きほぞ　④二重ほぞ（小根付）　⑤二枚ほぞ（小根付）　⑥太枘継ぎ

図18.3 背の構造
ⓐファンバック・ウィンザーチェア（アメリカ，1750〜1975年頃）
ⓑチッペンデールスタイル
ⓒオーバーバック・サイドチェア（アメリカ，1796）
ⓓトラディショナル・ウィンザータイプ（George Nakashima）
ⓔスタッキングチェア（A. Jacobsen, 1952）
ⓕSuperleggera サイドチェア（Gio Ponti, 1956）
ⓖハイバック・ダイニングチェア（C. R. Mackintosh）

コ状のもの，スプリングを張ったものなどがある．

（5）クッション構造

椅子，ベッドのクッション構造は図18.6(a)のように3層構造となっており，このうち表層（A層）は感触・肌ざわりが良く，かつ視覚的には仕上材としての品格を具備している必要がある．これには布，皮革，ビニルレザーなどが使われる．

中層（B層）は腰があり，硬目で張りのある充填材でバネの硬さを包み，なお適度のやわらかさを保持するためのものである．これにはヘヤーロック，各種プラスチック発泡材，くず綿などが使われる．

深層（C層）は先のA，B 2層の骨格となるもの

18. 家具の構造

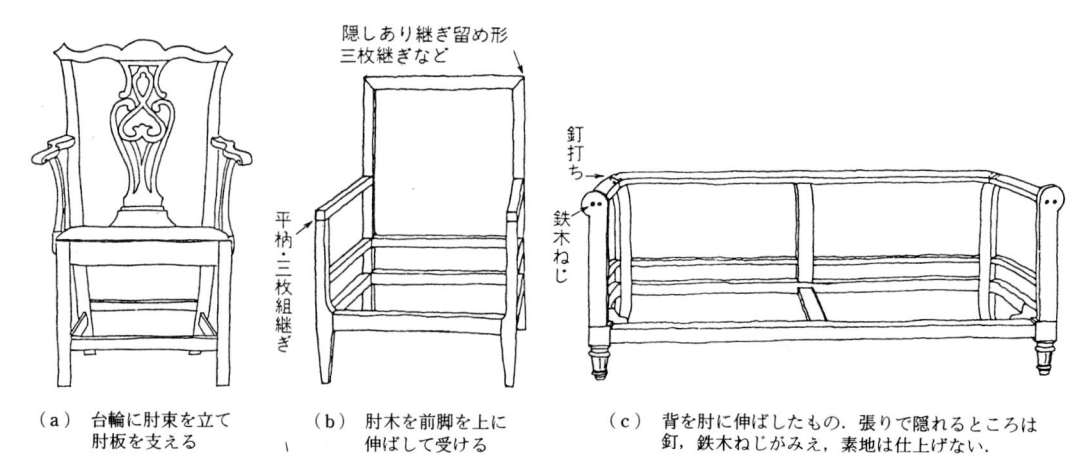

(a) 台輪に肘束を立て肘板を支える

隠しあり継ぎ留め形三枚継ぎなど

平柄・三枚組継ぎ

(b) 肘木を前脚を上に伸ばして受ける

釘打ち
鉄木ねじ

(c) 背を肘に伸ばしたもの．張りで隠れるところは釘，鉄木ねじがみえ，素地は仕上げない．

図18.4 肘の構造

マットレス　ボトム(スノコ)　ヘッドボード(練心に合板PBなどを使う)

フットボード　サイドフレーム

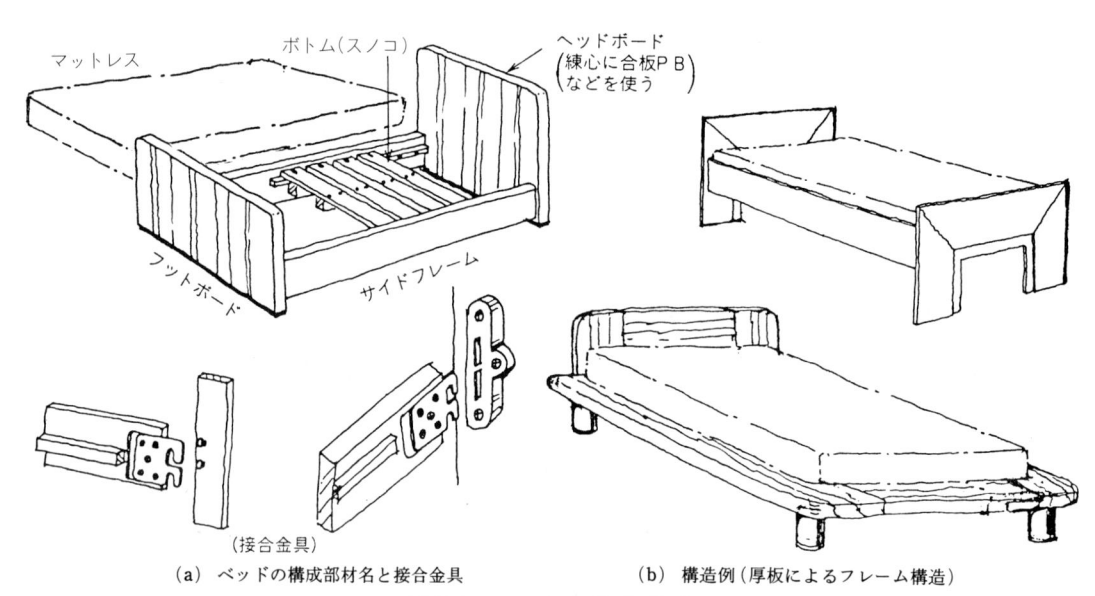

(接合金具)

(a) ベッドの構成部材名と接合金具　　(b) 構造例(厚板によるフレーム構造)

図18.5 ベッドの基本構造

で荷重を支え，姿勢を正しく保持するための構造部分で，コイルバネやセットスプリングが使われる．三層構造を模式的に示すと図18.6(a)のようになる．これを実際の張り構造で示すと図18.6(c)～(d)のようである．

次に椅子のクッション構造について薄張り，厚張り，あおり張りの特色を示す（図18.6(c)～(d)）．

① 薄張り：　最も簡易な構造で，座枠（台輪）に取り付ける12～15mmの座板上に，ウレタンフォームなどのクッション材を接着して，これを上張材で張り上げるものである（図18.6(b)）．

② 厚張り：　座枠に力布（ズック製で厚手のテープ．図18.6(d)参照）をとめる．力布は網代に取り付け，重ねた部分にスプリングを乗せて，これをC層として仕上げる．

③ あおり張り：　座枠下側に力布を網代に張る．その上にあおり用スプリング（この復元力があおり効果となる）を固定する．これをC層として仕上げる（図18.6参照）．

(6) 接着と接着剤

椅子はすべてフレーム構造とは限らないが，板の仕口は次項で扱うのでここでは角材（框材）の接合について，主として注意すべき点をまとめて示す．

① 接合部の強度性能は胴付面積と関係があり，これを十分確保することと，平滑に仕上げる必要がある．

18. 家具の構造

図18.6 クッション構造

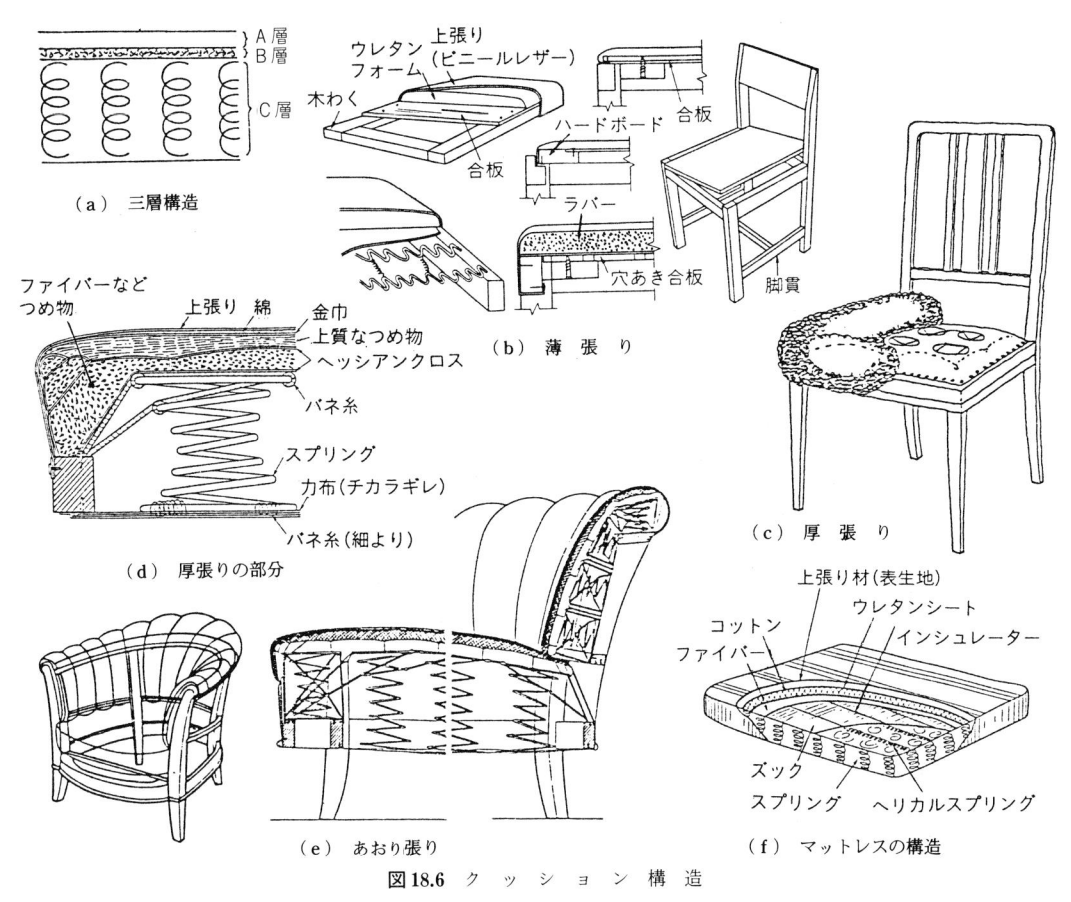

(a) 三層構造
(b) 薄張り
(c) 厚張り
(d) 厚張りの部分
(e) あおり張り
(f) マットレスの構造

表 18.1 木材用接着材の性質

木工用接着剤の種類	平均塗布量 [g/m²]	圧縮力 [kgf/cm²]	常温時圧締時間 [hr]	木材以外の被着材 コンクリート	金属	耐久性	耐水性	施行性	接着力	使用条件その他
にかわ	200～250	5～15	12	—	—	○	×	○	○	70℃以上の加温不適
尿素樹脂	200～250	5～15	8～12	○	○	○	×	○	○	硬化膜の軟化には酢ビ添加
フェノール樹脂	200～250	5～18	18～20	○	○	◎	◎	○	◎	液状とフィルム状タイプ．後者は加熱型
酢酸ビニル樹脂（乳剤型）	180～200	5～15	8～12	○	—	◎	×	◎	○	耐熱性劣る．作業性特に良好
エポキシ樹脂	200～250	5～10	8～12 クイックタイプもあり	◎	◎	◎	◎	○	◎	常温硬化型，加熱硬化型2タイプ クイックタイプは常温型
不飽和ポリエステル樹脂	200～250	5～10	8～12	○	○	◎	◎	○	◎	常温硬化型と加熱型
酢酸ビニル樹脂（溶剤型）	200	5～10	8～12	○	—	◎	○	○	○	耐熱性劣る
合成ゴム系（ネオプレン）	150～200	5～10	8～12	○	○	◎	◎	◎	◎	初期接着力良
レゾルシノール樹脂	200～250	5～10	10～12	○	—	◎	◎	○	◎	常温硬化，硬化剤パラホルム低温下不可

（資料）半井勇三："木材の接着と接着剤"，森北出版 (1961, 1980改訂版).

② 接合部の強度性能は材の比重とも関係するから，椅子の脚，台輪の部材はこのことに注意して選択をする．

③ 接着剤の選択は様々な条件によって目的に合ったものを選ぶが，仕口部の剛性を高めるにはエポキシ樹脂系など充塡性の良いものが有利である．酢ビは塗膜に弾性があり椅子用として秀れている．

④ どんな接着剤でも接合部の精度は必要だが，酢ビなど固形率の低いものでは，接合部の空隙は好ましくない．

⑤ 酢ビの場合，接着剤はオープンタイムを十分取り，中〜高比重材では圧締圧力を $10 \sim 15 \, \text{kgf/cm}^2$ とやや高目がよい．

表18.1は主な接着剤の性質についてまとめたものである．

18.2 テーブル・デスクの構造

テーブルは4本の脚を幕板で連結した上に甲板をのせた構造で，食事用，会議用などに使われる作業台である．また脚を甲板に直接付けたものもある．

テーブルの種類には，用途によってダイニングテーブル，カンファランステーブル，カードテーブル（ゲーム用）や，センターテーブル，サイドテーブル，ナイトテーブルなどに分けられる．

作業用テーブルの高さはJISによって規定され670〜700mmとなっているが，センターテーブルやナイトテーブルなど作業性をあまり重要視しないものでは400〜500mmぐらいの高さで，低く小型のものが多い．

デスクは，脚の一部を箱脚（袖ともいう）として中に棚，引出しなどの収納スペースを組み込んだもので，読書，執務などの作業用である．多くは幕板を棚口にかえて引出しを吊り込む．

図18.7にテーブル・デスクの主要部の構造例を示した．テーブル・デスクはその主構造材によって木材・木質系，金属系，プラスチック系などに分けられる．また脚に鋼パイプを使い甲板に木材・木質材を用いたテーブルや，鋼製角パイプでフレームを構成し脚部に木製の箱を組み込んで，さらに木製甲板を取り付けるなど素材の性能により構造部分を使い分けるものもある．

次に各部位別の構造的特色を述べる．

(1) 脚の構造

木製脚は4本の角脚（四角，八角など）や挽物（丸脚）で構成され，断面寸法は $60 \times 60 \, \text{mm}$ 程度，丸脚

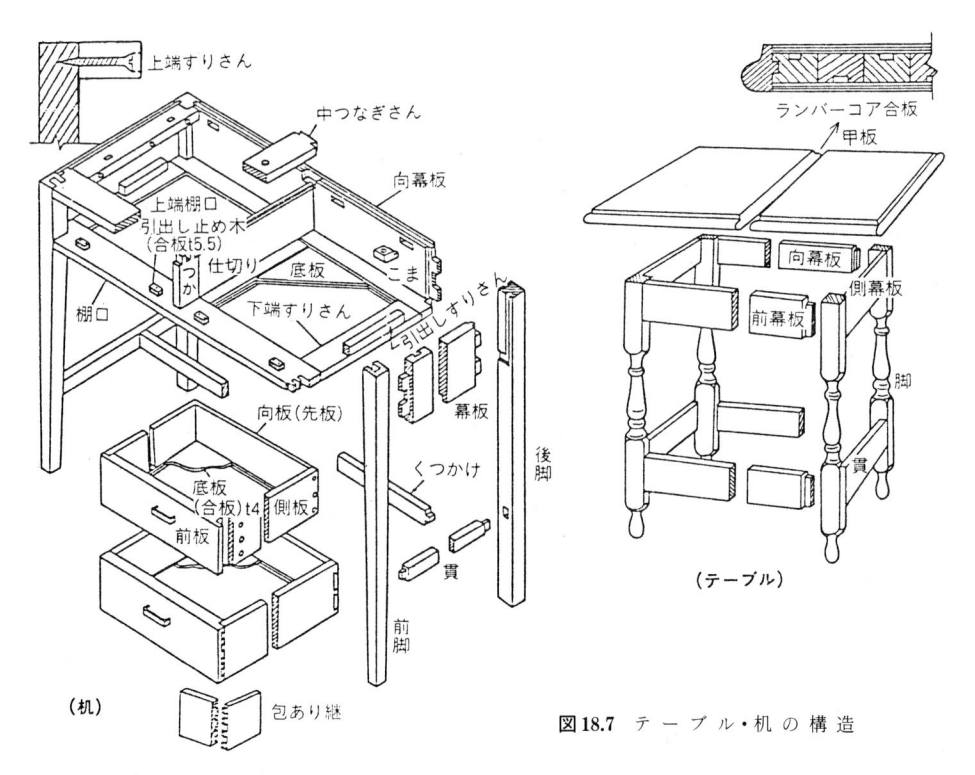

図18.7 テーブル・机の構造

図18.8 鋼製パイプ脚の使用例（イノベータ(株)）

で直径60～70φぐらいである．脚の木取りは，追柾にすると乾燥による材の狂いが大きくなるから注意を要する(前述，17章参照)．断面が大きくなると材料の水分傾斜を生じやすくなるから，テーブルの脚などは集成材とすることもある（他にLVLなどもある）．

脚は幕板下よりしだいに細く絞ってテーパ状にすることもある．これは角，丸ともに可能なのはいうまでもない．丸脚は旋盤で挽くが一様に丸めるのでなく，胴付部分を角のまま残したものや数段に絞り込むなど，多彩なデザインがある．

脚の形式ではこのほかに，中央に1本の柱を立て先端にはね脚を付けるもの，これが一体となった鋼製パイプ製品やアルミダイキャスト製品もある．図18.8に鋼製パイプ部品の使用例を示す．

デスクの袖の構造は，脚の右側か左右両側に箱を付ける．箱は前後脚に取り付けるか，箱の一部を脚として伸ばすもの，箱下側に短い脚を付けるもの，左右に箱を置きこの上に甲板をのせる形式などがある．

（2） 甲板の構造

甲板はテーブル・デスクの作業面なので，十分な平滑度と相応の手ざわりが必要であり，視覚的にも木理の良さや紋様が変化に富んでいて，かつ適度の落着きのあるものが求められる．

甲板の形は丸形，角形，楕円形など多種に及ぶが，デザインの基本は四角，長方形，円形あるいはこれらの変形による．また個性的なものとしてNakashima, George[注]は一枚の厚板を耳付きのまま好んで甲板に使っている．図18.9に甲板の断面構造，

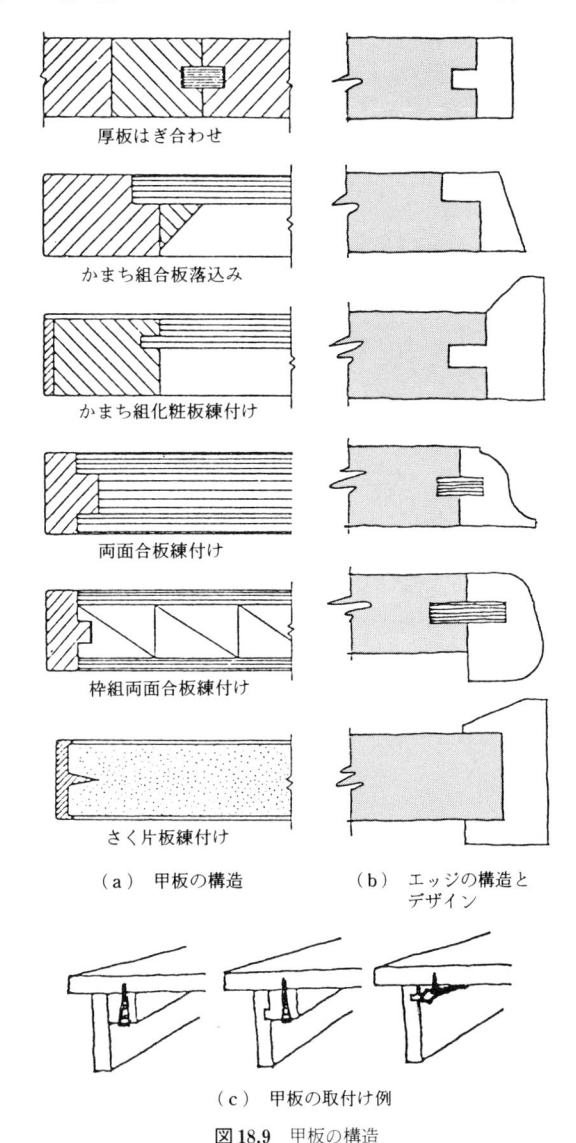

厚板はぎ合わせ
かまち組合板落込み
かまち組化粧板練付け
両面合板練付け
枠組両面合板練付け
さく片板練付け

（a） 甲板の構造　　（b） エッジの構造とデザイン

（c） 甲板の取付け例

図18.9 甲板の構造
積層合板，各種練付構造の木端をかくし，かつエッジ部のボリュームを付けたり，銘木でアクセントとする．

エッジ部のディテールを示した．甲板の厚さは視覚上の安定感やボリューム感，触覚，平面的サイズに応じた強度などを考慮して30～50mmぐらいが目安である．幕板への取り付けの一例を図18.9(c)に示す．また甲板の拡張方式にも各種あるが，図18.10にその一部を示す．

〔注〕Georgeはアメリカの建築家でデザイナー．ウォールナットの自然木の材質を生かしたハンドクラフトの家具デザイン制作で有名．

（3） 幕板の構造

幕板は3～4本の脚を連結する通常，前後，両側

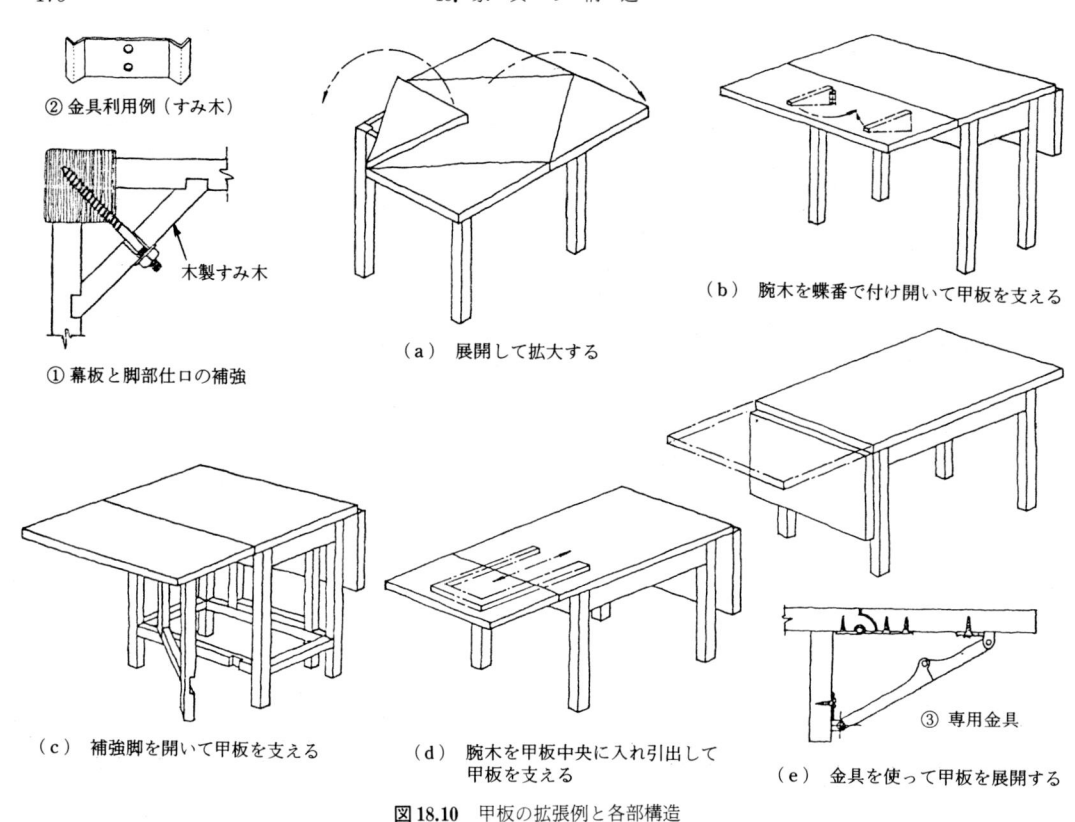

② 金具利用例（すみ木）
① 幕板と脚部仕口の補強
（a）展開して拡大する
（b）腕木を蝶番で付け開いて甲板を支える
（c）補強脚を開いて甲板を支える
（d）腕木を甲板中央に入れ引出して甲板を支える
③ 専用金具
（e）金具を使って甲板を展開する

図18.10　甲板の拡張例と各部構造

の4枚の構成となっている．これによって基本的に構造体は固められる．

幕板の断面は甲板の大きさや脚の断面などからのバランス，脚との仕口部胴付面の必要面積などによって決められるが，隅の締結用金具（図18.10①）の併用が可能となり,次第に小さくなってきている．ダイニングテーブルの標準タイプ（甲板サイズ：1250×800 mm）で厚さ25 mm前後，幅100 mm前後である．しかし経済性など諸般の事情から普及品では小さくなる一方である．

使用材は木材素材が理想的だが合板製が多い．

テーブル幕板の見付面のデザインは，直線のほか様式などによって種々ある．仕口は太枘継ぎ，平枘（二段枘）継ぎが多い．

18.3　収納家具の構造

物を中に収納する箱状の家具が収納家具である．構造的特色は枠体を4本の柱で板をつなぐもの，板で箱状に構成するものなどがある．

（1）箱の基本構造

箱の基本構造は天板，左右側板，地板，背板とからなり，これに支輪，台輪（または脚），中仕切，棚，扉，引出しなどが必要に応じて付けられる．

各部を構成するパネル構造は前章の図17.22を参照されたい．一般にはフラッシュパネル，PBが多く，これらに塗装を施したりビニルシートをオーバーレイしたものが使われる．しかし一方で，最近の本物指向から木材素材による框組構造や板組構造も復活しつつある．図18.11に示す飾り棚は上箱と下箱を幕板で連結した脚に乗せた形で，主要構造はソリッド材で構成したものである．

（2）箱の仕口

箱の仕口は木材素材（ソリッドパネル）では板の反張を防止するため組継ぎとする．フラッシュパネルでは主に太枘継ぎとする．このとき，太枘径はパネル厚の約1/2，長さは太枘径の4倍ぐらいが適当である．

太枘の使用本数は木口面の構造によるが，約100～150 mmごとに1本程度とする．構造が大きくなると，太枘の代わりに鬼目ナットを基材に打込み

18. 家具の構造

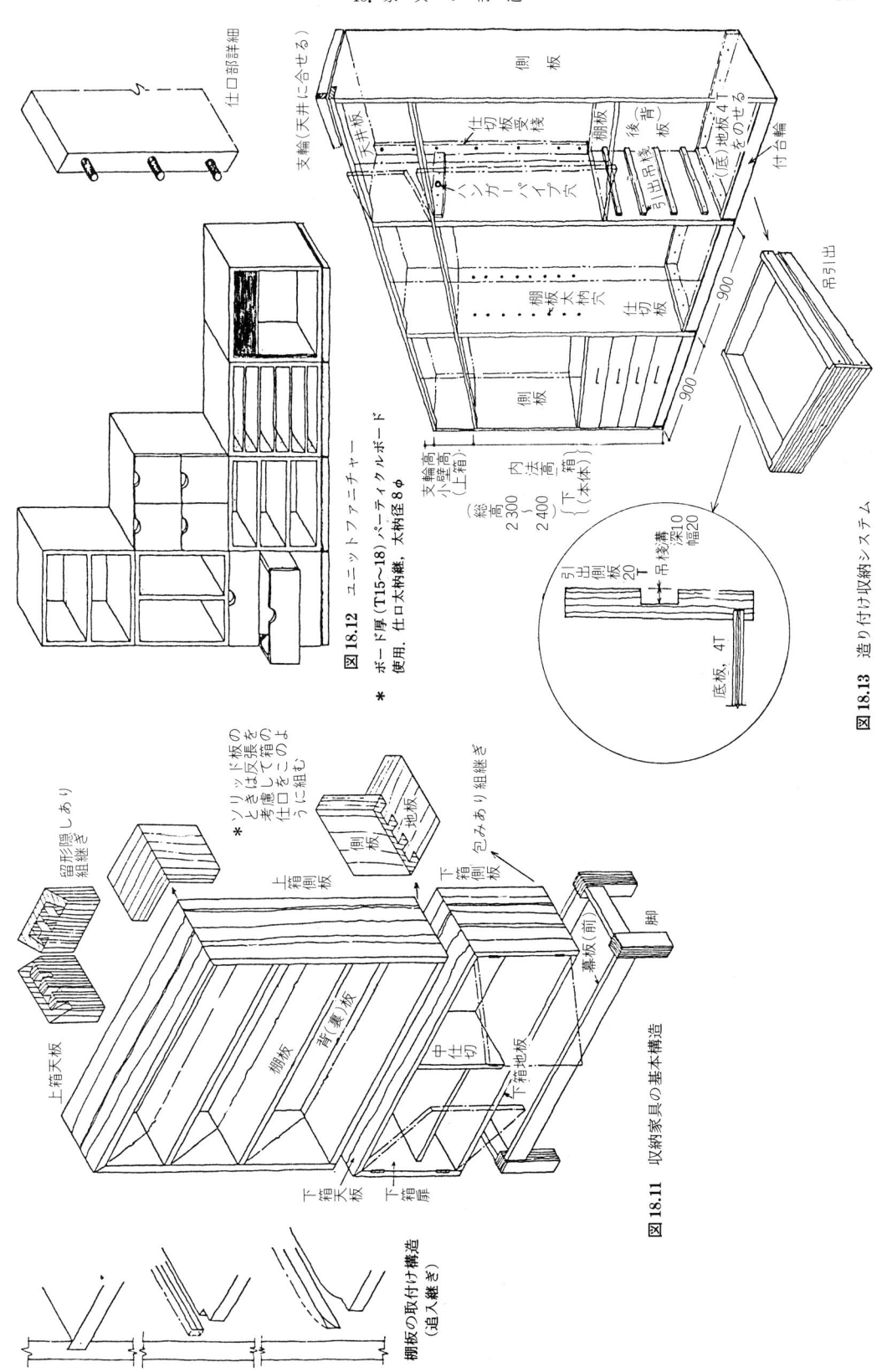

図 18.13 造り付け収納システム

図 18.12 ユニットファニチャー
* ボード厚 (T15〜18) パーティクルボード使用．仕口大柄継，大柄径 8φ

図 18.11 収納家具の基本構造
* ソリッド板のときは反張を考慮して仕口をこのように箱を組む

棚板の取付け構造（追入継ぎ）

専用木ネジで締結する．

（3） 扉の構造

扉は狂いの少ないフラッシュ構造（桟材を格子状に組み，表裏に合板を練り付けたパネル）か合板製，框組（合板の四周に桟(框)をまわすもの）などとする．1枚板とする場合，小幅板を幅はぎ（矧）とする場合などは，戸の上端と下端を端嵌（端ばみ）付けとする．

（4） ユニットファニチャー

ユニットファニチャーとは，単位要素にも個々の機能があり，これを一定条件下で組み合わせて全体で機能させるタイプの家具である．必要に応じて要素を増加するなど，機能性や変化を楽しめる．図18.12に示した例の基本形は400(H)×400(W)×400(D)mmの箱で，基材は合板，PB，LVLなど，厚さは約15mm前後で仕口は太柄継ぎである．またこの程度ではVカットの仕口を突付けただけの突付け継ぎとすることもある（図18.12）．

（5） 造り付け収納システム

標準化された部品によって構成されるもので，各ブロックごとに特有の収納機能をもち，これらによって全体が構成されている．衣類，食器，書籍などを収納し，住宅などの壁面に取り付けられる(図18.13)．部品の交換が可能なのも特徴の一つである．

基本パネルは合板，PBなどであるが，パネルは大型なので鬼目ナット，鉄木ねじなどを介して締結される．パネル厚は20～30mmである．

細部は収納家具に準じて支輪，台輪，棚板，引出しなどは標準化されており，部品，ユニットのプラスチック化も進んでいる．

なお台輪の高さは幅木にそろえて70～100mmぐらい，支輪は箱天板と天井との空隙をうめるものなのでそのときの幅による．住宅用として寸法のモジュール化されたものはJISに規定されている．

文　献

1) John L. Freirer : "Woodworking for Industry", Third Edition, Chas. A. Bennett Co. (1979).
2) Ernest Scott : "Working in Wood", Mitchell Beazley Pub. Ltd. (1980).

19. インテリア・テキスタイル

インテリアにおいて，カーテンの占める装飾的価値はきわめて高いものである．

初めて部屋に入ってきたとき，一番最初に目につくのがカーテンであり，カーテンの良し悪しがインテリアデザインそのものや，住む人の感性までもかいま見られる要因となってくる．

ここでは，カーテンのデザインとわが国における変遷，カーテンスタイル，カーテンの性能，カーテンの縫製，カーテンレール，付属品，カーテンボックス，採寸と積算，メンテナンス等々について述べる．

19.1 カーテンのデザイン

カーテンのデザインは裂地の模様，色彩，素材，テクスチャーの選択だけでなく，仕立てスタイル，レースやレール，付属金具，また部屋の大きさ，窓の大きさとカーテンサイズのバランスの総合効果であると思う．

わが国の洋風化産業は官公需要に負うところが多く，官公庁用建物や外国人向けホテルには，比較的早くからヨーロッパ風インテリアが行われていた．

国内におけるカーテン用裂地は，輸入品や輸入裂地を模して国産化したのが始まりで，一般建築物よりはむしろ軍艦，汽船，汽車，馬車などの装飾に多く使用されていた．

戦時中には空襲対策の暗幕カーテンとしての需要があったが，第二次世界大戦の終結を期に，インテリアに対する業界の考え方が一変した．

米軍を中心とする占領軍からの需要は，それまでの業界の常識をはるかに超えた膨大な量で，カーテンをはじめインテリアファブリクスの大量生産時代へと突入した．

戦後の本格的なインテリアは外国人向け住宅，外国向けタンカーの艤装工事，オフィスビルの内装工事が始まりで，その頃のカーテンスタイルはどちらかといえばトラディショナルなスタイルを継承し，やや現代感覚をアレンジしたフォーマルなものが多かった．高級住宅の応接間のインテリアもまた重厚なクラシック感覚のものが多かった．カーテン用の裂地も，絹緞子，毛緞子など高級裂地が多く見られた．このような高級カーテンの仕立てには普通裏地をつけるのが常識であったが，外部の明るさを背にしたカーテンには，模様や色彩の効果はなく，時には表地と裏地の間にネルのようなものを入れて，重厚さを出していた．

カーテンの1枚のパネルにはトリミングを付けたり，フレンジに工夫をこらし，上飾りは天板に彫刻を施し，さまざまなスタイルで取り付けられていた．レースには紋紗や，輸入物のボビンレースが使われていた．

米国のシンプルインテリアが主流を占めてきた頃からカーテンの様相も変わってきた．上飾りがなくなって，スタイルもシンプルとなり，三つ山のフランスヒダが一般的なものとなってからは，カーテン地そのもののデザイン，色彩の変化がデザインの中心となってきた．

この10年の間すぐれたインテリアデザイナーにより，仕立てスタイルのデザイン化が提唱されてきたが，安易な仕立てに慣れた業界の方向を変えるまでに至らず，作れば売れた時代から安定期への移行により，業界もやっとデザインカーテンに対して本格的に取り組みはじめてきた．

もともとカーテン業界は分業によって成り立ってきた．原糸〜染〜撚糸〜製織〜仕上げ〜流通〜縫製〜取付けに横のつながりが少なく，これが本格的にカーテンへの理解を遅らせていた要因であろう．

今，インテリアファブリクスメーカーにおいては，さまざまなインテリアイメージを分類し，これらのイメージに合わせてそれぞれキーワードを設定

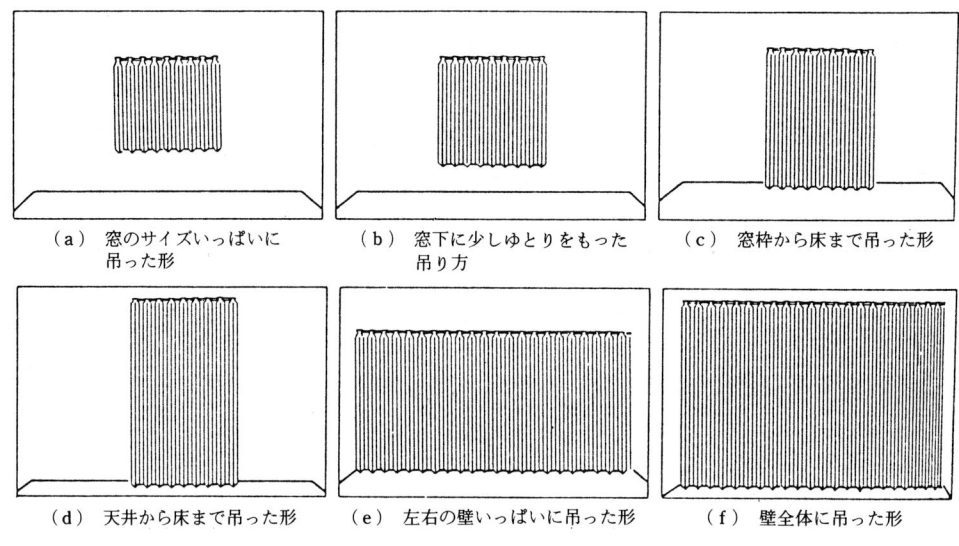

(a) 窓のサイズいっぱいに吊った形　(b) 窓下に少しゆとりをもった吊り方　(c) 窓枠から床まで吊った形
(d) 天井から床まで吊った形　(e) 左右の壁いっぱいに吊った形　(f) 壁全体に吊った形

図19.1　吊り方の基本的パターン

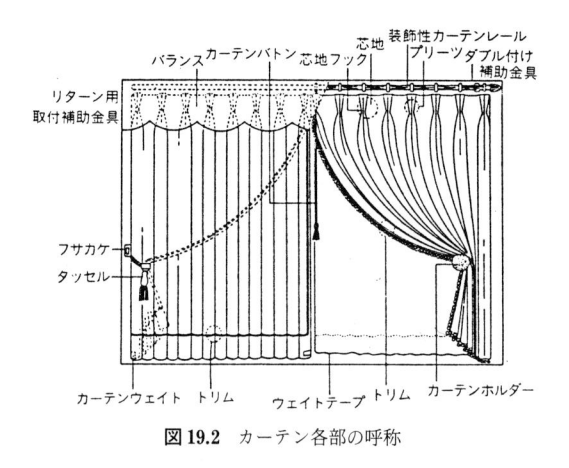

図19.2　カーテン各部の呼称

して商品企画のポイントとしている．エレガンス，クラシック，モダン，カジュアル，カントリー，ナチュラル，和風などがそれで，さらにそれらを細分化したり，中間をねらったりしている．

パターン，色彩，素材，テクスチャー，密度などにより企画された裂地に対し，プランナーのイメージでは，すでに仕立てスタイルの選定とインテリアのトータルコーディネーションを創造するまでとなった．

近年ハウジングメーカーのインテリア対策は急速に進歩し，洗練されたセンスをもつインテリアコーディネーターの育成とともに，こなしのできたスタイルカーテンへと進展してきた．出窓，変形窓の多用も要因の一つではあるが，出窓サッシの研究は，カーテンの取付けを意識したものであって欲しい．

19.2　カーテンスタイル

カーテンスタイルは無限の創造性があるが，吊りかたの基本パターン，スタイルの事例は次のとおりである．

（1）吊り方の基本パターン（図19.1）
（2）カーテン各部の呼称（図19.2）
（3）カーテンスタイルの事例（図19.3）

ウィンドートリートメントからみたカーテンのスタイル．

カーテンを窓仕上げ面からみれば，縫製デザイン面だけでなく，開閉式，固定式などさまざまな方法により分類することができる．

（4）ウィンドートリートメント（図19.4）

19.3　カーテンの種類

（1）カーテン裂地の種類

カーテン裂地の分類は，織機や編機の種類によるもの，先染，後染といった染色方法による分類，遮光，日除け，防音，目かくしのように機能性による分類があるが，ここでは実際にテキストや見本帳において使用されている名称により分類する．

（a）ドレープ　繊維による織物の三原組織は平織，綾織，朱子織の三原組織であるが，ドレープを生産するための組織は単純組織のほかに，上記3

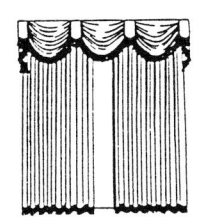

(1) ヨーロッパ王朝風の豪華なスタイルカーテン．重厚でゴージャスな応接間に最適．

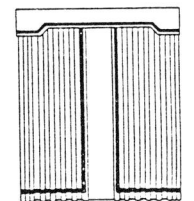

(2) カットを入れたシンプルなバランス．リビング，寝室などの演出に最適．

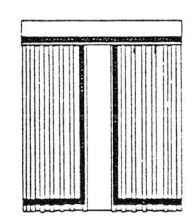

(3) シンプルなストレートバランス．リビング，寝室などの演出に最適．

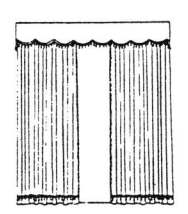

(4) リズム感のあるカットラインを入れたバランス．応接間から個室まで幅広く使える．

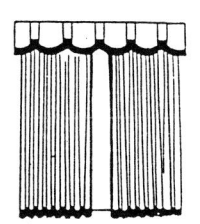

(5) はこひだタイプのゴージャスなバランス．豪華なスタイルは応接間などに最適．

(6) 上部にギャザー，ふちにスカラップテープをあしらったおしゃれなスタイルカーテン．小窓に．

(7) ふちに共生地のフリルをあしらったソフトな雰囲気のスタイルカーテン．小窓や出窓に．

(8) ギャザーバランスとフリルのあるスタイルが楽しい夢をひろげる．エレガントなムードづくりに．

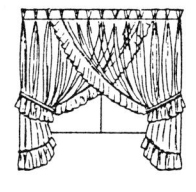

(9) クロスタイプのフリルつきスタイルカーテン．ちょっとした小意気な窓に．

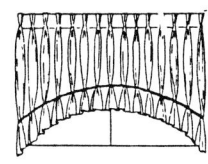

(10) ゆったりとカーブカットした広がりのあるスタイルカーテン．小窓から出窓まで幅広く使える．

図 19.3　カーテンスタイルの事例

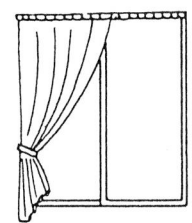

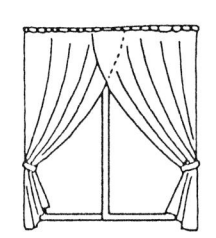

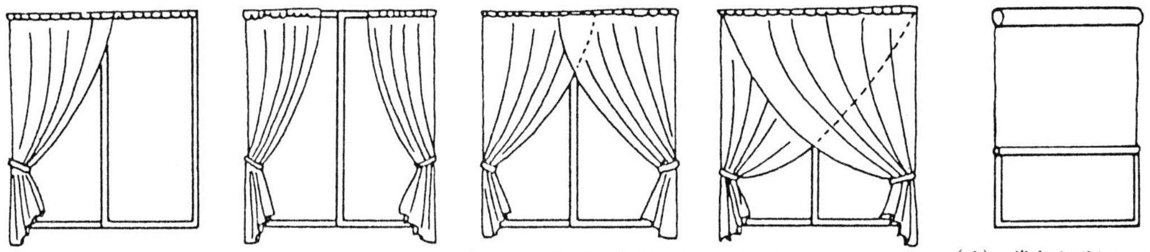

(a) 片開きカーテン
(b) 両開きカーテン
(c) クリスクロスカーテン
(d) 巻き上げ（ロール）カーテン
(e) パネルカーテン
(f) ロマンシェード
(g) チリチリカーテン（オーストリアンカーテン）
(h) 絞りあげカーテン（ローマンカーテン）
(i) カフェカーテン

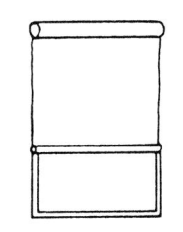

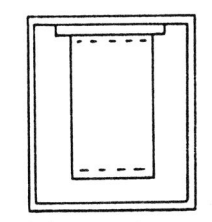

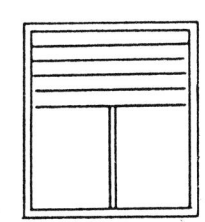

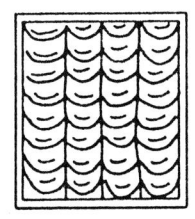

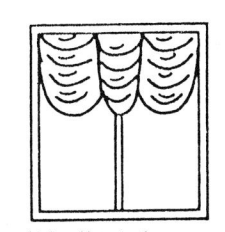

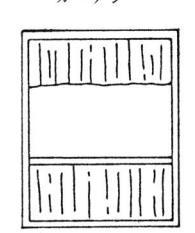

図 19.4　ウインドウトリートメント

種の組織の組み合わせ，変化組織，二重組織などを多用している．さまざまな繊維製品の中でドレープほど高度な技術力による複雑な織物は他にはない．

柄，色，素材の種類，番手，撚数，密度など組み合わせが多いので，規格の細目を表示することは困難で，わずかに品質表示法による繊維組成の表示にとどめている．

一般的に区分の目安としては，高級品シリーズ，普通品のシリーズに区分しているところもあるが，いずれも先染ジャガード組織を使用した柄物が主力となっている．

高級品シリーズは 120 cm 幅厚手織物，輸入品のシリーズで，輸入品は 120 cm 幅から 280 cm 幅まで比較的広幅のものが多い．

普及品のシリーズは最も生産量が多く，小紋，モダン，クラシックというように柄の傾向で区分して

いるところが多い．またシンプルルック，ナチュラルライフ，柄系統，色彩系統を感覚的に区分しているところもある．

幅は100cm幅のものがもっとも多く，260cm幅〜300cm幅のようにワイドな幅のものがあり，小幅のものが経使いに対し，ワイド幅のものは緯使いにして経のジョイントをなくしている．また裾模様など1枚柄が多いので，窓に使用されたタペストリーの感がある．収縮率の少ないポリエステルを多用したウォッシャブルタイプのものもつくられている．

（b）**無地（プレーン）**　大別して後染無地，先染無地，ベルベットタイプとなるが，後染無地は多くは学校や病院などの施設に使用される場合が多いため，消防法による防炎製品としてあるなど，実用的機能を主目的としている．一般家庭では日除けカーテンなどとして使用される．

先染無地やベルベットはどちらかといえば高級品の部類となる．先染無地は一見無地風に見えるが，実際には何色も使っており，よく見れば小紋の連続の場合がある．編糸にモール糸を使用してベルベット風にしてみたり，ファンシーヤーンを使用したり，ベルベットにエンボス加工を行ったり，単に単調な無地ばかりではなく，陰影と深みをもった製品が多い．ベルベットの普及品には別珍やコーデュロイのような緯パイル織物もある．

最近進歩的な人たちに，ベルベットのカーテンとボイルの二重吊りの上品な雰囲気が好評である．

（c）**ケースメント**　適度な透視性と遮蔽性をもち，ドレープとレースの中間的存在で，ホテル，銀行のロビー，レストラン，喫茶店，ブティックなど商業施設に使用される場合が多いが，一般家庭の高級レースとしても好評である．

組織としてはざっくりとした粗目のものから，ボイルのように不透明調まであり，織，編やその中間のコーウィニットなどで生産される．輸入品の中には260〜300cmのワイド幅があり，ドレープのワイド幅と同じく緯取りで，裾にウェイトテープを組み込んであるものが見られる．

夜，厚いドレープを使用する必要がないような部屋では，高級なケースメントを中心にして，両サイドだけ飾りカーテンを取り付けるのも一つの方法であろう．

最近レースがケースメント化し，レースとケースメントの中間のようなものができている．国産品はアクリル系など防炎製品が多く，輸入品はポリエステルを使用したものが多い．

（d）**レース**　レース編みとは透し目を持つメリヤス編みの総称で，現在はポリエステルを使用したラッセルレースが中心である．そのほかボビンレース，ラッセル編糸挿入のように，複雑な紋様をもつものもあるが，レース1枚吊りはやや軽い感じがする．

一般的にはドレープとの二重吊りに使用される．色彩は白が多く，常に窓を覆っているので，知らず知らずのうちに薄汚れてくる．自宅でも簡単に水洗いできるので常に清潔でありたい．

白っぽいドレープと色のレースを使用するのも一つの考えかたである．

レースは昼間は外視からの遮蔽効果はあるが，日光を遮断するまでには至らない．また夜間点灯時の遮視効果はない．

重量は1m²当り100g前後と比較的軽いので，裾にはウェイトテープを入れた方がよい．なお1m幅のものが多く，ドレープとペアー柄ででも生産されている．

（e）**プリント**　カーテン用に使用されるプリント生地は，衣料用に比べて比較的厚手のものが多い．中にはボイルのような薄い生地にプリントしたり，柄を白く抜いて地染を施したものもある．プリント法はローラー・プリント，スクリーン・プリントが主力で，裂地の風合いからモダーンな感覚のものや，子供室向けの可愛い柄をつけることが多いので，時には1枚の絵のように大柄で大胆なものがある．

手描きのかすれ模様をリアルに表現できるのもプリントの特徴といえる．

地染の上に顔料プリントを行ったり，地布をジャガードで模様を出し，オーバープリントをしたものなども見られる．

一般的に，表面だけがプリントされたものが多い中で，透写したり，表裏別柄のリバーシブルプリントもあって，よく探すとさまざまなものがあり，カジュアル，モダーン，アクセント的なカーテンとして効果がある．

地経糸だけスクリーンプリントしたもので，クレトンと呼ばれるものがあった．クレトンは室内装飾

用プリント織物のことであったが，国産物で安価なものが大量に生産されたので，安物カーテンとしてのイメージだけが残っている．

最近経糸に転写プリントを行ったドレープが生産され，カーテン地や壁装地に使用されているが，深みがある裂地として一つの流行性を示している．

プリントカーテンは，ベッドカバーやテーブルクロスなどに共ぎれで使われ，大胆な柄やメルヘン調の小花柄がヤング層にうけ，気軽に使えるインテリアファブリックスとして新しい需要を生み出している．

（2） 特殊カーテン

（a） 遮光カーテン　暗幕というと映画館，写真館，劇場また学校の講堂や体育館に使用されていた黒赤，黒緑の裂地を思いうかべる．これらの暗幕カーテンは現在でも生産されているが，ホテルの客室，一般家庭の寝室，出窓などにはファッション性の高い遮光カーテンが要求される．そのため裏や芯に黒糸を使用し，密度が高く二重組織のカラフルなものや，普通のドレープに発泡性の樹脂をコーティングしたり，アルミニウムを蒸着加工させたり，樹脂フィルムをラミネートさせたりして遮光率を高めている．

遮光率の測定は照度計法，輝度計法のいずれでも100％が完全遮光であるが，使用者が求める暗さにより，ある程度の透過率が許容されることもある．完全遮光を求めるならば，裏面加工されたものを用いる．しかし室内に遮光を求める場合，裂地そのものよりも，むしろ縫製面，取付け面で光が入らぬよう配慮をはらうべきである．

（b） ガラスカーテン　ガラス繊維を使用したカーテンで，プリント，ケースメント，レースに使用されている．ガラス繊維は不燃性で耐熱効果が高く，絶対不燃を求められる場所のカーテンに向いている．ただし，糸がスリップしやすいので，激しく開閉する場所には向かない．開閉法には紐引き，電動式がすすめられる．

（c） シャワーカーテン　ポリエステル織物に撥水加工したものや，ビニルクロスなどがある．水分が付着するので裾まわりの仕上げ，取付け部材に注意しなければならない．

（d） ホスピタルカーテン　従来病院用のカーテンは特殊な吊り金具で宙吊りされていたが，現在は上部がメッシュ，下部が不透明となったカーテンがホスピタルカーテンとして売り出されている．このため天井付けをすることができ，取付け強度が増した．和室用のカーテンとしての利用法がある．

19.4　カーテンの性能

カーテンは快適な室内環境をつくる大きな役割をはたしている．視覚による装飾性のほか，吸音，保温，遮光，遮蔽などの機能効果についても適正な商品を選択，取付けを考える必要がある．

表 19.1　カーテンの遮光性特性

生活目的		主な作業	要求される「暗さ」[lx]	予想される室内最大照度（照明なし，カーテンなし）[lx]	カーテンに許される透過率[％]
遮光を目的とするもの	一般住宅　寝室	日中の睡眠	1〜2	4800	0.05
	旅館・ホテル　客室	日中の睡眠	1〜2	4300	0.05
	劇場・映画館　上演中の観客席	映画・舞台観賞	3	850（基準昼光率1％で算出）	0.35
	美術館・博物館　映像・光利用の展示部	展示効果	5〜30	850（基準昼光率1％で算出）	0.6
	学校　視聴覚教室	スライド　オーバーヘッドプロジェクター	3（学校照明基準）	4300	0.07
	病院　病室	日中の睡眠	1〜2	4300	0.05
	病院　内視鏡室　X線透視室　眼科暗室		50〜100	4300	1.2

［注］1：遮光を目的とするものの中で，予想される最大室内照度は昼光平均値 85000 lx を基準にしている．
［注］2：建築設計上の外光利用率（基準昼光率）は，劇場・映画館・美術館・博物館・遊興飲食店を1％，その他は5％で算出．

表 19.2 既存カーテン商品と透過率*の目安

透過率[%]	商　品
0	バルト加工品
0～0.05	柄暗幕，赤黒暗幕類
0.05～0.5	起毛品，パイル商品，ジャガード厚織
1～5	ジャガード厚織，無地厚手，チェックストライプ厚手
5～10	ジャガード薄手，中～厚無地，チェックストライプ
10～20	薄～中無地，チェックストライプ，高密度ケースメント
20以上	ケースメント，レース

* 色によって大幅に異なる．

表 19.3

素　材	透過率[%]
透明ガラス	92
スリガラス	70～80
濃度透明プラスチック	1～10
障子紙	35～50
新聞紙	10～20
ガーゼ	60～70

表 19.4 調光と室内の明るさと透過率

	生活目的		主な作業	要求される「明るさ」[lx]	予想される室内照度（照明なし，カーテンなし）[lx]		適性透過率[%]
調光を目的とするもの	一般住宅	居間・応接室	団らん 娯楽 接客	300～500	暗い部屋 明るい部屋 やや暗い部屋	1000 4300 2000	30～50 7～12 15～25
		子供室	勉強 読書 遊ぶ	500～1000	暗い部屋 明るい部屋 やや暗い部屋	1000 4300 2000	50～100 12～24 25～50
		和室	座卓 床の間	150～300	暗い部屋 明るい部屋 やや暗い部屋	1000 4300 2000	15～30 3.5～7 7.5～10
		台所・食堂	食卓 調理台 流し台	200～500	暗い部屋 明るい部屋 やや暗い部屋	1000 4300 2000	20～50 5～12 10～25
	事業所	事務所	一般事務	750～1500		4300	17～35
	学校	教室	勉強	200～750		4300	5～18
	旅館・ホテル	客室	食事・休息	100～150		4300	2.5～3.5
	病院	診察室	治療・診察	500～750		4300	12～17
		病室		150～300		4300	3.5～5
	喫茶店	客席		10～30		850	1.2

(1) 遮　蔽

昼間室内の防視効果のためにはレースだけで十分であるが，近距離からの効果になると，さらに目のつまったボイルやケースメントの方が有効である．夜間点灯時は，ドレープとの併用でなければ効果がない．さらに病室の仕切りのように完全な遮弊をのぞむならば，無地後染カーテン，ポプリンのような比較的目のつまったものの方が有効であり，日除け効果も期待できる．

(2) 遮　光

求める効果が完全遮光なのか，半遮光なのかによって選ぶ裂地，取付け法もかわってくる．遮光カーテンとして売られている商品でも，遮光率に相違があるので，チェックする必要がある．

完全遮光とは室内が真暗で0ルクスのことであるが，日中の睡眠や映写効果のためにはそれほどでなくてもよい．ある合織メーカーが調査した資料によると表19.1のようになっている．

しかし前述したように，ただ裂地だけに遮光率の高いものを使用しても取付け方法が悪く，外光がすき間から入るようでは効果がない．したがって，仕立てや取付けに工夫がいる．ただ遮光効果をもとめるだけならば，必ずしも遮光カーテンを選ぶことだけではなく，普通のドレープに遮光性の高い黒い裂地，黒ビニルを併用させる方法もある．

(3) 調　光

室内の快適なムードづくりは，ただ明るいというだけではなく，ある程度の暗さをもつ調光効果が必要となってくる．レース，ケースメント，ボイルなどが有効である．多様化する使用目的にあわせ裂地を選択する必要がある．表19.2～19.4は，ある合織メーカーによる資料であるが，設計の目安となる．

(4) 断熱，保温

カーテン断熱効果については，冬期和室を寝室としている人が，障子のすきま風に悩まされ，1枚の薄いカーテンを床まで吊ったところ，快適になったと喜ばれた．また，洋室の暖房サーモスタットが早くきれ，保温性の高さが示されている．

熱が高い方から低い方へ流れることは誰もが知るところであり，断熱材の基本が動かぬ空気層の保有であることも承知されていると思う．

カーテンの裂地そのものは太陽の直射熱をさえぎる効果はあるとしても，厚いベルベットでも裂地そのものの断熱効果は低い．カーテンによる断熱効果

19. インテリア・テキスタイル

表 19.5 カーテンの種類

品種(素材)	記号	組織	重量 [g/m²]	備考
アクリル系	A-1	朱子織	345	アクリル 100%
	B-1	経二重織	350	アクリル 100%
レーヨンシルバー加工	A-2	梨子地織	440	レーヨン 100%
	B-2	コハク地織	355	レーヨン 84%・ビニロン 16%
ドレープ	A-3	変り織	410	アクリル系
	A-4	朱子織	380	レーヨン 49%・キュプラ 51%
	B-3	朱子織	485	レーヨン 73%・キュプラ 27%
	B-4	変り織	250	レーヨン 100%
	B-5	シャンタン	325	レーヨン 54%・キュプラ 46%
ベルベット	A-5	綾織	211	綿 100%
ケースメント	A-6	変り織	150	ガラス繊維
レース	B-6	マーキセット	55	ポリエステル 100%

表 19.6 アルミサッシ窓の熱貫流抵抗

窓の種類	掃き出し窓		腰高窓	
サッシの大きさ	1700(W)×1800(H)mm		1700(W)×1300(H)mm	
一重または二重サッシ	一重	二重	一重	二重
全発生熱量 Q_t [kcal/h]	310.0	232.8	258.1	202.2
較正熱量 Q_l [kcal]	44.4	51.3	43.6	53.0
通過熱量 Q_n [kcal/h]	265.6	181.5	214.5	149.2
加熱側空気温度 θ_t [°C]	21.2	24.2	20.5	25.4
冷却側空気温度 θ_c [°C]	−0.4	−0.7	−0.3	0.2
温度差 $\Delta\theta$ [°C]	21.6	24.9	20.8	25.2
熱貫流抵抗 R_s [m²·h·°C/kcal]	0.24	0.41	0.22	0.38
熱貫流率 K [kcal/m·h·°C]	4.2	2.4	4.5	2.6
平均温度 θ [°C]	10.4	11.7	10.1	12.8
伝熱面積 [m²]	3.003		2.232	

表 19.7 熱貫流抵抗測定結果

窓の種類 (記号, 単位)	二重サッシ掃き出し窓 (1718)* 熱貫流抵抗 R_s 0.41[m²·h·°C/kcal]						一重サッシ掃き出し窓 (1718)* 熱貫流抵抗 R_s 0.24[m²·h·°C/kcal]					二重サッシ腰高窓 (1713)* 熱貫流抵抗 R_s 0.38[m²·h·°C/kcal]					
カーテンの取付け方法	正面付け				正面付け二重吊り		正面付け			正面付け二重吊り		正面付け				正面付け二重吊り	
カーテンの種類(記号)	A-4	B-3	A-5	A-5	(A 4)+(B 6)	(B 3)+(B 6)	A-4	A-5	B-3	(B 3)+(B 6)		A-1	A-2	A-6	B-3	(A 4)+(B 6)	(B 3)+(B 6)
全発生熱量 Q_t [kcal/h]	137.3	162.6	149.6	148.3	152.3	124.4	220.4	220.8	282.8	271.3		142.6	142.4	141.6	142.2	137.3	177.5
較正熱量 Q_l [kcal/h]	32.6	42.1	38.8	41.9	40.8	34.6	40.4	39.3	50.3	49.4		42.3	41.5	42.1	43.0	43.0	43.0
通過熱量 Q_n [kcal/h]	100.7	120.5	110.8	106.4	111.5	89.8	180.0	181.5	232.5	221.9		100.3	100.9	99.5	99.2	94.3	97.3
加熱側空気温度 θ_t [°C]	16.3	19.5	18.0	19.4	18.3	15.8	18.9	18.3	22.6	22.1		19.4	19.3	19.2	20.3	19.6	20.1
冷却側空気温度 θ_c [°C]	0.5	0.2	0.2	0.2	−0.4	−0.1	0.4	0.3	−0.4	−0.5		−0.8	−0.5	−0.9	−0.2	−0.9	−0.4
温度差 $\Delta\theta$ [°C]	16.8	19.3	17.8	19.2	18.7	15.9	18.5	18.0	23.0	22.6		20.2	19.8	20.1	20.5	20.5	20.5
熱貫流抵抗 R_s [mh°C/kcal]	0.50	0.48	0.48	0.54	0.50	0.53	0.31	0.30	0.30	0.31		0.45	0.44	0.45	0.46	0.49	0.47
カーテンによる断熱性向上 ΔR [mh°C/kcal]	0.09	0.07	0.07	0.13	0.09	0.12	0.07	0.06	0.06	0.07		0.07	0.06	0.07	0.08	0.11	0.09
特記事項	(1)	(2)	(3)	(4)	(5)	(6)											

* (1718) は $W=1700$ mm, $H=1800$ mm.
[特記事項] (1) 裾隙間約 20 mm, (2) 同約 15 mm, (3) 同約 40 mm, (4) 床に密着, (5) 裾隙間 20 mm, (6) 同 15 mm.
建材試験センター実験による. NIF 資料より.

は,窓ガラスとカーテンの間に形成される動かぬ空気層であることを理解していただきたい.また完全に遮断されたアルミサッシ窓でも,外気の低下とともに冷気流が発生し,カーテン下部のわずか 1 cm のすき間からでも室内に流入し,スキ間風となることを知っておいてほしい.

表 19.5〜19.7 は(財)建材試験センターが実験した資料である.実験に使用された裂地と実験結果を表 19.8 にまとめた.

(5) 遮音・吸音

遮音を目的としたカーテンがつくられているが,かなり厚手のドレープをもってしても大きい遮音効果は期待できず,裏面に鉛を塩化ビニルでコーティングしたり,発泡材を付着させて遮音効果を求めている.あえていえば,すき間の密着と,面密度および重量に期待がもてる.

(財)建材試験センターの実験によると,繊維組成の違いによって,吸収特性に差があるとしているが,

表 19.8　カーテンの断熱性 ΔR*

サッシ	カーテン取付け	掃き出し窓 記号	掃き出し窓 断熱性ΔR [m²·h·°C/kcal]	備考	腰高窓 記号	腰高窓 断熱性ΔR [m²·h·°C/kcal]
二重サッシ	天井付け	A-3	0.15		A-4	0.11
		A-4	0.14		A-5	0.13
		B-3	0.14		B-1	0.14
		B-4	0.12		B-2	0.14
		B-5	0.13		B-3	0.16
	天井付け二重吊り	A-4 B-6	0.20		B-3 B-6	0.18
		B-3 B-6	0.18			
	天井付けレース	B-6	0.04			
	正面付け	A-4	0.09	裾隙間20mm	A-1	0.07
		A-5	0.07	裾隙間40mm	A-2	0.06
		A-5	0.13	床に密着	A-6	0.07
		B-3	0.07	裾隙間15mm	B-3	0.08
	正面付け二重吊り	A-4 B-6	0.09	裾隙間20mm	A-4 B-6	0.11
		B-3 B-6	0.12	裾隙間15mm	B-3 B-6	0.09
	正面付けレース				B-6	0.03
一重サッシ	正面付け	A-4	0.07	裾隙間20mm	A-4	0.06
		A-5	0.06	裾隙間40mm	B-3	0.07
		B-3	0.06	裾隙間15mm		
	正面付け二重吊り	B-3 B-6	0.07			

* カーテンの断熱性 ΔR：カーテンの断熱性は，窓として使用した一重および二重構造窓の有する熱貫流抵抗が，カーテンを吊したことにより，熱抵抗としていくら増したかということで ΔR [m²·h·°C/kcal] で示したものである．
なお，この ΔR は窓ガラスとカーテンの間の空気層，カーテンそのものの熱抵抗の合成値である．

630 Hz から 1000 Hz の中音域で吸収率の最大値があった．

二重吊りカーテンの場合，レースの吸音効果は無視できるので，ドレープから壁までの背後空気層の吸音効果が有効であるとされている．

さらに，カーテンの組織が吸音率に与える影響の要素としては，重さ（面密度），表面テクスチャー（凸凹の程度），織組織の緻密性（空気の通過を妨げる程度）の3点があげられる．

試験の結果から，重さは低音域に，表面テクスチャーは中音域に，織組織の緻密性は高音域に，それぞれ効果を発揮することがわかった．

以上カーテンによる吸音効果は品種によって相違があるが，カーテンが音環境に有効であることが明らかで，さらに商品の選択，施工面に配慮しなければならない．

（6）その他

防水効果，防風，防塵効果を目的とした効用や，間仕切り効果としてのカーテンの使い方などその性能は多い．

19.5　カーテンの縫製

カーテン用の裂地を決定しただけで，カーテンの選択が終わったと思っている人が多い．

実際に縫製加工をするのは，ミシンを持っている縫製工場であるから，建築家やコーディネーターがいちいち縫製に立ち会うわけではないので，カーテンの受注元が，いかにカーテンについての理解力をもっているか，またすぐれた縫製設備や技術者をもっているかがきめてとなる．経験の長さは一つの目安ではあるが，常に新しい加工技術を研究し，よい仕立てを心掛けていることが重要な要素である．

カーテンの縫製には，裂地の選定，寸法，スタイル，取付け方法が決まっていなければならない．縫製業者が採寸，縫製，金具の取付け，カーテンの取付けまで一貫して行うとなれば，ほぼ満足できるカーテン工事となるが，各々が分業される場合の方が

多いので，受注元の縫製システムをあらかじめチェックしておく必要がある．また副資料，縫製技術面にも注意するべきである．よい仕立ての見分け方は単純な考え方であるが，歴史のあるヨーロッパの仕立てカーテンを見て，裂地とスタイルのバランスにより，目を肥やすのがよい方法である．少なくとも一つの目安として縫製基準を定めている業者が基本的な条件となる．

19.6 芯　　地

仕立て上がったカーテンは，フックによってレールのランナーに吊り下げられる．そのフックを支えるのは芯地である．芯地の種類は家庭におけるクリーニングの取扱い絵表示の種類にも影響する．代表的なものはポリエステル織物，ポリプロピレン不織布であるが，強度やメンテナンスを考えれば，ポリエステル織物がよいと思われる．芯地の幅は30 mm，50 mm，75 mm，90 mm，100 mm とあるが，丈の長さ，裂地の厚み，スタイルにより決められる．普通の家庭の場合は50 mm，75 mm が多く使用されている．仕立て直しはよいカーテンができない．また，納品方法もチェックしておいた方がよい．たたみしわや梱包しわのあるカーテンは見苦しいものである．

よいカーテン工事とは，納品後1年を経過しても納品時と同じ状態を保っていることであると思わねばならない．

カーテンの縫製は，各企業のノウハウで各々相違する．地域によっても若干の相違がある．

カーテンの縫製に必要なものは，縫製用のミシン設備，縫糸，芯地，フック，ウェイトテープ（ウェイト）であり，必要に応じて裏地，トリム，フレンジなどが用意される．カーテンの大きさ，重量，取付け方法により使用するものが異なる．

ただカーテンがウィンドートリートメントとしての考え方からスタイルカーテンへの方向をもち，さまざまなスタイルが開発されて行くなかで，単にファッション化ヒダ取りを目的としたプリーツテープもある（図19.5）．

19.7　フック・カーテンレール・付属品

（1）フック

フックの選定はレールの型，取付け方法，芯の方法，カーテンの重量によってきめられる．普通フックはプリーツ部に差し込まれ，レールのランナーにかけられる．

材質はスチール線材ユニクロームメッキ仕上げが一般的であるが，ステンレス製，ニッケルメッキ仕上げ，ナイロン製のもある．

型状は大別してAタイプとBタイプがあり，長さの微調整のできるアジャストフックやピンフック，バランスフック，プリーツフック，ツイストフックがある（図19.6）．

フックの長さは芯地の幅できめられる．

（2）カーテンレール

カーテンレールは，カーテンを吊り下げ，開閉する機能だけが目的ではなく，建物における部屋の目的，カーテンの種類，色彩，スタイル，寸法にマッチしたものを選ばねばならない．

レールかくし仕立てを行ってきた例も多くあるが，カーテンを両端にあけた場合たたみ込まれたカーテンのヒダとヒダの中間が立ち，ヒダの美しさが消える．またカーテンヘッドが内側に折れる．

多くの集合住宅の場合，居住者が決まらない時点ですでにレールが取り付けられていることが多い．消費者にとってレールの取り付けは困難な作業であり，それなりの便利性はあるとしても，それなればこそレールの選定，取り付けには十分な配慮がされ

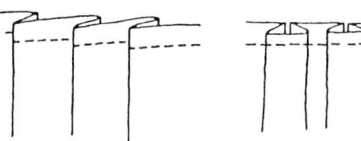

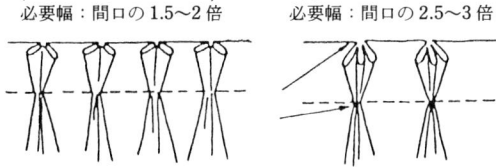

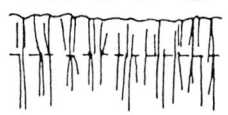

図19.5　カーテンのプリーツ（ヒダ）の種類

片ひだ　必要幅：間口の1.5〜2倍
ボックス・プリーツ（はこひだ）　必要幅：間口の2.5〜3倍
2本プリーツ（二つひだ）　必要幅：間口の1.5〜2倍
3本プリーツ（三つひだ）　必要幅：間口の2.5〜3倍
シャーリング〜ギャザー　必要幅：間口の3〜4倍

[Bタイプ Aタイプ]　　　（c）アジャストフック

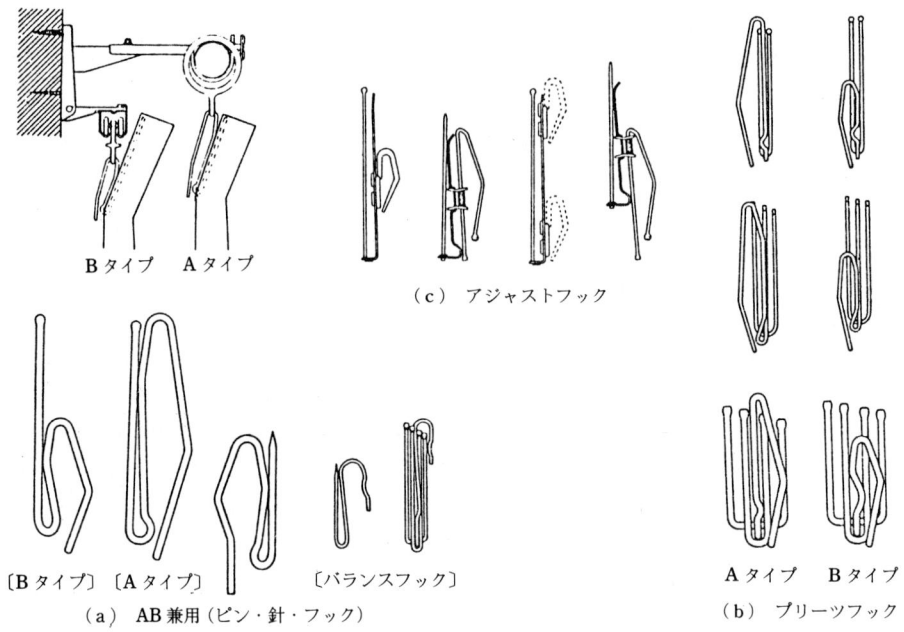

〔Bタイプ〕〔Aタイプ〕　　〔バランスフック〕　　　Aタイプ　Bタイプ
（a）AB兼用（ピン・針・フック）　　　　　　（b）プリーツフック

図19.6　芯地用フック

なければならない．

カーテンレールは使用目的に合わせ，機能性レール，装飾性レール，特殊用途レールがあり，窓の形，寸法，構造，場所などにより使い分ける必要がある．

（a）機能性レール　レールにおける機能性は開閉がスムーズであることなどの走行性，消音性，耐久性，簡易性，実用性が重視される．

素材は，ステンレス鋼板，塩化ビニル被膜鋼板，アルミニウム，塩化ビニル製があり，形状は，C型，角型を中心に，曲げやすい型状のもと豊富にある．

（b）装飾性レール　レール本体にさまざまな装飾性をもたせたもので，H型の鉄板による折曲げレールや真ちゅう引抜きレールが発明されるまで，公共の場所で使用されていた木製のロッドが原点であった．

素材は，天然木，金属に塩化ビニルをコーティングしたもの，金属製とあり，色彩も多様である．型状も丸型，角型があり，ランナーの型状との組み合わせもさまざまである．

（c）特殊用途レール

① フレキシブルレール：　現場で曲げられるレール．

② 間仕切り用レール：　伸縮吊棒を使用して空間の間仕切りを行うレール．

③ ステージ用レール：　カーテンの重量に合わせ中量級（40 kg），重量級（60 kg）まである．

そのほかバランスレール，ボックスレール，トラックレールなどがある．

（d）構造と操作　カーテンレールは，レール本体にランナー，ストップ，キャップ，ブラケットが組み合わされる（図19.7）．

カーテンの開閉は普通手引きで行われる場合が多いが，カーテンバトンを使用した方がカーテンの開閉に無理がかからない．

カーテンの開閉はランナーの移動であり，紐を組み込むことによる紐引き操作があり，紐引きの操作は手動と電動がある．

電動はモーターによって紐を作動させるもので，

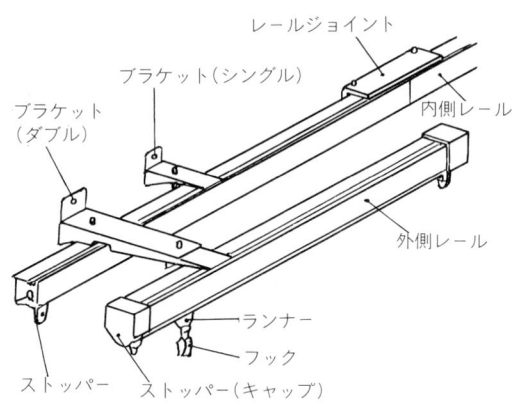

図19.7　カーテンレール各部の呼称

19. インテリア・テキスタイル

●ランナー

Aタイプ　Bタイプ　リングランナー
〔スライド式〕
〔車　式〕

〔ハンガーランナー〕　〔マグネットランナー〕　〔交差ランナー（手引）〕
カーテンの中央で重なり光を遮断させる

Bタイプ用　Aタイプ用
〔カーテンの吊り方〕
・Aタイプ　レールを見せる吊り方
・Bタイプ　レールを隠す吊り方

●ストップ

〔ストップ〕

〔キャップストップ〕　〔デコラティブキャップ〕

●ジョイント

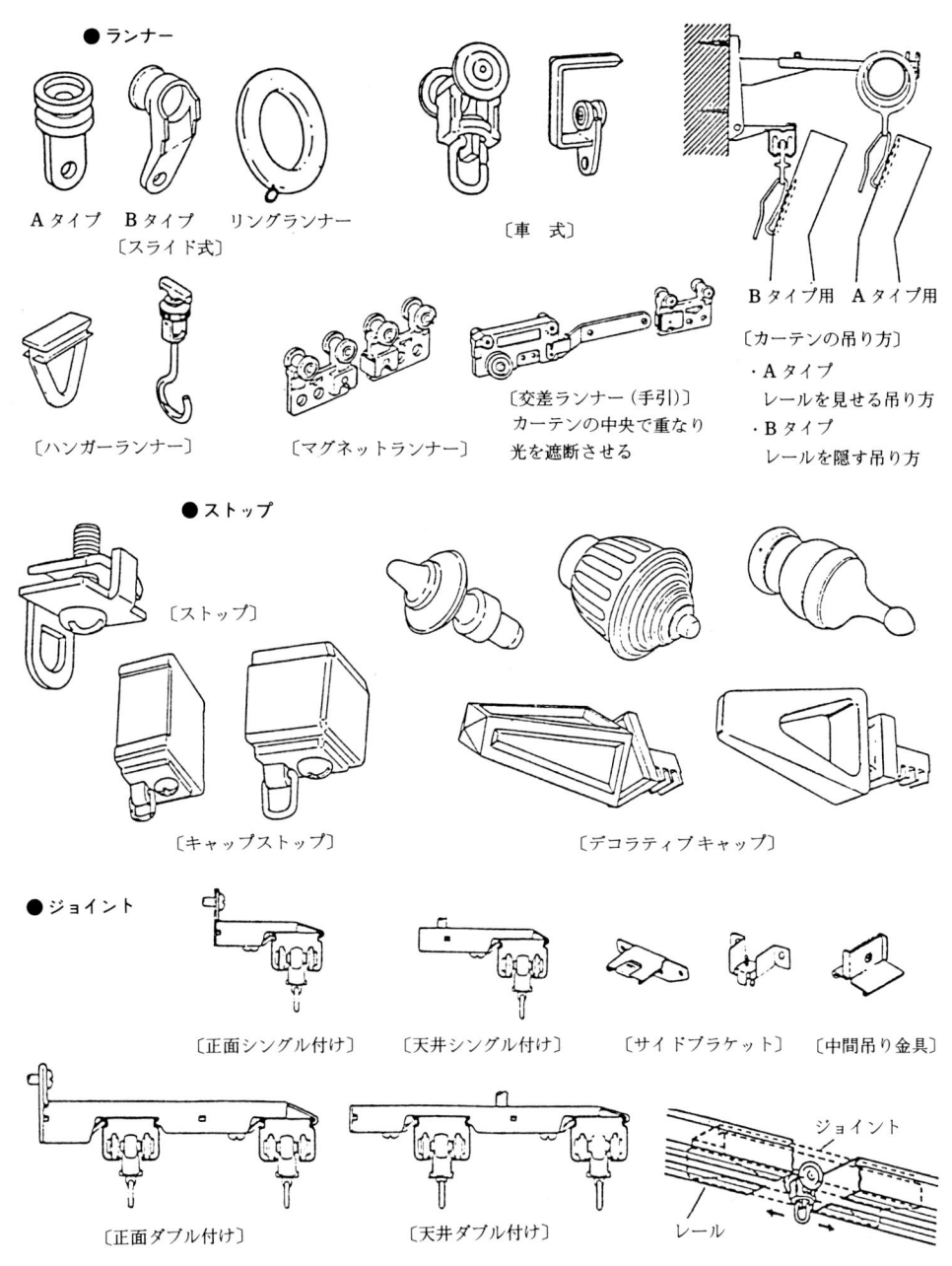

〔正面シングル付け〕　〔天井シングル付け〕　〔サイドブラケット〕　〔中間吊り金具〕

〔正面ダブル付け〕　〔天井ダブル付け〕　ジョイント　レール

図 19.8　ランナー，ストップ，ジョイント

家庭用から，オフィス，学校，体育館に対応できるものまで，多くの種類が揃っている．

操作方法は，

① **単独操作方法**：　1個所の開閉を1個所の操作で行う．

② **選択操作方法**：　複数のカーテンの開閉を別々に1個所の操作で行う．

③ **同時操作方法**：　複数のカーテンの開閉を同時に1個所の操作で行う．

さらにワイヤレススイッチによって，遠距離(20〜30 m)操作ができるものや，電動と手引きの併用ができるものなどもある．

図 19.8 に各部の部品の種類と名称を示す．

（e）**レールの取り付け**　レールの取り付けは天井付けと，正面付けであり，それぞれ直付けとブラケット付けがある（図 19.9）．

取り付ける方法は，窓枠，壁面，天井（カーテンボックスを含む）などの取り付け面，下地の種類により対応しなければならない．窓枠がせまくてブラケットがつけられないなど，さまざまな状況のときは図 19.10 の補助金具を使うとよい．

木部へは木ネジで，サッシへはタッピングビスで取り付けることができるが，コンクリートには図 19.11 のプラグ①，②により木ネジで，または ALC 板にはプラグ③を使用して取り付ける．

石膏ボード，合板など中空構造への取り付けはアンカーを使用する（図 19.12）．

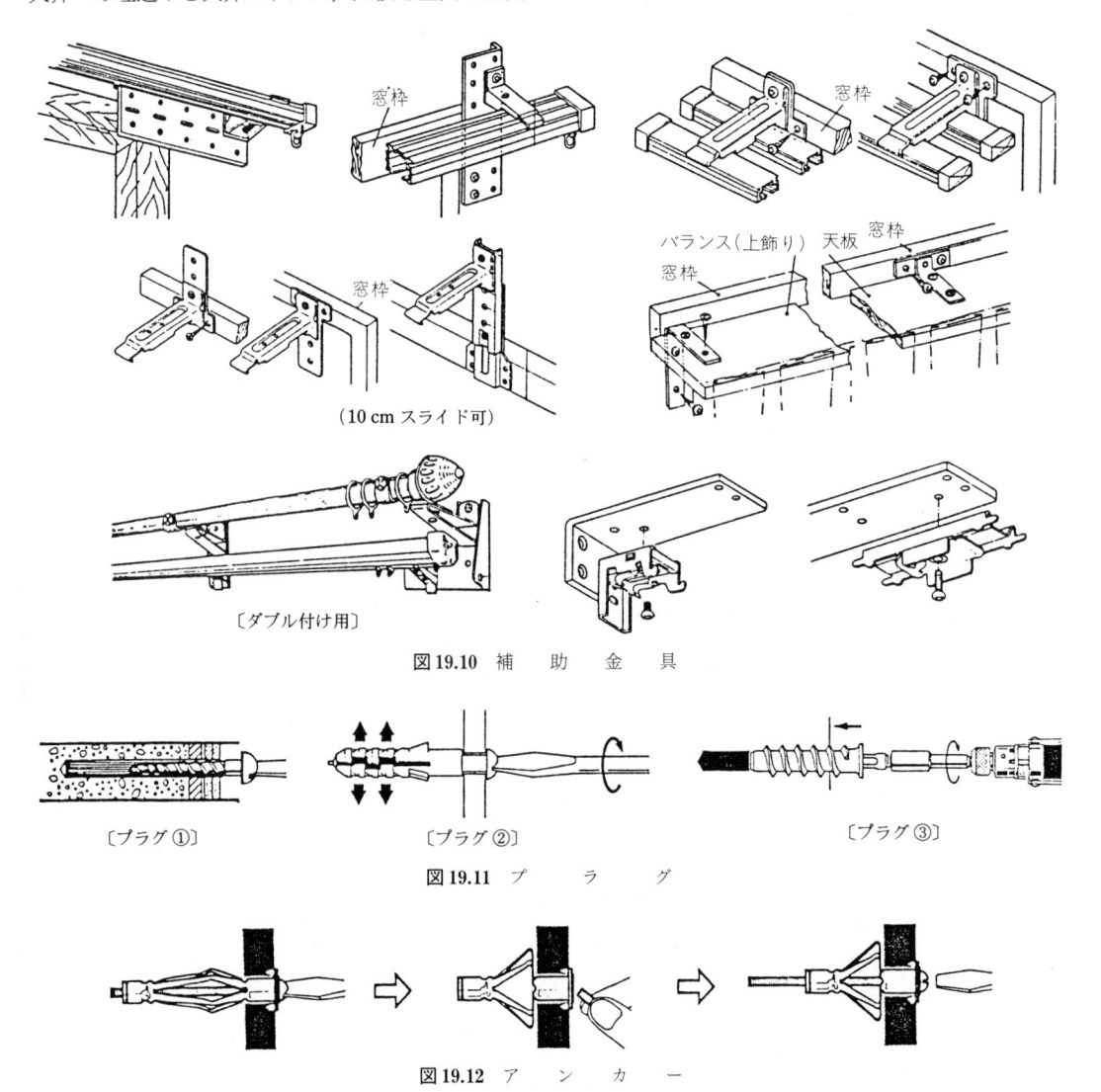

(3) 付属品
(a) カーテンボックス　カーテンボックスは天井への埋込みと天井ボックス，天板を金具で壁面

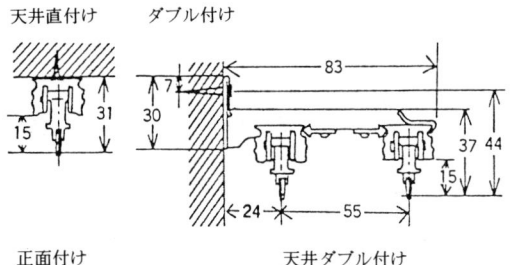

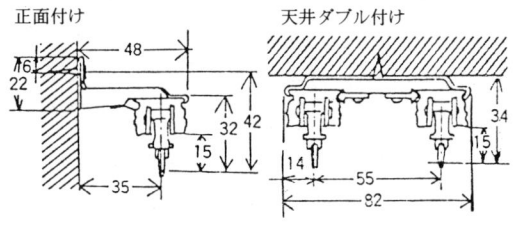

図 19.9　カーテンのスタイル・縫製と施工・付属品

（10 cm スライド可）

〔ダブル付け用〕

図 19.10　補　助　金　具

〔プラグ①〕　〔プラグ②〕　〔プラグ③〕

図 19.11　プ　ラ　グ

図 19.12　ア　ン　カ　ー

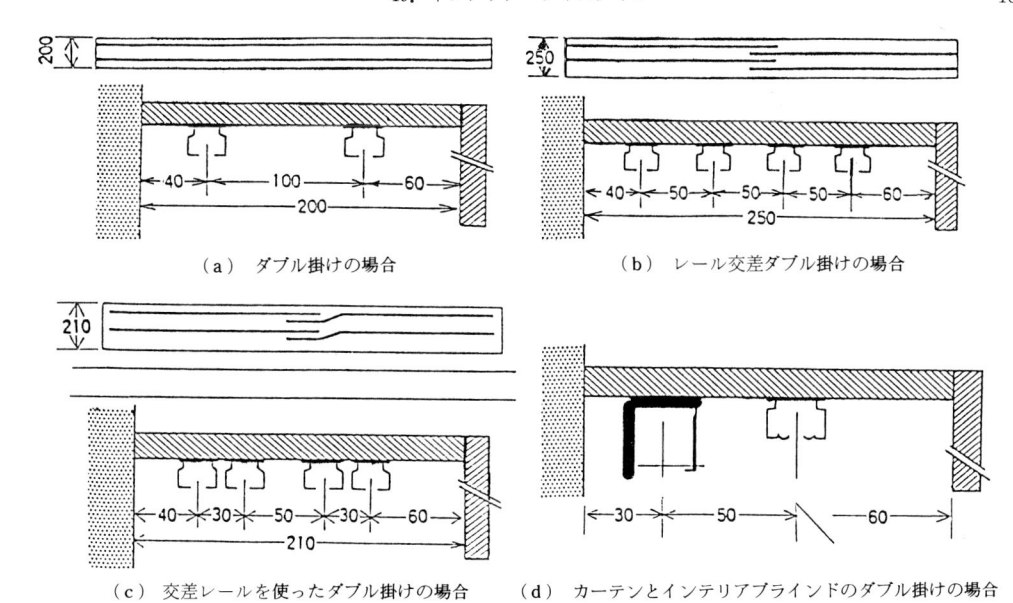

(a) ダブル掛けの場合
(b) レール交差ダブル掛けの場合
(c) 交差レールを使ったダブル掛けの場合
(d) カーテンとインテリアブラインドのダブル掛けの場合

図 19.13 カーテンボックスの幅のとり方とレールの取り付け間隔例

に取り付けるものがある．遮光，断熱，防音に効果があり，また，吊り元をすっきりさせるが，天井材が不燃ボード化している場合，設計段階で仕様書に入れておく必要がある．ボックス内では特に消音ランナーの使用が最適である．

限られたボックスの内径ではあるが，レールの種類，本数，交差方法，開閉方法により，無理のない幅，深さをバランスよく設定することが大切である（図 19.13）．

（b） そ の 他 カーテンを機能的に美しく仕上げるためにはさまざまなカーテン用品が開発されている．前号で述べた芯地，テープ，フックのほかに，カーテンウェイト，ウェイトテープ，タッセル，房掛け，カーテンホルダー，フレンジなどのトリミング材，カーテンバトンなどがある．

スタイルカーテンをつくる意味でバランス（上飾り）の製作は重要で，さまざまなデザインとともにトリミング材や，また他の金属，ガラス，プラスチックなどのアクセサリーを併用することができる．

バランスは天板に取り付けたり，バランスレールに吊り下げられる．

19.8　カーテンの採寸と積算

カーテンの採寸を行うとき，普通すぐ"窓の大きさは"といわれる．確かにカーテンは窓辺に取り付けられるものであるが，その大きさは，インテリアコーディネートや機能性の充足のためには，どのような大きさがもっともバランスがよいかということである．すでにレールが取り付けられていて，そのレールを使用しての採寸と，最初からカーテン計画を行って大きさを決め，レールの取り付け位置を決めるなど二つの方法がある．

（1） すでにレールが取り付けてある場合

幅の採寸は，レールの両端に取り付けてあるストッパーの中心からストッパーの中心まで測る．品質表示法におけるカーテンの寸法は，上記のもので，実際上の寸法はそれより両端とも 2～3 cm 多くなる．よく失敗する例としては，レールの寸法を測らず，窓枠の寸法を測ってしまうことである．

片開きの場合は，測った寸法に 4～5％のゆとりをもたせた仕上り寸法とする．

両開き（引分けともいう）カーテンの場合は，測った寸法を 2 枚につくるので，測った寸法の 1/2 にゆとり分 4～5％を加えて 1 枚分の仕立て上がり幅となる．これを 2 枚製作する．

丈の採寸は，窓のタイプやレールの取り付け方法によって相違する．

はき出し窓の場合はランナー下部より床面までの寸法をとる．その場合あとからカーペットが敷きつめられるかどうかを調べ，カーペットが敷きつめられる場合は，カーペットの全厚と下敷材の合計数値

を差し引いておく．あとは，レールが天井付けになっているか正面付けになっているか，レールの型はどうか，レールを見せるか，レールかくしにするのか，また，織物の組織，自重による自然伸縮を検討のうえ，仕立て上がり寸法を決める．普通床面より2 cm程度上がるように，またレースはさらにそれより1 cm程度短くするようにしている．しかし遮光性，断熱性を求めるならば床面すれすれがよい．

腰高窓の場合は，まず，はき出し窓と同様の採寸を行い，さらに窓枠の下端までの寸法をとる．窓枠下端から床上面までがいくらあるか，天井から，また床面からいくらあるか，窓枠下に何か設置物があるかなどを検討した上で窓枠の寸法を決め，仕立て上がり寸法を決める．

出窓の場合はもっとも採寸を慎重に行わなければならない．出窓枠内にきっちり納めるようにするならば，丈はランナーから天板面まで，幅はストッパーからストッパーまで測るとともに，窓枠内の丈，幅の寸法を測っておかなければならない．そのあとで仕上がり寸法を決めるが，幅はあまりゆとりがありすぎるとカーテンがたるむし，丈が長すぎると持ち上がる．短いのは不可であることはいうまでもない．レースの丈も2 cmも短くては不格好である．

(2) カーテンの積算

カーテンの積算は，まず裂地の必要量を算出することにある．カーテン用裂地はそれぞれの種類によって相違する．最も多く出まわっているものは100 cm幅であるが，120 cm幅から300 cm幅までさまざまである．

カーテン用の裂地は普通たて使いであるが，250 cm以上の広幅のものはよこ使いのものがあるので注意を要する．

まずヒダの倍率を決める．普通は2倍程度であるが，スタイルにより3倍にすることがある．無地ものの場合は柄合わせの必要がなく，柄物の場合のみ柄のリピートを加算する．

たとえば，幅1.80 m，丈2 mのカーテンを製作する場合は，1 m幅，柄のリピート30 cmの裂地を使用して，2倍のヒダのカーテンを作る裂地の必要量は次のようになる．

幅	：1.80[m]×2＝3.60[m]
	両端の折返し約0.08[m]
	計3.68 m ……… 4幅必要
丈	：2.00 m＋上下折返し0.30 m＝2.30 m
柄合わせ	：0.30 m×3＝0.90 m
合　計	：2.30 m×4＋0.90 m＝10.1 m
積　算	：10.1 m×単価＝裂地代
	＋縫製代
	＋一般管理費
合　計	カーテン価格

これはもっとも基本的なもので，ウェイトテープなどの付属品代の加算，またスタイルカーテンの場合，バランスなど，さまざまな高等技術を要する場合はケースバイケースで積算される．

19.9 カーテンのメンテナンス

垂直面にあるカーテンは一般的にはあまり汚れていないように思われるが，数カ月経ってもとのカーテン地と合せるとき，おどろくほど汚れていることがわかる．

室内は目に見えぬ塵芥があり，特にタバコの煙が多く吸着している．平素はクリーナーを弱にしてブラッシングを行えばよいが，少なくとも半年に一度か1年に一度でもよいからクリーニングをしたいものである．

クリーニングの方法は繊維素材や組織によって変えねばならないが，ポリエステル製のレースや，ドレープなど収縮率の少ないものは家庭の洗濯機や，ただ中性洗剤につけて押し洗いするだけでもかなり

表 19.9　対象品目と表示事項

対象品目	表示すべき事項
カーテンおよびカーテンとして用いられる織物，メリヤス生地，レース生地	繊維の組成，収縮性，難燃性
床敷物（パイルのあるものに限る）	繊維の組成，難燃性，寸法
カーテン	繊維の組成，収縮性，寸法，難燃性，家庭洗濯等取扱い方法
ベッドプレッド，ひざかけ	繊維の組成，家庭洗濯等取扱い方法

繊維製品品質表示規程別表第1より抜粋．

19. インテリア・テキスタイル

表 19.10 法令概要

	店頭小売既製カーテン	都内注文（オーダー）カーテン
関 係 法 令	《家庭用品品質表示法及び同施行令》	《東京都生活物資の危害の防止，表示等の事業行為の適正化及び消費者被害救済に関する条例》 ◎同条の規定に基づく品質表示に関する表示事項等の指定〈東京都〉
取扱絵表示 （告　示） （施　行） （完全実施）	通商産業省告示第435号 昭和51年10月8日から（経過措置21カ月） 昭和53年7月1日から	東京都告示第432号 昭和54年5月1日
表示の対象となるカーテン	一般消費者向けカーテン（織物を縫製等の加工により直ちにカーテンとして使用可能な状態にしたもので金具がついていることを要しない）	注文カーテン（消費者の注文により事業者が自己の生地をもって縫製し販売するカーテンをいう．なお，縫製のみ委託された事業者が縫製したカーテン，業務用として使用されるカーテンは含まない）
取扱絵表示の仕方	・日本工業規格（JIS L 0217）に定める表示記号を用いて同規格で規定する方法により表示する． ・カーテンの見やすい箇所に見やすく容易にはがれない方法で表示する．	
表示者名の付記	取扱い絵表示と同一面又は近傍に 表示責任者名（氏名，名称，会社名）又は通商産業大臣承認番号を付記する（商標は無効）	取扱い絵表示と同一面又は近傍に 消費者より直接注文を受けた事業者の氏名又は名称を付記する（通商産業大臣承認番号は無効）

表 19.11 防炎防火対象物（防炎物品を使用しなければならないところ）

1. 消防法で指定されたもの	高層建築物，地下街	
2. 政令で指定されたもの	(1)	イ．劇場，映画館，演芸場，または観覧場 ロ．公会堂または集会場
	(2)	イ．キャバレー，カフェー，ナイトクラブ，その他これらに類するもの ロ．遊技場またはダンスホール
	(3)	イ．待合，料理店，その他これらに類するもの ロ．飲食店
	(4)	百貨店，マーケット，その他の物品販売業を営む店舗または展示場
	(5)	イ．旅館，ホテル，または宿泊所
	(6)	イ．病院，診療所，または助産所 ロ．老人福祉施設，有料老人ホーム，老人保健施設，救護施設，更生施設，児童福祉施設（母子寮および児童厚生施設を除く），身体障害者厚生援護施設（身体障害者を収容するものに限る），精神薄弱者援護施設，または精神障害者社会復帰施設 ハ．幼稚園，盲学校，聾学校，または養護援護学校
	(9)	イ．公衆浴場のうち，蒸気浴場，熱気浴場，その他これらに類するもの
	(12)	ロ．映画スタジオ，またはテレビスタジオ
	(16)	複合用途防火対象物の部分で，前各項の防炎防火対象物の用途のいずれかに該当する用途に供されているもの
	(16の3)	建築物の地階（(16の2)項に掲げるものの各階を除く）で連続して地下道に面して設けられたものと当該地下道とを合わせたもの（(1)項から(4)項まで，(5)項イ，(6)項または(9)項イに掲げる防火対象物の用途に供される部分が存するものに限る）
3. 政令で指定された工事用シートに係るもの	工事中の建築物，その他の工作物のうち，次のもの（自治省令委任） ① 建築物（都市計画区域外のもっぱら住居の用に供するもの，およびこれに附属するものを除く） ② プラットホーム上屋 ③ 貯蔵槽 ④ 化学工業製品製造装置 ⑤ 前2号に掲げるものに類する工作物	

美しくなる.

厚手のドレープやベルベット,粗目のケースメントは,専門業者に依頼した方がよい.

カーテンの品質表示は,組成,収縮率,家庭洗濯等取扱い絵表示,難燃性(防炎),寸法の5表示となっているが,その中でカーテン本体に付けられているものは,「取扱い絵表示ラベル」と「防炎ラベル」である.

最後に品質表示に関する法令(表19.9)および法令の概要(表19.10),防炎ラベルを必要とする防炎防火対象物の一覧表(表19.11)を記載しておく.

なお,ここに記載した表は,日本インテリアファブリックス協会,人材育成委員会編集のテキスト「入門編」,および「専門編」から転載したものである(一部改変).

参考文献

日本インテリアファブリックス協会編:"カーテン"[入門編].
日本インテリアファブリックス協会編:"カーテン"[専門編].
日本インテリアファブリックス協会編:"カーテンレール・ブラインド・アコーデオン"[入門編].

索　　引

ア

赤漆文欟木厨子　141
アクセサリーカラー　25
アクセスカラー　25
アクセントカラー　25
アサートカラー　25
脚の構造　168
アスベスト壁紙　92
アソートカラー　25
あて材　154
アフターフィニッシュタイプ　66
アームチェア　144
アームレスチェア　144
アルコーブベッド　135,145
アール・デコ　5
アール・ヌーボー　6
アレンジメント　1
アンピール様式　2

イ

異種用途区画　108
イージーチェア　144
椅　子
　　──の支持面のプロトタイプ　22
　　──の座り心地　22
椅子座　14
椅子式食卓　137
板張り　78
一消点透視図　54
イベント　42
イメージスケッチ　51
イメージの具現化　51
イメージボード　55
いも目地　83
色温度　33
　　──と部屋の雰囲気　39
インシュレーションファイバーボード　162
インターフェース　65
インテリア
　　──の家具配置　124
　　──の工業化　59
　　──の構成材　59
　　──の色彩のあり方　24
　　──の内装　72
　　──のメンテナンス　117
インテリアアーキテクト　8
インテリアエレメント　72,122
インテリア計画　72
インテリアコーディネーター　59
　　──の資格制度　4
　　──の関連法規　104
インテリア・デコレーション　1
インテリアデザイナーの職域　8
インテリアとは　1
インテリアパース　54
インテリアプランナー　8

ウ

ウインザーチェア　132
ウェーバー・フェヒナーの法則　31
ウォール・ユニット　60
うさぎ小屋　4
鶉杢　153
馬乗り目地　85

エ

映像展示　48
エコノミックアニマル　4
謁見用寝台　130
エレメントボード　55
塩化ビニル系シート　79
塩化ビニル系タイル　81
塩ビチップ壁紙　92
延焼のおそれのある部分　106,114
縁甲板　77
縁　台　134
エンボス　79

オ

オイルステイン仕上げ　117,120
オイルフィニッシュ仕上げ　117
王　座　129
折敷（おしき）　136
オストワルトカラーシステム　26
乙種防火戸　115
オープン部品　60
織物壁紙　91,119
音響計画　43
御厨子棚　141

カ

開口部　106
階　数　116
階段の踏面　113
外部避難階段　107
改良モザイクタイル張り　87
カウチ　144
化学タイル　117
家　具　122
　　──の機能性　124
　　──の商品評価　124
　　──の選択　123,124
　　──のデザイン　20,122
家具材料　149
家具配置　123,124
懸盤（かけばん）　136
飾り棚　148
夏　材　151
可視光線　31
下肢領域　21
カップボード　142,147
カーテン　173
　　──の採寸　185
　　──の芯地　181
　　──の性能　177
　　──の積算　186
　　──の吊り方　174
　　──のデザイン　173
　　──の縫製加工　180
　　──のメンテナンス　186
カーテン裂地　174
　　──の例　175
カーテンボックス　184
カーテンレール　181

仮道管 150
壁紙 90,119
　　――の施工フロー 96
　　――の施工方法 93
　　――の防火性能 98
　　――の割付け 96
紙壁紙 91,119
紙布 120
紙布壁紙 91
ガラスカーテン 177
カラーコーディネーション 29
ガラス繊維壁紙 91
唐櫃 140
環境言語 42
環境コミュニケーション 41
環境色彩 24
完成模型 52
関連法規 104

キ

記号言語 42
既成品家具 123
基調色 25
キッチン 128
キッチンセット 69
キッチンユニット 69
木取り 152
基本設計図面 57
キャプテンチェア 144
狭軾（きょうしき） 133
強調色 25
曲象 131
居室 114
居住性 16
木割 9,13
金属箔壁紙 92

ク

クイーン・アン様式 2
空間造形計画 43
空間認知 10
空間のモジュール 14
クッション構造 164
クッションフロア 79
葛布 120
葛布壁紙 91
クリスモス 132
クリヤーラッカー仕上げ 120
グレアレス配光器具 36
クローズド部品 60
クロマトン707 26,28

ケ

けあげ 113
KEP実験プロジェクト 65
化粧合板 74,120
化粧台 139
欠点材 154
ゲームテーブル 146
玄昌石 118
現代のインテリアデザイン 7
建築系家具 147
建築種別 122
建築部位 122
建築物 114
　　――の高さ 116
　　――の法規制 103

コ

小椅子の構造 163
コイルスプリングの発明 132
工業化住宅 15
工芸復興運動 89
光源 33
格狭間（こうざま） 141
高周波インバータ蛍光灯 34
甲種防火炉 115
構成材 59
構想性（ディスプレイ計画の） 42
行動言語 42
甲板の構造 169
合板 160
　　――の種類と分類 160
　　――の特徴 160
合板張り 79
光幕反射グレア 37
広葉樹 149
　　――の組織 150
胡座 130
コストコントロール 100
コストの把握 101
ゴッドラブの自然律 29
ゴム系シート 80
ゴム系タイル 82
コモド 142
コルク壁紙 92
コンクリート床下地 75
コンソールテーブル 145
コンパクト形蛍光ランプ 32,39
コンパティビリティ 61
コンプレックスハーモニー 29
コンポジション 1
コンポーネント 59,60

サ

座 10
座位基準点 22
採光有効開口面積 106
細長比 101
サイドチェア 144
サイドテーブル 145
サイドボード 147
細胞構造 150
材面の性状 152
在来構法 17
作業域 21
座骨結節 23
差尺 22
座卓 147
サブシスタンス 42
サブシステム 65
サボナローラ 131
三波長域発光形蛍光ランプ 33

シ

シェーカー教徒の椅子 132
視覚作用 31
視覚低下グレア 37
色彩計画 24,26
色彩マテリアル計画 43
司教の椅子 129
指極 21
シークエンス 43
システム 60
システムキッチン 69
JISの照度基準 36
JISマーク 104
下張り施工（壁紙） 94
実施計画図面 57
室内の装飾的効果 90
四半目地 85
地盤面 116
Gマーク 104
縞杢 153
シミュレーション展示 44,48
遮音構造 110
遮光カーテン 177
JASマーク 104
シャワーカーテン 177
集成材 159
住宅の性能 15
収納家具 147,170
　　――の基本構造 171
収納壁 162
収納具 139

索引

収納間仕切りユニット 64
収納ユニット 69
樹脂加工単板壁紙 92
樹脂化粧板オーバーレイ合板 74
樹脂フィルムオーバーレイ合板 74
主題色 25
主調色 25
主張色 25
樹木 149
春材 151
準人体系家具 145
準不燃材料 114
書院造 9
ジョイントシステム 45
床几（しょうぎ） 131
床子（しょうし） 133
照度基準（JIS） 36
消費者保護法 104
照明器具 33
　　──の種類 35
照明計画 31,43
　　──のプロセス 40
ジョージ・アン様式 2
ジョセフィーヌの化粧台 139
ジョセフィーヌの寝台 130
書机 138
如鱗杢 153
白木 118,120
心材 152
芯地用フック 182
人体系家具 143
寝台式食卓 137
人体寸法 21
　　──の応用 21
　　──の家具への応用 22
針葉樹 149
　　──の組織 150

ス

水性ビニル塗料 120
スタディーモデル 51
スツール 143
スペースユニット 60
図面による表現技法 57

セ

生活基準面 14
生物材料 150
施釉タイル 83
セミハードボード 162
背の構造 163
背もたれ点 22

繊維壁 120
前傾椅子 22
線のモジュール 12

ソ

ソシオペタル 11
ゾーニング計画 43
ソファー 144
ソフトデザイン 72

タ

耐火建築物 115
耐火構造 114
大規模の修繕 116
ダイクロイックミラー 32
大師倚 130
対照色相配色 30
ダイニングテーブル 145
ダイニングルーム 126
台盤 136
大名調度 143
タイムプログラミング 48
大理石 118,120
タイル 118,120
タイル目地 85
タイル目地詰め 89
タイル張り工法 85
タイル割付け 83
高坏（たかつき） 136
出文机（だしふづくえ） 138
畳 13,119
畳割 13
竪穴区画 108
棚厨子 141
WODECO '60 3
玉杢 152
たんす 147
単板オーバーレイ合板 73
単板積層材 159
断熱施工用ダウンライト 35

チ

チェスト オブ ドロア 147
地階 116
直張り施工（壁紙） 93
縮緬杢 153
中差色相配色 30
厨房用機能ユニット 128
鳥眼杢 153
長尺シート 79
帳台 130

ツ

衝重（ついがさね） 136
2 way コミュニケーション 47
通信系メディア 41
造り付け収納システム 172

テ

ディスプレイ 41
　　──と環境コミュニケーションの流れ 42
　　──の基本的要素 42
　　──の実例 45
ディスプレイ制作 44
定着性（ディスプレイ計画の） 43
ティーテーブル 145
適合性（コンパティビリティ） 61
デコラトゥール 1
デザインイメージ 124
デザイン色素 26,28
デスク 146
　　──の構造 168
テーマカラー 25
テーブルの構造 168
デーベッド 144
テラゾー 118,120
電気用品取締法 36
展示 41
天井 69,121
天井高 14,113
天井システム 62
天然木化粧複合フローリング 77
天然木練付合板 118,120

ト

道管 150
東京世界デザイン会議 3
陶磁器質タイル 82
動作域 21
動作空間 21
動作寸法 21
透視図 53,54,55
等(同一)色相配色 29
動線計画 43
透明塗料仕上げ 120
土壁 120
特殊カーテン 177
特殊建築物 114
特殊合板 160
ドミナントカラー 25
虎斑杢 153

ナ

内装合板　73
内装合板張り　74
内装材　72
内装仕上げ材　72
内装システム　61,62
内装制限　110
内装タイル　83
内装の仕上げ　72
ナイトテーブル　146
ナチュラルハーモニー　29
縄張り　10,11
難燃材料　115

ニ

二階棚　141
二消点透視図　55
ニス仕上げ　117
日本色研配色体系　26
人間工学　7,20
認識性（ディスプレイ計画の）　42

ネ

根古志形鏡台　139
ネストテーブル　146
年輪　151

ノ

ノックダウンシステム　164
延べ面積　116
ノンシステム部分　66
ノンスリップ効果　88

ハ

排煙開口　107
配光曲線　34
配合色　25
ハイチュア　144
パーケットブロック　77
挾箱　143
波状杢　153
パース　53
肌目　153
トールボーイ　142
ドレッサー　147
ドレッシングテーブル　146
どんす張り施工（壁紙）　95
トーン　27

パーティクルボード　161
ハードデザイン　73
華足　136
パフォーマンス　42
ハーフパネル　64

ヒ

ヒエラルキー　46
肘掛け　163
PCCS　26
　──の色相環　26
ビジュアルマーチャンダイジング　43
非常用照明装置　114
非常用進入路　107
櫃　140
独床子（ひとりしょうじ）　133
避難階　112
避難距離　112
避難区画　108
ビニル壁紙　91,119
ビニルラミネート壁紙　92
ビニルレザー壁紙　92
ヒューマン・ディスタンス　43
表現計画　43
平座位　12
ひる石壁紙　92

フ

斑（杢）　153
ファイバーボード　161
ファニシングボード　56
ファニチャーレイアウト　124
フィニッシュモデル　52
不快グレア　37
複合フローリング　77
袋張り（壁紙）　94
節（ふし）　154
不織布壁紙　91
フック　181
ブックケース　147
葡萄杢　152
布団張り施工（壁紙）　95
不燃材料　114
部分別見積り　100
プラスター塗壁　120
プリント合板　73
プリント系メディア　41
プレゼンテーションボード　55
プレゼンテーションモデル　52
プレフィニッシュタイプ　66
フロック壁紙　91
フローリング　77

フローリングブロック　78

ヘ

平均演色評価数　33
平面のモジュール　13
壁長率　101
ベースカラー　25
ベッドの基本構造　163
ベッドルーム　127
室仕上げ合成単位　100
室仕上げ単価　101
部屋の境界　9
ペンキ塗装　120
辺材　152
ベンチ　144

ホ

防煙区画壁　110
防炎表示　113
防炎対象物品　113
防火区画壁　108
防火材料　114
防火下地基材　99
防火戸　115
防火壁　110
防火壁装　98
法規制の仕組み　104
放射組織　150
補色配色　30
補助色　25
ホスピタルカーテン　177
牡丹杢　153
ポップアート　5
ポロネーズベッド　135,145
ホワイトモデル　51

マ

舞葡萄杢　153
前台輪　163
前机　135
幕板の構造　169
間仕切り　66
間仕切りシステム　63
マンセルカラーシステム　26

ミ

水勾配　88

索　引

ム

無機質系壁紙　92, 120

メ

明暗順応　131
目地材料　89
メタルハライドランプ　33
面積区画　108
メンテナンス　117
メンフィス　5

モ

模　型　51
木　材　149
　　——の色　153
　　——の含水率　155
　　——の機械的性質　156
　　——の強度　157
　　——の欠点　154
　　——の構造　150
　　——の比重　154
木材用接着剤　167
木質系壁紙　92, 119
木質構造　16
木質材料　159
木質パネル構法　18
木繊維　150
木造床下地　75
木　理　152
モザイクタイル　88
モジュール
　　空間の——　14
　　線の——　12
　　平面の——　13
モックアップモデル　53
モデル　51
もの言語　42
模様替え　116
紋　理　152

ヤ

柳行李　143
大和櫃　140

ユ

床　座　13, 14
床　材　75
床仕上げ　75, 79
床システム　62
床タイル張り　88
床面積　116
ユーゲント・シュティール　6
ユニット　60
ユニットタイル　83
ユニットファニチャー　172

ヨ

洋　室　10
浴室ユニット　71
予算に見合うデザイン　100

ラ

礼盤（らいばん）　135
らせん階段　113
ラッカー仕上げ　117
ラバータイル　117
ランドスケープ　48
ランドマーク　48

リ

リノタイル　117
リノリウム　117
リビングルーム　124

ル

類似色相配色　29

レ

レイアウトボード　55

ロ

ローボルテージハロゲン電球　32
ローマクラブ　5

ワ

和家具　147
枠組壁工法　17
ワーゴン　146
和　室　9, 12
ワードローブ　147
わらとん　134

技術シリーズ
インテリアデザイン（普及版）　　　定価はカバーに表示

1989 年 10 月 20 日　初版第 1 刷
2005 年 3 月 20 日　普及版第 1 刷

編 者　内　堀　繁　生
　　　　　うち　ぼり　しげ　お
　　　　高　橋　鷹　志
　　　　　たか　はし　たか　し
　　　　藤　城　幹　夫
　　　　　ふじ　しろ　みき　お

発行者　朝　倉　邦　造

発行所　株式会社　朝　倉　書　店
　　　　東京都新宿区新小川町 6-29
　　　　郵便番号　162-8707
　　　　電　話　03(3260)0141
　　　　FAX　03(3260)0180
　　　　http://www.asakura.co.jp

〈検印省略〉

© 1989 〈無断複写・転載を禁ず〉　　　新日本印刷・渡辺製本

ISBN 4-254-20520-1　C 3350　　　Printed in Japan

産業技術総合研究所人間福祉医工学研究部門編

人間計測ハンドブック

20107-9 C3050　　　B 5 判 928頁 本体36000円

基本的な人間計測・分析法を体系的に平易に解説するとともに，それらの計測法・分析法が製品や環境の評価・設計においてどのように活用されているか具体的な事例を通しながら解説した実践的なハンドブック。〔内容〕基礎編（形態・動態，生理，心理，行動，タスクパフォーマンスの各計測，実験計画とデータ解析，人間計測データベース）／応用編（形態・動態適合性，疲労・覚醒度・ストレス，使いやすさ・わかりやすさ，快適性，健康・安全性，生活行動レベルの各評価）

武庫川女大 梁瀬度子・和洋女大 中島明子他編

住まいの事典

63003-4 C3577　　　B 5 判 632頁 本体22000円

住居を単に建築というハード面からのみとらえずに，居住というソフト面に至るまで幅広く解説。巻末には主要な住居関連資格・職種を掲載。〔内容〕住まいの変遷／住文化／住様式／住居計画／室内環境／住まいの設備環境／インテリアデザイン／住居管理／住居の安全防災計画／エクステリアデザインと町並み景観／コミュニティー／子どもと住環境／高齢者・障害者と住まい／住居経済・住宅問題／環境保全・エコロジー／住宅と消費者問題／住宅関連法規／住教育

前東工大 清家　清監修

インテリアデザイン辞典

68004-X C3570　　　A 5 判 420頁 本体16000円

インテリアデザインの目標や内容，それに領域などを示すとともに，インテリアにかかわる歴史・計画・設計・構造・材料・施工および関連用語など，広範に及ぶインテリアデザインの全分野にわたって基礎的用語を約4000項目えらんで，豊富な写真・図によりビジュアルに解説した。インテリアデザイナー，建築家，工業デザイナーや学生・生徒諸君，インテリア産業・住宅関連産業にたずさわる方々および広くインテリアデザインに関心をもつ一般の方々の座右の書

共立女短大 城　一夫著

西洋装飾文様事典

68009-0 C3570　　　A 5 判 532頁 本体22000円

古代から現代まで，西洋の染織，テキスタイルデザインを中心として，建築，インテリア，家具，ガラス器，装幀，グラフィックデザイン，絵画，文字，装身具などにみられる様々な装飾文様，図像およびそれに関するモチーフ，様式名，人名，地名，技法など約1800項目を50音順に平易に解説〔項目例〕アイリス／インカ／渦巻水波／エッシャー／黄道帯十二宮／ガウディ／奇想様式／孔雀／月桂樹／ゴシック様式／更紗／獅子／ストライプ／聖書／象眼／太陽／チェック／壺／庭園／他

実用インテリア辞典編集委員会編

実用インテリア辞典

68010-4 C3570　　　A 5 判 520頁 本体20000円

インテリアコーディネーター，インテリアプランナーの資格制度が発足して，インテリアを学ぶ方々が増えつづけている。本書は，長年インテリアの教育・研究に携わった筆者らが，インテリアの計画と設計，歴史，構造と材料，施工と生産，インテリアエレメント，住宅政策および関連法規などの諸分野から，内容の検討を重ねて約4300項目を選び，図を多数使ってビジュアルにわかりやすく解説した用語辞典。インテリア資格試験の受験者，学生，インテリア産業界の方々の座右書

日本デザイン学会編

デザイン事典

68012-0 C3570　　　B 5 判 756頁 本体28000円

20世紀デザインの「名作」は何か？―系譜から説き起こし，生活～経営の諸側面からデザインの全貌を描く初の書。名作編では厳選325点をカラー解説。［流れ・広がり］歴史／道具・空間・伝達の名作。［生活・社会］衣食住／道／音／エコロジー／ユニバーサル／伝統工芸／地域振興他。［科学・方法］認知／感性／形態／インタラクション／分析／UI他。［法律・制度］意匠法／Gマーク／景観条例／文化財保護他。［経営］コラボレーション／マネジメント／海外事情／教育／人材育成他

上記価格（税別）は 2005 年 2 月現在